**S P H I N X**

# Joseph Campbell

# Der Flug der Wildgans

## Mythologische Streifzüge

Aus dem Amerikanischen von
Hans-Ulrich Möhring

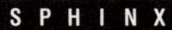

CIP-Titelaufnahme der Deutschen Bibliothek
*Campbell, Joseph:*
Der Flug der Wildgans : mythologische Streifzüge / Joseph Campbell.
[Aus d. Amerikan. von Hans-Ulrich Möhring]. –
Basel : Sphinx, 1990
Einheitssacht.: The flight of the wild gander ⟨dt.⟩
ISBN 3-85914-188-0


© 1990 Sphinx Medien Verlag, Basel
Alle deutschen Rechte vorbehalten
Originaltitel: The Flight of the Wild Gander
Erschienen bei The Viking Press, New York
© 1969 Joseph Campbell
Gestaltung: Charles Huguenin
Satz: Uhl + Massopust, Aalen
Herstellung: Clausen & Bosse, Leck
Printed in Germany
ISBN 3-85914-188-0

# Inhalt

# ZWEITER TEIL

# Einleitung

Die Abfassung der folgenden Kapitel nahm vierundzwanzig Jahre
in Anspruch oder besser: sie drückte ihnen ihren Stempel auf,
insofern ich in dieser ganzen Zeit das Mysterium der Mythologie
umkreiste und mich von vielen Seiten aus bemühte, es zu deuten
und damit gewissermaßen den Schleier jener Göttin des antiken
Tempels von Saïs zu lüften, die zu Recht sagen konnte und heute
noch sagen kann und bis ans Ende der Zeit sagen wird: οὐδεὶς ἐμὸν
πέπλον ἀνεῖλε, «niemand hat meinen Schleier aufgehoben».

Das erste Kapitel, «Das Märchen», erschien im Jahr 1944 als
Kommentar zur amerikanischen Pantheon-Ausgabe von *Grimms
Märchen* und soll hier eine Einführung in das ganze Problem der
Faszination, der Quellen, der Bewahrung und der Deutung jener
traumartigen Bilder und Erzählungen geben, die in den heiligen
Schriften des Orients und des Okzidents wie auch in unserer geho-
beneren weltlichen Kunst in eindrucksvollerem Gewand wieder
auftreten. Im zweiten Kapitel, «Bios und Mythos», das die pädago-
gische (eigentlich biologische) Funktion und Notwendigkeit sowohl
der Mythologie als auch der Riten, durch welche deren Bilder
aufgeführt und seelisch aufgenommen werden, behandelt, habe ich
meine Grundthese dargelegt, daß nämlich Mythen sowohl eine
Funktion der Natur wie der Kultur sind und für den ausgeglichenen
Reifungsprozeß der menschlichen Psyche ebenso notwendig wie
die Nahrung für den Leib. Dagegen habe ich im anschließenden

9

Kapitel, «Metaphysisches Denken bei den Urvölkern», eine zuerst von Kant aufgestellte Formel wieder zu Ehren kommen lassen, mit welcher die archetypischen symbolischen Bilder des mythischen Denkens von ihrem jeweiligen Mutterboden kulturell bedingter Querverbindungen und Sinnbezüge abgehoben werden können. Werden sie derart abgelöst von den Verwendungen, denen sie in den sozialen Bereichen menschlichen Lebens zugeführt wurden, betrachtet, so erkennt man in ihnen *natürliche* Phänomene und hinter ihnen tut sich – wie bei Bäumen, bei Bergen oder bei Gebirgsbächen – das Geheimnis auf, das (wie das Holz der Bäume) jedem «Sinn» zuvorkommt, den man ihnen und ihren Nutzanwendungen beigelegt hat.

Welchen «Sinn» hat ein Baum? Ein Schmetterling? Die Geburt eines Kindes? Oder die Welt? Welchen «Sinn» hat das Lied eines rauschenden Baches? Solche Wunder *sind* nur. Sie kommen jedem Sinn zuvor, wenn sich auch mancher «Sinn» in sie hineindeuten läßt. Sie sind, wie die Buddhisten sagen, tathāgata, «so gekommen», ja der Buddha selbst wird der Tathāgata genannt, der «So-Gekommene», und es heißt, alle Dinge seien «Buddhadinge». Dies gilt auch für die Bilder des Mythos, die sich zum Erstaunen des sinnenden Bewußtseins wie Blumen öffnen und die man dann bis auf die Wurzel nach «Sinn» absuchen oder auch aus praktischen Erwägungen in dieses oder jenes Gebinde stecken kann.

Daß Traum und Vision immer und überall die wesentlichen schöpferischen und gestaltenden Mächte des Mythos waren, wird heute von den führenden Kennern des Mythengutes allgemein anerkannt, und das Märchen gehört zu eben dieser Gattung. «In den bestgedeuteten Träumen», schrieb Freud, «muß man oft eine Stelle im Dunkel lassen, weil man bei der Deutung merkt, daß dort ein Knäuel von Traumgedanken anhebt, der sich nicht entwirren will, aber auch zum Trauminhalt keine weiteren Beiträge geliefert hat. Dies ist dann der Nabel des Traums, die Stelle, an der er dem Unerkannten aufsitzt. Die Traumgedanken, auf die man bei der Deutung gerät, müssen ja ganz allgemein ohne Abschluß bleiben und nach allen Seiten hin in die netzartige Verstrickung unserer Gedankenwelt auslaufen. Aus einer dichteren Stelle dieses Geflechts erhebt sich dann der Traumwunsch wie der Pilz aus seinem Mycelium.»[1]

C. G. Jung äußerte sich im selben Sinne: «Der Traum ist, wie jedes Stück des psychischen Zusammenhangs, eine Resultante des Ganzen der Psyche; weshalb wir im Traume auch alles zu finden erwarten dürfen, was im Leben der Menschheit seit uralters Bedeutung hatte. So wenig sich das menschliche Leben an sich auf diesen oder jenen Grundtrieb beschränkt, sondern sich auf eine Vielheit von Trieben, Bedürfnissen, Notwendigkeiten, physischen und psychischen Bedingtheiten aufbaut, ebensowenig ist der Traum aus diesem oder jenem Element zu erklären, so bestechend einfach eine derartige Erklärung auch ausfallen mag. Wir können sicher sein, daß sie unrichtig ist, denn keine einfache Triebtheorie wird jemals imstande sein, die menschliche Seele, dieses gewaltige und geheimnisvolle Ding, zu erfassen und daher auch nicht ihren Ausdruck, den Traum. Um dem Traum auch nur einigermaßen gerecht zu werden, bedürfen wir eines Rüstzeuges, das wir uns aus allen Gebieten der Geisteswissenschaften mühsam zusammenstellen müssen.»[2]

Jung entwickelte die Unterscheidung zwischen der *kompensatorischen* und der *prospektiven, führenden* Funktion eines Traumes, und sie läßt sich auch auf den Mythos anwenden. «In der Regel», so führt er aus, «kontrastiert der unbewußte Inhalt sogar mit dem Bewußtseinsinhalt, was besonders dann der Fall ist, wenn die bewußte Einstellung sich zu ausschließlich in einer bestimmten Richtung bewegt, welche den vitalen Notwendigkeiten des Individuums gefährlich zu werden droht. Je einseitiger und je weiter wegführend vom Optimum der Lebensmöglichkeit die bewußte Einstellung ist, desto eher ist die Möglichkeit vorhanden, daß lebhafte Träume von stark kontrastierendem, aber zweckmäßig kompensierendem Inhalt als Ausdruck der psychologischen Selbststeuerung des Individuums auftreten.» Er vergleicht weiterhin dieses kompensierende Wirken der Psyche mit dem des Körpers, der eine Krankheit abschüttelt. «So wie der Körper ebenfalls in zweckmäßiger Weise auf Verletzungen oder Infektionen oder abnorme Lebensweise reagiert, so reagieren auch die psychischen Funktionen auf unnatürliche oder gefährdende Störungen mit zweckmäßigen Abwehrmitteln.»[3] So gesehen und definiert muß man freilich zugeben, daß der Traum, die Vision oder der Alptraum in der Tat einen «Sinn» haben – so wie ein Schnupfen, das Eitern einer infizierten Wunde oder ein Fieber «Sinn» haben.

Die Lehren eines Propheten werden für eine ganze Gesellschaft einen «Sinn» dieser Art haben: nämlich diese auf den Pfad der Gesundheit zu bringen und darauf zu halten. Allerdings werden die von solchen Lehren inspirierten oder erneuerten mythischen Leitsymbole – die Gottesvorstellungen, Verehrungs- oder Sühneriten, Feste der allgemeinen Eintracht – nur so lange eine heilsame Wirkung ausüben, wie der Anlaß besteht oder zu bestehen droht, auf den sich die Lehren bezogen. Bei einem Übergang beispielsweise vom Wildbeutertum zum Hirtentum oder von der bäurischen zur industriellen Lebensweise werden sich auch die Mythen verändern – sofern sie nicht künstlich erhalten werden, in welchem Falle sie selbst zu Erregern einer Krankheit werden, zu deren Heilung dann neue Visionen auf den Plan treten müssen, neue Prophezeiungen, neue Propheten und neue Götter.

Die heute übliche Tendenz, das Wort «Mythos» im Sinne von «Unwahrheit» zu verstehen, ist mit ziemlicher Sicherheit ein Symptom der Unglaubwürdigkeit und der daraus folgenden Unwirksamkeit unserer eigenen überlebten mythischen Lehren, des Alten Testaments so gut wie des Neuen: vom Sündenfall Adams und Evas, von den Gesetzestafeln, den Feuern der Hölle, der Wiederkunft des Heilands usw. Und dies bezieht sich nicht nur auf die besagten archaischen religiösen Testamente, sondern auch auf die verschiedenen moderneren, weltlichen «Utopiate» (um sie einmal so zu nennen), die heute an ihrer Stelle feilgehalten werden. Lebendige Mythen sind keine irrigen Vorstellungen, und sie entstehen nicht aus Büchern. Sie sind nicht als wahr oder falsch zu bewerten, sondern als wirksam oder unwirksam, als der Reifung förderlich oder der Krankheit. Sie gleichen eher Enzymen: Produkten des Körpers, in dem sie wirken, bzw. in homogenen sozialen Zusammenhängen Produkten eines Gesellschaftskörpers. Sie werden nicht erfunden, sondern geschehen und werden von Sehern und

Dichtern erkannt, um darauf als Katalysatoren geistigen (und das heißt auch seelischen) Wohlbefindens kultiviert und angewandt zu werden. Somit wird letztlich weder eine schale und überfällige noch eine ausgetüftelte, bieg- und dehnbare Mythologie genügen, und ebenso wenig wird der Priester oder der Soziologe den Platz des Dichter-Sehers einnehmen können – wobei wir freilich alle in unseren Träumen Dichter und Seher sind, wenn wir beim Aufwachen vielleicht auch wieder nur Prosa reden können: «Aber gleichwie einem verborgenen Goldschatz», so lesen wir in der *Chāndogya-Upanishad*, «wer die Stelle nicht weiß, nicht findet, ob er wohl immer wieder darüber hingeht, ebenso finden alle diese Kreaturen diese Brahmanwelt nicht, obwohl sie tagtäglich (im tiefen Schlafe) in sie eingehen; denn durch die Unwahrheit werden sie abgedrängt.»[4]

Nicht die Verheißung irgendeines bestehenden Mythos oder die Ansprüche irgendeines überkommenen Gottes, sondern der lebendige Quell aller Mythen und aller Götter mitsamt ihren Welten ist uns heute heilig und muß gesucht werden; und auf den folgenden Seiten habe ich nach ihm gesucht, wobei ich mir durchaus über die dem Ziel selbst innewohnende Ironie eines solchen Suchens im klaren bin. Denn wie es in der *Kena-Upanishad* heißt:

Das, bis zu dem kein Aug' vordringt,
Nicht Rede und Gedanke nicht,
Bleibt unbekannt, und nicht sehn wir,
Wie einer es uns lehren mag! . . .

Nur wer es nicht erkennt, kennt es,
Wer es erkennt, der weiß es nicht, –
Nicht erkannt vom Erkennenden,
Erkannt vom Nicht-Erkennenden![5]

Und in Lao-tzus *Tao-te ching*:

Der Wissende redet nicht,
der Redende weiß nicht.[6]

Die Kapitel II und III des vorliegenden Werkes behandeln also wie gesagt die Mythologie als ein Naturwirken, das einerseits die biologische Funktion erfüllt, einen gesunden Reifungsprozeß der Psyche zu fördern, und andererseits die metaphysische oder mystagogische Funktion eines «so gekommenen» (tathāgata) Buddhadinges, hinter dem sich das Geheimnis auftut. Beide Kapitel wurden ursprünglich zu Ehren hervorragender Freunde, deren Werken meine eigenen zutiefst verpflichtet sind, verfaßt und veröffentlicht: «Bios und Mythos» 1951 in der Festschrift *Psychoanalysis and Culture* zur Feier des sechzigsten Geburtstages von Géza Róheim; das folgende Kapitel, «Metaphysisches Denken bei den Urvölkern», in dem Band *Culture in History,* der 1960 zum Gedenken an den wahrhaft bahnbrechenden Ethnologen Paul Radin (1883–1959) erschien.

Hingegen das Kapitel IV, «Mythogenese» – in weiten Teilen eine überarbeitete Fassung meines 1959 auf der jährlichen Eranos-Tagung zu Ascona in der Schweiz verlesenen Aufsatzes –, wendet sich von dem natürlichen, biologischen dem kulturellen, historischen Aspekt des Entstehens, Blühens und Vergehens einer Mythologie zu, indem es eine einzelne indianische Sage und die Umstände ihrer Entstehung erörtert wie auch die persönlichen Erfahrungen des Visionärs, des alten Medizinmannes, dank dessen Erinnerung sie bewahrt blieb. Kapitel V, «Das Symbol ohne Sinn», wurde gleichfalls zuerst in Ascona vorgetragen, und zwar auf der Eranos-Tagung von 1957; in ihm gipfelt die vorliegende Reihe von mythologischen Streifzügen. Um gewisse neuere Funde auf dem Gebiet der Archäologie zu berücksichtigen, mußte ich den zweiten Abschnitt vom ersten Teil dieses Kapitels überarbeiten; ansonsten jedoch ist das Stück so geblieben, wie ich es seinerzeit als vorläufigen Entwurf zur Gliederung meiner vierbändigen Geschichte mythologischer Formen, *The Masks of God* [*Die Masken Gottes*], geschrieben habe.

Mein Thema im letzten der hier versammelten Kapitel, «Die Säkularisierung des Heiligen» (das in *The Religious Situation: 1968,* dem ersten einer Reihe von, wie zu hoffen steht, jährlichen Symposien erschien), ist dann schließlich die gegenwärtige krisenhafte Konfrontation zwischen Europa mit seiner überlieferten Achtung vor dem individuellen Schöpfertum und den erdrückenden Anonymitäten eines inzwischen mechanisierten, traditionell despotischen Asien.

Zuletzt möchte der Verfasser noch der Bollingen Foundation für die großzügige Unterstützung seiner Forschungsarbeit seinen Dank aussprechen.

# I
# Das Märchen[*]

## 1
### Das Werk der Brüder Grimm

Frau Katharina Dorothea Viehmann (1755–1815) war etwa fünf-
undfünfzig Jahre alt, als die jungen Brüder Grimm auf sie stießen.
Sie hatte im Jahre 1777 einen Schneider aus Niederzwehren, einem
Dorf bei Kassel, geheiratet und war mittlerweile Mutter und Großmutter. «Diese Frau», schrieb Wilhelm Grimm in seiner Vorrede
zur Erstausgabe ihres zweiten Bandes (1815), «... hat ein festes
und angenehmes Gesicht, blickt hell und scharf aus den Augen und
ist wahrscheinlich in ihrer Jugend schön gewesen. Sie bewahrt diese
alten Sagen fest in dem Gedächtnis, welche Gabe, wie sie sagt,
nicht jedem verliehen sei und mancher gar nichts behalten könne;
dabei erzählt sie bedächtig, sicher und ungemein lebendig mit
eigenem Wohlgefallen daran, erst ganz frei, dann, wenn man will,
noch einmal langsam, so daß man ihr mit einiger Übung nachschrei-
ben kann. Manches ist auf diese Weise wörtlich beibehalten und
wird in seiner Wahrheit nicht zu verkennen sein. Wer an leichte
Verfälschung der Überlieferung, Nachlässigkeit bei Aufbewahrung
und daher an Unmöglichkeit langer Dauer als Regel glaubt, der

[*] Zuerst erschienen als «Folkloristic Commentary» zu *Grimms's Fairy Tales.
Complete Edition*, Pantheon, New York 1944.

17

müßte hören, wie genau sie immer bei derselben Erzählung bleibt und auf ihre Richtigkeit eifrig ist; niemals ändert sie bei einer Wiederholung etwas in der Sache ab und bessert ein Versehen, sobald sie es bemerkt, mitten in der Rede gleich selber. Die Anhänglichkeit an das Überlieferte ist bei Menschen, die in gleicher Lebensart unabänderlich fortfahren, stärker, als wir, zur Veränderung geneigt, begreifen.»[1]

Die Stoffe für ihr Buch sammelten Jacob und Wilhelm im Laufe einiger Jahre von Menschen solcher Art: einfachen Leuten, die auf den Höfen und in den Dörfern der Umgegend lebten, und in den Spinnstuben und Wirtshäusern von Kassel. Viele Geschichten gingen ihnen auch von Freunden und Bekannten zu. In Wilhelms Handexemplar lesen wir etwa «Dortchen 13. October 1811 im Garten» oder «Dortchen 19. Jan. 1812 am Ofen im Gartenhaus».[2] Diese Dorothea Wild, die später Wilhelms Frau wurde, trug über ein Dutzend der Geschichten bei. Zusammen mit ihren fünf Schwestern hatte eine alte Haushälterin, «die alte Marie», sie mit dem überlieferten Märchengut vertraut gemacht.[3] Eine weitere Familie waren die Hassenpflugs, die von Hanau zugezogen waren und eine Fülle von Märchen kannten;[4] noch eine andere war die Familie von Haxthausen, die in Westfalen lebte.[5] Die Brüder stöberten auch in mittelalterlichen deutschen Handschriften und in den Volksbüchern und Sammlungen aus der Zeit Luthers nach Urkunden.

Was die Arbeit von Jacob und Wilhelm Grimm (1785–1863 und 1786–1859) besonders auszeichnete, war ihre wissenschaftliche Achtung vor den Quellen. Frühere Sammler hatten sich befugt gefühlt, die volkstümlichen Stoffe umzugestalten; den Grimms war es darum zu tun, die Erzählweise des Volkes getreu aufs Papier zu bringen. Unter den Romantikern der Generation unmittelbar vor ihnen hatte die Volksdichtung große Verehrung genossen. Novalis hatte das Volksmärchen zur ersten und höchsten dichterischen Schöpfung des Menschen erklärt. Schiller ging so weit zu schreiben:

... tiefere Bedeutung
Liegt in dem Märchen meiner Kinderjahre
Als in der Wahrheit, die das Leben lehrt.[6]

Sir Walter Scott hatte die Balladendichtung des schottischen Grenzlandes gesammelt und erforscht. Wordsworth hatte von der Schnitterin gesungen. Aber keiner vor den Grimms hatte sich wirklich auf die Unebenheiten, die Ungeschliffenheit und die Schlichtheit des Volksmärchens eingelassen. Herausgeber von Anthologien hatten geordnet, rekonstruiert und abgeschwächt, Dichter hatten aus dem reichen Rohstoff neue Meisterwerke geschaffen. Aber von einer eigentlich ethnographischen Vorgehensweise hatte sich niemand auch nur eine Vorstellung gemacht.

Das Bemerkenswerte daran ist, daß die Brüder Grimm ihren Gedanken niemals *entwickelten;* als jungen Studenten, die noch mitten im Jurastudium standen, ging er ihnen sogleich in voller Blüte auf. Jacob war beim Stöbern in der Bibliothek ihres Lieblingsprofessors, des Juristen Friedrich Karl von Savigny, zufällig auf eine Auswahl deutscher Minnesänger gestoßen, und fast augenblicklich sahen sie die Laufbahn ihres Lebens vor sich. Zwei Freunde, Clemens Brentano und Achim von Arnim, die im Jahre 1805, nach romantischer Art, den ersten Band einer Volksliedersammlung, *Des Knaben Wunderhorn,* veröffentlicht hatten, ließen den Brüdern wertvolle Unterstützung angedeihen. Jacob und Wilhelm halfen bei den folgenden Bänden des *Wunderhorns* mit und fingen an, unter Freunden und Bekannten zu sammeln. Aber zur gleichen Zeit machten sie Manuskripte aus dem Mittelalter ausfindig, entzifferten sie und begannen, sie zu edieren. Das Märchenbuch stellte nur einen Bruchteil ihres unmittelbaren Vorhabens dar. Es ließe sich in gewisser Weise mit dem öffentlichen Ausstellungssaal eines Völkerkundemuseums vergleichen, wobei in den Diensträumen des Obergeschosses die Forschungen weitergingen, denen das breitere Publikum nicht zu folgen wünschte oder wußte.

Trotz vieler Widrigkeiten kamen sie mit ihrem Plan voran. Im Jahre 1806 besetzten die Armeen Napoleons Kassel. «Jener Tag des Zusammenbruchs aller bisherigen Verhältnisse wird mir immer vor Augen stehen», schrieb Wilhelm. «... Das Drückende jener Zeiten zu überwinden half denn auch der Eifer, mit der die altdeutschen Studien getrieben wurden. Ohne Zweifel hatten die Weltereignisse und das Bedürfnis, sich in den Frieden der Wissenschaft zurückzuziehen, beigetragen, daß jene lange vergessene Literatur wieder erweckt wurde; allein man suchte nicht bloß in der Vergangenheit einen Trost, auch die Hoffnung war natürlich, daß diese Richtung zu der Rückkehr einer andern Zeit etwas beitragen könne.» Während sich «fremde Menschen, fremde Sitten, . . . eine fremde, laut geredete Sprache» auf der Straße und auf den Spaziergängen breitmachten und er «die armen Menschen . . . durch die Straße hinwanken (sah), welche zum Tode geführt wurden»,[7] blieben die Brüder unverdrossen an ihren Schreibtischen sitzen, um die Gegenwart durch die Vergangenheit mit neuem Leben zu erfüllen.

Jacob hatte im Jahre 1805 die Bibliotheken von Paris besucht; seine Französischkenntnisse verhalfen ihm nun zu einem kleinen Sekretärsposten im Kasseler Kriegskollegium. Zwei seiner Brüder waren mit den Husaren im Feld. Kurz nach dem Tode seiner Mutter im Jahre 1808 wurde er zum Beisitzer im Staatsrat und Verwalter der Privatbibliothek von Jérôme Bonaparte, dem Marionettenkönig von Westfalen, ernannt. Damit war er von finanziellen Sorgen befreit, hatte aber alle Hände voll zu tun. Der erste Band der *Kinder- und Hausmärchen* erschien im Winter von Napoleons Rückzug aus Moskau (1812); zwei Jahre später, mitten in der Arbeit am zweiten Band, wurde Jacob plötzlich nach Paris entsandt, um die Rückerstattung der Bibliotheksbestände seiner Stadt zu fordern, die von den Franzosen mitgenommen worden waren. Und nachdem er als Gesandtschaftssekretär am Wiener Kongreß teilgenommen hatte, wurde er 1815 noch einmal losgeschickt, um einen weiteren Bücherschatz einzuklagen. Er empfand das Ganze als durchaus peinlich. Als ihn der Bibliothekar, ein gewisser Monsieur Langlès, in der Bibliothèque Manuskripte studieren sah, protestierte er entrüstet: «Nous ne devons plus souffrir ce Monsieur Grimm, qui vient tous les jours travailler ici et qui nous enlève pourtant nos manuscrits.» – «Wir müssen uns diesen Herrn Grimm, der Tag für Tag hier arbeiten kommt und uns dennoch unsere Manuskripte wegnimmt, nicht länger bieten lassen.»

Wilhelm war niemals so energisch und entschieden wie Jacob, aber er war der Geselligere und Sanftere. Während der Jahre des Sammelns litt er an ernsten Herzbeschwerden, die ihn tagelang an

sein Zimmer fesselten. Die zwei waren ihr ganzes Leben lang
beisammen. Als Kinder hatten sie im selben Bett geschlafen und
am selben Tisch gearbeitet. Selbst nach Wilhelms Heirat mit Dortchen Wild im Jahre 1825 wohnte Onkel Jacob mit im Haus, «und
dies in solcher Eintracht und Gemeinschaft, daß man fast hätte
meinen können, die Kinder wären Gemeineigentum».[8] Somit läßt
sich, was ihre Arbeit anbelangt, schwer sagen, wo Jacob aufhörte
und Wilhelm anfing.

In der Arbeit an den Märchen legte Jacob offenbar die größere
Initiative, das striktere Beharren auf wissenschaftlicher Genauigkeit und einen unermüdlichen Sammeleifer an den Tag. Wilhelm
nahm sich der Geschichten mit liebevoller Hingabe und mit einem
sicheren Urteil bei der Geduldsarbeit des Auswählens, Zusammen-
setzens und Ordnens an. Noch bis 1809 hatten beide überlegt, ob es
wohl ratsam wäre, die Manuskripte Brentano zu übermachen.
Aber Jacob mißtraute der Angewohnheit ihres Freundes, überlieferte Stoffe zu bearbeiten: persönliche Phantasien in sie hineinzu-
packen, sie zu kürzen, zu erweitern, effektvoll umzustellen und
stets nach dem Geschmack der Zeit zu würzen. Er klagte über die
Mißhandlung der Texte des *Wunderhorns*. Der Dichter hingegen
hielt den Gelehrten für ein wenig fad und zeigte keinerlei Interesse
für das Ideal getreulichen historischen Nachweises. Achim von
Arnim dagegen stand mit Rat und Tat zur Seite. Obwohl er Jacob
zu überreden suchte, hier und da ein wenig nachzugeben, wider-
setzte er sich den Brüdern nicht, als sie an ihrem Programm fest-
hielten. Er war es, der für die Sammlung einen Verleger fand,
Georg Andreas Reimer in Berlin.

Der erste Band kam kurz vor Weihnachten mit einer Widmung
an Bettina, Achim von Arnims Frau, für ihren kleinen Sohn Johannes Freimund heraus. In Wien wurde das Buch als «zu abergläu-
bisch» verboten, aber anderswo wurde es trotz der damaligen poli-
tisch gespannten Lage begierig aufgenommen. Clemens Brentano
erklärte, er fände die unaufbereiteten Stoffe schlampig und oftmals
sehr langweilig, andere beklagten sich über die Unschicklichkeit
gewisser Märchen, die Zeitungskritiken waren dürftig und zurück-
haltend. Dennoch erfreute sich das Buch sofort eines ziemlichen

Erfolges. Die Brüder Grimm hatten auf unvorhergesehene Art und Weise das Meisterwerk geschaffen, nach dem die ganze romantische Bewegung in Deutschland gestrebt hatte.

Mit stiller Befriedigung schrieb von Arnim an Wilhelm: «Du hast glücklich gesammelt, hast manchmal recht glücklich nachgeholfen, was du dem Jacob freilich nicht sagtest, aber du hättest es noch öfter tun sollen.»[9] Nicht alle Märchen waren aus so berufenem Munde gekommen wie dem der Märchenfrau aus Niederzwehren. Manche waren in ziemlich entstelltem Zustand. Viele waren von Bekannten übermittelt worden und hatten ihren Reiz verloren. Von einigen waren nur Fragmente gefunden worden, und diese mußten zueinander passend gemacht werden. Aber Wilhelm hatte über seine Änderungen Buch geführt, und ihr Zweck war es nicht gewesen, auszuschmücken, sondern die Konturen der Geschichte, die ein schlechter Informant verwischt hatte, herauszuarbeiten. Darüber hinaus ließ sich in den späteren Auflagen, die alle paar Jahre erschienen, das Werk der sorgsamen, liebevollen, bessernden Hand zusehends erkennen. Wilhelms Vorgehensweise war im Unterschied zum Verfahren der Romantiker von seiner wachsenden Vertrautheit mit der volkstümlichen Sprechweise durchdrungen. Er vermerkte sorgfältig die Worte, die die Leute mit Vorliebe gebrauchten, wie auch die typischen Floskeln, womit sie etwas beschrieben, und feilte dann bei seiner überaus gründlichen Durchsicht der Geschichten, wie er sie von diesem oder jenem Erzähler bekommen hatte, die abstrakteren, literarischen oder farblosen Wendungen weg, um dafür charakteristische, kräftige Ausdrücke einzusetzen, wie er sie in Stadt und Land vernommen hatte. Jacob machte zunächst Einwände. Aber es war deutlich, daß die Geschichten durch die geduldige Hingabe des jüngeren Bruders ungemein gewannen, und da Jacob sich ohnehin immer mehr von seinen grammatischen Studien in Anspruch genommen sah, übertrug er Wilhelm nach und nach die ganze Verantwortung. Sogar die Erstausgabe des zweiten Bandes lag schon weitgehend in Wilhelms Händen; danach war die Arbeit ganz und gar seine Sache.

Der zweite Band erschien im Januar 1815, nachdem den Brüdern von allen Seiten Unterstützung zuteil geworden war. «Sie glauben nicht, welche Freude ich an der Sammlung des zweiten Bandes habe», schrieb Wilhelm an eine Bekannte; «den ersten haben wir beide allein, ganz einsam und daher auch sehr langsam in sechs Jahren gesammelt, jetzt geht es viel besser und schneller.»[10] Die zweite Auflage wurde 1819 verbessert und beträchtlich vermehrt und mit einer Einleitung von Wilhelm «Über das Wesen der Märchen» herausgebracht. Dann erschien 1822 noch ein dritter Band mit Anmerkungen, der zum Teil aus den Fußnoten früherer Auflagen zusammengestellt war, aber zusätzliches Material sowie eine gründliche historisch-kritische Untersuchung enthielt.[11] Die Brüder gaben 1825 eine Auswahl von fünfzig Lieblingsgeschichten heraus und ließen 1837 eine dritte Auflage des zweibändigen Originals erscheinen, abermals erweitert und verbessert. Zusätzliche Verbesserungen waren noch in den Auflagen von 1840, 1843, 1850 und 1857 zu verzeichnen. Übersetzungen ins Dänische, Schwedische und Französische erfolgten fast auf der Stelle, sodann auch ins Holländische, Englische, Italienische, Spanische, Tschechische, Polnische, Russische, Bulgarische, Ungarische, Finnische, Estnische, Hebräische, Armenische und Esperanto. Märchen, die direkt oder indirekt auf die Grimmsche Sammlung zurückgehen, sind unter den Eingeborenen Afrikas, Mexikos und der Südsee angetroffen worden.

## 2
### Die Märchentypen

Die erste Auswirkung des Werkes war ein weltweiter Wandel der wissenschaftlichen Einstellung gegenüber den Schöpfungen des Volkes. Eine neue Bescheidenheit gegenüber dem Informanten wird nach 1812 überall erkennbar. Genauigkeit, nicht Verschönerung wird von nun an zur ersten Forderung, «Ausschmückung» zur unverzeihlichen Sünde. Zudem nahmen Anzahl und Sachverstand der Sammler reichlich und schnell zu. Mit Notizbuch und Schreibstift bewaffnete Feldforscher drangen in jeden Winkel der Erde vor. In den Bücherregalen stehen heute reihenweise stattliche

Bände aus der Schweiz, Friesland, Holland, Dänemark, Schweden, Norwegen, Island und den Faröer-Inseln, England, Schottland, Wales, Irland, Frankreich, Italien, Korsika, Malta, Portugal und Spanien; von den Basken, den rätoromanischen Bergbewohnern, den Neugriechen, den Rumänen, Albaniern, Slowenen, Serbokroaten, Bulgaren, Makedoniern, Tschechen, Slowaken, Serben und Polen; den Groß-, Weiß- und Kleinrussen; den Litauern, Letten, Finnen, Lappen und Esten; den Tscheremissen, Mordwinen, Wotjäken und Syrjänen; den Zigeunern und Ungarn; den Türken, Kasan-Tataren, Tschuwaschen und Baschkiren; den Kalmücken, Burjaten, Wogulen und Ostjaken; den Jakuten, den sibirischen Tataren, den Kaukasusvölkern, den Völkerschaften Indiens und des Iran, Mesopotamiens, Syriens, der arabischen Wüste, Tibets, Turkestans, Javas und Sumatras, Borneos, Celebes', der Philippinen, Burmas, Siams, Annams, Chinas, Koreas und Japans, Australiens, Melanesiens, Mikronesiens, Polynesiens, des afrikanischen Kontinents, Süd-, Mittel- und Nordamerikas. In regionalen, nationalen und internationalen Instituten häufen sich noch unveröffentlichte Archive. Wo einst ein Mangel herrschte, gibt es jetzt einen solchen Überfluß, daß das Problem darin besteht, wie man damit fertig wird, wie man sich das alles merken soll und was man davon zu halten hat.

Dieser Geschichtenozean umfaßt etliche Gattungen von Erzählungen. Viele Sammlungen sogenannten primitiven Materials enthalten *Mythen:* religiöse Schilderungen, die das Spiel der Ewigkeit in der Zeit symbolisch darstellen sollen. Sie werden nicht zur Unterhaltung vorgetragen, sondern zum geistigen Wohl des Einzelnen und der Gemeinschaft. Auch *Sagen* kommen vor: Berichte von einer geschichtlichen Überlieferung (oder von einzelnen Begebenheiten daraus) in der Weise, daß die mythische Symbolik das menschliche Geschehen und seine Begleitumstände zu überformen vermag. Während Mythen in bildhafter Form kosmogonische und ontologische Intuitionen darstellen, beziehen sich Sagen auf das mehr unmittelbare Leben und Umfeld einer gegebenen Gesellschaft.[12] Etwas von der religiösen Kraft des Mythos ist wohl auch in der Sage wirksam; dann muß der einheimische Erzähler auf die

Begleitumstände seines Vortrages achten, damit die Kraft nicht fehlgeleitet wird. Mythen und Sagen können gelegentlich zur Unterhaltung dienen, aber ihrem Wesen nach sind sie belehrend.

Dagegen sind *Märchen (tales)* einfach zur Kurzweil da: Plaudereien am Kamin, Wintermärchen, Kindermärchen, Kaffeehausgeschichten, Seemannsgarn, Pilger- und Karawanengeschichten, mit denen man sich die endlosen Nächte und Tage vertreibt. Die ältesten schriftlichen Aufzeichnungen und das Gemeinschaftsleben selbst der einfachsten Stämme bezeugen gleichermaßen den Hunger des Menschen nach einer guten Geschichte. Alles mögliche hat dafür herhalten müssen. Mythen und Sagen einer älteren Zeit, die mittlerweile nicht mehr geglaubt oder nicht mehr verstanden werden und deren frühere Kraft gebrochen ist (wenn sie auch noch bezaubern können), haben einen Großteil des Rohstoffes dafür geliefert, was jetzt einfach als *Tierfabel, Zaubermärchen* und *heroische oder romantische Abenteuergeschichte* erzählt wird. Die Riesen und Zwerge der Deutschen, das «kleine Volk» der Iren, die Drachen, Ritter und Edelfräuleins des Artusromans waren einst die Götter und Dämonen der grünen Insel und des europäischen Festlandes. Ähnlich tauchen die Gottheiten der heidnischen Araber in der Sagenwelt des Islam als Dschinns auf. Geschichten solchen Ursprungs werden von den verschiedenen Leuten, die sie zum besten geben, mit unterschiedlichem Ernst betrachtet, und entsprechend können sie vom einzelnen Zuhörer mit abergläubischer Ehrfurcht, Nostalgie nach den Zeiten, da sie noch geglaubt wurden, ironischer Belustigung oder schlichter Freude an den phantastischen Wundern und den Verwicklungen der Handlung aufgenommen werden. Aber wie es auch mit dem Glauben an sie bestellt sein mag, die Geschichten werden, soweit sie nunmehr «Märchen» darstellen, in erster Linie zur Unterhaltung ersonnen. Sie werden mit den Mitteln des dramatischen Gegensatzes, der erzählerischen Spannung, der Wiederholung – in der Alten Welt meistens dreimal, im Amerika der indianischen Ureinwohner viermal – und der schließlichen Auflösung umgestaltet.

Gewisse charakteristische Anfangs- und Schlußfloskeln heben das zeitlose, ortlose Märchenland gegen die normale Welt ab: «Es

25

war einmal»; «In den Tagen des großen Fürsten Arthur»; «Morgen werden es gerade tausend Jahre»; «In vergangener Zeit, als Brahmadatta die Herrschaft in Benares führte» – «Und wenn sie nicht gestorben sind, so leben sie noch heute»; «Das ist alles»; «Mein Märchen ist aus, dort läuft eine Maus»; «Da blieben sie glücklich und zufrieden, wir aber stehn da barfuß wie Packesel und lecken uns die Zähne»; «Bo bow bended, my story's ended; if you don't like it, you may mend it».[13] Ein netter Schluß wird den Suaheli auf Sansibar nachgesagt: «Wenn die Geschichte schön war, so gehört die Schönheit uns allen; war sie schlecht, so trifft die Schuld mich allein, der sie erzählte.»[14]

Die Prosa ist das gebräuchliche Medium der Erzählung, aber an wichtigen Stellen tauchen gewöhnlich kleine Reime auf:

Spieglein, Spieglein an der Wand,
Wer ist die Schönste im ganzen Land?

Kehr um, kehr um, du junge Braut,
Du bist in einem Mörderhaus.

Still, still, meine lieben Riesechen,
Ich hab euch wohl bedacht,
Ich hab euch was mitgebracht.

Entchen, Entchen,
Da steht Gretel und Hänsel.
Kein Steg und keine Brücke,
Nimm uns auf deinen weißen Rücken![15]

In arabischen und seltener in europäischen Geschichten springt die Prosa des Textes stellenweise zum Reim über:

Sie schnellt des Blickes Pfeil vom Bogen ihrer Braue,
Er trifft und fehlet nie, sei es auch noch so weit.
Ja, ihre Schönheit ragt empor ob aller Schöne;
Und niemand ist ihr gleich auf Erden weit und breit.

26

Was nicht geschehen soll, geschieht auch nie durch Listen;
Doch was geschehen soll, das wird geschehen.
Ja, was geschehen soll, geschieht zu seiner Stunde;
Allein ein Tor kann es doch nie verstehen.

O ihr Liebenden, bei Allah, saget an:
Wenn ihn die Liebe plagt, was tut der Mann?[16]

In der reizenden französischen mittelalterlichen *chante-fable* «Aucassin et Nicolette» findet ein ständiger Wechsel zwischen Versstellen und Prosa statt. In den bardischen *Lais,* die dazu dienten, die Helden im Metsaal zu unterhalten, in den langen *Epen,* die in späteren Zeiten gewoben wurden, und in den *Balladen* des Volkes wird nur in Versform erzählt. Der Zauber von Rhythmus und Reim ist der Zauber des «Es war einmal».[17]

«Und als der Becher fröhlich die Runde machte, da sprach der Lastenträger zum Qalander: ‹Sag an, o Bruder, weißt du nicht eine Geschichte oder ein ungewöhnliches Abenteuer, mit dem du uns die Zeit vertreiben könntest?›» Die Mußestunde läßt man sich ebenso gern mit einem spannenden persönlichen Abenteuer wie mit einer überlieferten Wundergeschichte füllen. Infolgedessen hat auch die Welt des wirklichen Lebens, wie sie im *Schwank* eingefangen wird und – zur rechten Zeit in der rechten Weise vorgetragen – die Aufmerksamkeit anzieht und fesselt, ihren Beitrag zum großen Oberbegriff des Märchens geleistet. Der Schwank kann von der angeblich wahren oder nur wenig übertriebenen bis zur schier unglaublichen Geschichte reichen. Im letzteren Falle verquickt er sich leicht mit der reinen *Erfindung:* der Posse, dem Scherzmärchen und der Spukgeschichte. Er kann sich wiederum auch mit dem mythologischen Stoff überlieferter Heldengeschichten verbinden und damit einige Züge der Sage annehmen.

Eine eigene und relativ neu entstandene Klasse ist die *Fabel.* Die besten Beispiele dafür sind die dem «Äsop» zugeschriebenen griechischen und mittelalterlichen Sammlungen sowie die orientalischen der Brahmanen, Buddhisten und Jainas. Die Fabel will belehren. Sie ist nicht wie der Mythos eine Offenbarung transzendenter Geheimnisse, sondern eine kluge Veranschaulichung einer politischen oder moralischen Aussage. Fabeln sind witzig und sollen nicht geglaubt, sondern verstanden werden. Manche der Jātakas, der Erzählungen aus früheren Leben Buddhas, sind Fabeln, die halb vorgeben, kleine Legenden zu sein. Die Fabeln der Buddhisten und Jainas enthalten religiöse Lehren, Äsop und das brahmanische *Pañchatantra* lehren Lebensweisheit.

Unter den Oberbegriff *Märchen* fassen die Deutschen gern das ganze Spektrum der *Volkserzählung (folk tale)*. Die Brüder Grimm nahmen daher in ihre Sammlung Volksgeschichten jeder Art auf, deren sie habhaft werden konnten. Wissenschaftler, die nach ihnen kamen, haben die Zusammenstellung analysiert und die Märchen nach Typen eingeteilt. Ein solches Verzeichnis, das auf dem von dem finnischen Volkskundler Antti Aarne[18] erstellten Standardverzeichnis der Märchentypen basiert, findet sich im Anhang auf S. 51 f.

# 3
## Die Geschichte der Märchen

Die Grundmuster des Volksmärchens sind auf der ganzen Welt so ziemlich die gleichen. Dieser Umstand hat eine lange und weitverzweigte Diskussion unter den Gelehrten nach sich gezogen.[19] Man ist sich jetzt im großen und ganzen darüber einig, daß sich die allgemeine Kontinuität und eine gelegentliche Übereinstimmung im Detail mit der psychologischen Einheit der Gattung Mensch begründen läßt, daß aber oberhalb dieser Grundlage eine rege und ständige Weitergabe der Märchen von Mund zu Ohr – und durch das Buch – stattgefunden hat, und zwar nicht erst seit Jahrhunderten, sondern seit Jahrtausenden und über ungeheure Weiten des Erdballs hin. Das Volksgut jedes Gebietes muß daher im Hinblick auf seine besondere Geschichte untersucht werden. Jedes Märchen hat seinen eigenen abenteuerlichen Lauf genommen, und das gilt auch für jedes Motiv.

Die Brüder Grimm betrachteten das europäische Volksgut als das Zersetzungsprodukt des altgermanischen Glaubens: Die Mythen der alten Zeit waren zunächst in die Formen von Heldensage und Ritterroman und schließlich in diese bezaubernden Schätze der Kinderstuben zerbröckelt. Aber im Jahre 1859, dem Jahr von Wilhelms Tod, zeigte der Sanskritist Theodor Benfey, daß ein großer Teil des Märchen- und Sagengutes Europas über arabische, hebräische und lateinische Übersetzungen direkt aus Indien gekommen war – und dies bis ins dreizehnte Jahrhundert.[20] Seit Benfeys Zeit haben sich die Anzeichen für eine späte, polygenetische Entwicklung des Volksmärchens im christlichen Europa gehäuft und konkretisiert.

Die Gelehrten der englischen Anthropologenschule des ausgehenden neunzehnten Jahrhunderts (E. B. Tylor, Andrew Lang, E. S. Hartland und andere) waren der Ansicht, daß die irrationalen Elemente des Märchengutes in wildem Aberglauben gründeten. Auf jeder Buchseite entdeckten sie Totemismus, Kannibalismus, Tabu und die außerkörperliche Seele. Heute jedoch ist es klar, daß solche Irrationalitäten dem Traumleben des modernen Europäers so vertraut sind wie einem Stamm am Kongo, und wir sehen uns folglich nicht mehr veranlaßt, eine Geschichte nur deshalb, weil die Heldin eine Gazelle heiratet oder ihre Mutter aufißt, zu den paläolithischen Höhlen zurückzuverfolgen. Allerdings lassen sich in einigen der Geschichten aus der Grimmschen Sammlung tatsächlich Überreste uralter Lebensformen mit hinreichender Gewißheit ausmachen (Beispiele dafür finden sich im Anhang auf S. 52), und in vielleicht einem halben Dutzend anderer haben sich Spuren aus der barbarischen Zeit der Völkerwanderung gehalten. Zauberformeln, die etwa Merkmale des frühgermanischen Versstiles erkennen lassen, stehen bis auf den heutigen Tag in der Grimmschen Sammlung:

Rapúnzel, Rapúnzel
Laß dein Háar herúnter. (Nr. 12)

Éntchen, Éntchen,
Da steht Grétel und Háensel.

Kéin Stég und kéine Brúecke,
Nimm úns auf déinen wéißen Rúecken. (Nr. 15)

Eine Krise in der Geschichte der europäischen Volksüberlieferung zeichnet sich um das zehnte Jahrhundert ab. Eine Fülle spätantiker Stoffe wurde von umherziehenden Sängern, Spielleuten und Possenreißern, die aus dem sonnigen Süden herbeigeschwärmt kamen, um die Pilgerrouten unsicher zu machen und an die Burgtore zu klopfen, vom Mittelmeerraum eingeführt.[21] Und nicht nur Spielleute, sondern auch Missionare waren am Werk. Die grimmigen Kriegerideale früherer Geschichten wichen einer neuen Frömmigkeit und sentimentalen Lehrhaftigkeit: die verleumdete Tugend triumphiert, Geduld wird belohnt, die Liebe besteht.

Allerdings scheint bis zum zwölften Jahrhundert, als die Erzählstoffe aus Indien und aus Irland in den europäischen Landen Einzug hielten, eine vergleichsweise Erfindungsarmut geherrscht zu haben. Es war die Zeit der Kreuzzüge und des aufkommenden Artusromans, wobei jene Europa der Kultur des Orients weit öffneten, während dieser aus dem keltischen Feenreich eine wilde Wunderwelt heraufbeschwor: verzaubert schlafende Prinzessinnen, einsame Schlösser im gefährlichen Wald, rauchende Drachen in reifbedeckten Höhlen, der Merlinzauber, die Fee Morgane und kichernde alte Hexen, die durch einen Kuß in die schönste Jungfer der Welt verwandelt wurden. Fast alle Einzelheiten seines Märchenlandes entnahm Europa der Phantasiewelt der Kelten. Die Jugend Siegfrieds, Brunhilds Schlaf, das Schwert im Baum und das zerbrochene Schwert sind aus der keltischen Tradition übernommene Motive. Die isländischen Sagas und Eddas wurden nachhaltig von Irlands Barden beeinflußt. Die Geschichten, die im Anhang unter dem Stichwort IV, *Ritterliche Dichtung des Mittelalters,* aufgeführt sind, verkörpern diesen Stoffkomplex, wie er unter dem Einfluß des Ritterromans des zwölften Jahrhunderts umgearbeitet wurde.

Kurze Zeit darauf kam das hinduistische *Pañchatantra.* Das Werk war im sechsten Jahrhundert aus dem Sanskrit ins Persische, im achten Jahrhundert aus dem Persischen ins Arabische und um die Mitte des dreizehnten Jahrhunderts aus dem Arabischen ins Hebräische übertragen worden. Um 1270 übersetzte Johannes von Capua den hebräischen Text ins Lateinische, und nach dieser lateinischen Version kam das Buch ins Deutsche und Italienische. Eine spanische Übersetzung war 1251 aus dem Arabischen angefertigt worden, eine englische stützte sich später auf die italienische Version. Einzelne Geschichten wurden in Europa populär und rasch eingebürgert. «Aus der Literatur», schrieb Benfey, «gingen sie dann ins Volk über, aus diesem, verwandelt, wieder in die Literatur, dann wieder ins Volk usw. und erreichten, insbesondere durch diese wechselseitige Thätigkeit nationalen und individuellen Geistes, jenen Charakter nationaler Weisheit und individueller Einheit, welcher nicht wenigen von ihnen einen so hohen poetischen Werth verleiht.»[22]

Auf der Grundlage einer entstellten Geschichte aus dem Osten, der Legende von Barlaam und Josaphat, wurde der Buddha von der mittelalterlichen Kirche als Abt St. Josaphat heiliggesprochen; der Festtag der heiligen Äbte Barlaam und Josaphat war der 27. November. Auf die Erkenntnisse der Volkskundler des neunzehnten Jahrhunderts hin wurden diese Namen aus dem Kalender gestrichen.

Eine wunderbare Periode begann im dreizehnten Jahrhundert. Mit dem Untergang der höfischen Zeit der großen Kreuzzüge nahm der aristokratische Geschmack am Versroman ab, und die derbe Prosa der spätmittelalterlichen Städte setzte sich durch. Prosakompendien des überlieferten Sagengutes, voll von zusammengetragenen Schwänken und Wundergeschichten aller Art, begannen zu erscheinen – riesige, ausufernde Sammlungen, die der moderne Gelehrte noch kaum erforscht hat. Eine sich schier überschlagende, breite, unerschöpfliche Flut von volkstümlichen Scherzmärchen, unglücklichen Abenteuern, Heldensagen, Heiligen- und Teufelslegenden, Tierfabeln, Eulenspiegeleien, Hanswurstgeschichten, Rätseln, frommen Allegorien und Volksballaden ergoß sich plötzlich in die Manuskripte und spülte alles vor sich her. Versetzt mit Themen aus Kloster und Schloß, vermischt mit Elementen aus der Bibel und dem Heidentum des Orients sowie der weit zurückliegenden vorchristlichen Vergangenheit, brach das wundersame Wirrwarr in die Steinmetzkunst der Kathedralen ein, grinste aus Buntglasscheiben, drehte und wand sich in grotesken

Figuren in die Buchstaben illuminierter Handschriften hinein und heraus, tauchte auf Wandteppichen, auf Sätteln und Waffen, auf Trinkgefäßen, Spiegeln und Kämmen auf.[23] Es war die erste größere Blütezeit einer Literatur des Volkes in Europa. Von links und rechts kamen die Stoffe herbei, nach rechts und links wurden sie wieder ausgeteilt und trugen nun das Siegel der Spätgotik, so daß sie ungeachtet ihres Ursprungs damit die Neuschöpfung des europäischen Volkes waren.

Ein großer Teil dieses Stoffes fand Eingang in die literarischen Werke des Spätmittelalters, der Reformation und der Renaissance (Boccaccio, Chaucer, Hans Sachs, *Les Cents Nouvelles Nouvelles* usw.) und gelangte darauf wieder, neu gestaltet, zurück zum Volk. Die Periode des Überschwangs dauerte fort bis zur Zeit des Dreißigjährigen Krieges (1618–1648).

Schließlich setzte in Frankreich am Hofe Ludwigs XIV. eine modische Vorliebe für die galante Neufassung der Märchen und Fabeln ein – angeregt einesteils durch eine neue französische Übersetzung einer späteren persischen Version des *Pañchatantra* und anderenteils durch Antoine Gallands Übertragung der arabischen *Geschichten aus tausendundeiner Nacht*. Die Folgezeit brachte eine reiche Ernte neu gestalteter, verfeinerter Stücke (La Fontaine, Perrault, die einundvierzig Bände des *Cabinet des Fées*). Viele davon wurden vom Volk übernommen und gelangten auch über den Rhein.

Es hatte also zu der Zeit, als die Brüder Grimm mit ihrer Sammlung anfingen, viel Stoff die weit zurückliegende Mythologie der frühen Stämme überlagert. Geschichten aus allen vier Himmelsrichtungen, Erfindungen aus jeder Gesellschaftsschicht und aus allen Epochen der abendländischen Geschichte hatten sich vermischt. Dennoch zeichnet sich das Erbe, wie die Brüder beobachteten, durchweg durch Einheitlichkeit in Stil und Wesensart aus. Ein kontinuierlicher Prozeß der Neuschöpfung, eine Art geistiger Metabolismus hat die ursprünglichen Bildungen dadurch, daß sie der lebendigen Kultur einverleibt wurden, derart zerbrochen, daß nur die gewissenhafteste und kundigste Beobachtung, Analyse und vergleichende Forschung ihre Herkunft und ihren früheren Zustand feststellen kann. Die Brüder Grimm betrachteten diese fruchtbare Verbindung als eine lebendige Einheit und versuchten, ihre Vergangenheit aufzudecken; der moderne Wissenschaftler dagegen untersucht die Einheit auf ihre Elemente hin und spürt diesen dann bis zu ihren entlegenen Ursprüngen nach. Aus der heutigen Arbeit erhalten wir einen vielschichtigeren Eindruck von den Kulturprozessen, als es in der Zeit der Grimms möglich war.

Wenden wir uns daher dem Problem des einzelnen Märchens zu – dem wandernden Element, das in unser System eingeht und unserer Existenzweise angepaßt wird. Wie sieht *seine* Geschichte aus? Was kann im Laufe seiner Wanderung mit ihm geschehen?

Während es vom Orient zum Okzident zieht, die Umwälzungen der Geschichte und die langwierige Abnutzung durch die Zeit überdauert, die gewohnten Grenzen von Sprache und Glaube überschreitet – bald die Gunst eines Sarazenenkönigs, bald die eines hartgesottenen Kriegsmannes, bald die eines Kapuzinermönches, bald die der alten Marie genießt –, macht das Märchen kaleidoskopische Wandlungen durch. Das erste Forschungsproblem besteht darin, das Kernstück, das Formprinzip des erzählerischen Gebildes, ohne welches es die Geschichte nicht gäbe, zu erkennen, zu bestimmen und zu charakterisieren. Wenn man dann die Geschichte auf ihrer Wanderschaft verfolgt, stellt man fest, wie sie sich von Land zu Land die jeweils an sie herangetragenen Stoffe einverleibt. Sie verändert sich wie ein Chamäleon, nimmt die Farbe ihres Hintergrundes an, lebt und gestaltet sich je nach den Erfordernissen des Augenblicks. «Ein solches Märchen», schreibt ein amerikanischer Kenner, «ist zur gleichen Zeit ein bestimmtes Gebilde und eine Abstraktion. Es ist in der besonderen Form, in der es gerade zu irgendeinem Zeitpunkt aufgezeichnet wird, ein Gebilde; es ist in dem Sinne eine Abstraktion, daß keine zwei Fassungen jemals übereinstimmen und daß das Märchen von daher nur in endlosen Wandlungen lebt.»[24]

Im Lebenslauf jeder vorhandenen Version eines Märchens kann eine Anzahl von typischen Zufällen eintreten. Ein Detail kann vergessen werden. Ein fremder Zug kann sich einbürgern, ein veralteter kann sich modernisieren. Ein allgemeiner Begriff (Tier) kann zu einem besonderen werden (Maus), oder umgekehrt kann sich ein besonderer verallgemeinern. Die Abfolge des Geschehens kann umgestellt werden. Die Personen oder ihre Handlungen können durcheinandergeraten, oder die einzelnen Züge der Geschichte können sich sonstwie gegenseitig beeinflussen. Personen und Dinge können sich vervielfachen (vorzugsweise mit den Zahlen Drei, Fünf und Sieben). Viele Tiere können an die Stelle eines einzigen treten (Polyzoismus). Tiere können Menschengestalt annehmen (Anthropomorphismus) oder umgekehrt. Tiere können zu Dämonen werden oder umgekehrt. Der Erzähler kann selbst als Held auftreten (Egomorphismus). Außerdem kann die Geschichte mit neuen Stoffen erweitert werden. Solche Stoffe stammen im allgemeinen aus anderen Volksmärchen. Die Erweiterung kann an jeder Stelle stattfinden, aber am wahrscheinlichsten sind Anfang und Ende. Mehrere Märchen können zu einem zusammengenommen werden. Schließlich kann die Erfindungsgabe eines einzelnen Erzählers zu absichtlichen Abweichungen führen – zum Guten oder zum Schlechten.[25]

Das ernsthafte Studium der volkstümlichen Erzählung begann in Europa mit den Romantikern. Mit den Brüdern Grimm entwuchs die Wissenschaft den Kinderschuhen. Mit der Gründung der finnischen Gesellschaft der «Folklore Fellows» zu Helsingfors im Jahre 1907 wurde die Arbeit auf dem inzwischen riesigen Gebiet koordiniert und so ein systematisches Forschen über die ganze Welt ermöglicht. Obschon von den Mitarbeitern dieser Kerngruppe, der sogenannten finnischen Schule, vervollkommnet, wurde die geographisch-historische Methode unabhängig davon von Wissenschaftlern in mehreren Weltteilen entwickelt; zum Beispiel in Amerika von Franz Boas, in Dänemark von Axel Olrik, in Frankreich von Gaston Paris und Emmanuel Cosquin, in Deutschland von Johannes Bolte, Wilhelm Hertz, Ernst Kuhn und Theodor Zachariae, in Rußland von L. Kolmatschewski. Diese Technik versetzt den modernen Wissenschaftler in die Lage, den unsichtbaren Pfad der mündlichen Erzählung praktisch bis zur Haustür ihres Erfinders zurückzuverfolgen – über die Grenzen von Staaten, Sprachen, Kontinenten hinweg, selbst über Meere und um den Erdball. Die

Arbeit hat das Zusammenwirken der Wissenschaftler aller fünf Kontinente erforderlich gemacht, die internationale Verstreutheit der Quellen hat nach einer internationalen Forschung verlangt. Und doch begann die Arbeit in der üblichen Weise volkskundlicher Studien als von lokalpatriotischem Stolz erfülltes Unternehmen.

Um die Mitte des neunzehnten Jahrhunderts war in Finnland eine starke nationalistische Bewegung herangewachsen. Fünfhundert Jahre lang zwischen Schweden und Rußland herumgestoßen, war das kleine Land 1809 von Zar Alexander I. annektiert worden. Seit dem Ende des achtzehnten Jahrhunderts war Schwedisch die offizielle akademische Sprache gewesen. Eine Gruppe junger Patrioten fing nun an, für die Wiederherstellung der heimatlichen Gesinnung und der heimischen Sprache zu agitieren.

Elias Lönnrot (1802–1884), ein Landarzt und Erforscher der finnischen Philologie, sammelte im Volk Balladen und Volksmärchen. Sein Werk war ein nordisches Echo auf die Arbeiten der Brüder Grimm. Nachdem er eine ansehnliche Menge Volksdichtungen um die legendären Helden Väinämöinen, Ilmarinen, Lemminkäinen und Kullervo zusammengetragen hatte, brachte er sie in eine bestimmte Ordnung und setzte sie in ein einheitliches Versmaß. Schließlich veröffentlichte er im Jahre 1835 die Erstausgabe jenes Buches, das seither als das Volksepos Finnlands gilt: die Heldendichtung *Kalevala*. Eine zweite verbesserte und vermehrte Auflage erschien 1849. 1852 ins Deutsche übersetzt, kam sie Henry Wadsworth Longfellow unter die Augen und inspirierte ihn, ein ähnliches Stück im selben Metrum für die Indianer zu versuchen; Resultat: *The Song of Hiawatha*.

Julius Krohn (1835–1888), der erste Universitätsstudent, der es wagte, seine Dissertation auf finnisch vorzulegen, widmete sich dem Studium der Volksüberlieferung und im besonderen den Stoffen, die Lönnrot im *Kalevala* gesammelt hatte. Er entdeckte, daß unter den Balladen und volkstümlichen Geschichten der Schweden, Russen, Deutschen, Tataren usw. viele Motive aus Lönnrots Epos wiederauftauchten, wenn auch in abweichenden Verbindungen. Das *Kalevala* ließ sich daher nicht als ein abgeschlossenes Ganzes untersuchen, seine Elemente mußten eigens nachverfolgt werden. Mit dieser Entdeckung tat er den ersten Schritt zur Entwicklung der finnischen geographisch-historischen Methode.

Als nächstes fand Julius Krohn heraus, daß sich nicht alle finnischen Beispiele für ein bestimmtes Thema Zug für Zug mit den fremden Versionen vergleichen ließen; nur diejenigen, welche ihm die ältesten finnischen Formen zu sein schienen, lehnten sich eng an die der Nachbarländer an. Er folgerte daraus, daß die Stoffe des einheimischen Epos von außen nach Finnland gelangt waren und im Lande eine allmähliche Abwandlung erfahren hatten.

Schließlich und endlich bemerkte Julius Krohn, daß jede der einheimischen Abwandlungen in ihrer geographischen Verbreitung begrenzt zu sein schien. Er achtete deshalb darauf, die geographische Herkunft seiner Stoffe wie auch ihre chronologischen Beziehungen untereinander genau zu vermerken. Auf diese Weise war er in der Lage, die Wandlung der Motive einer Erzählung, wie sie im Lande und über die Jahre von Mund zu Mund weitergegeben wurde, zu untersuchen. Im Oktober 1884 schrieb er an den ungarischen Sprachforscher P. Hunfalvy, er verfahre so, daß «ich zuerst die verschiedenen Varianten chronologisch und topographisch ordne und sichte, ehe ich Schlußfolgerungen ziehe; denn ich habe gefunden, daß man nur so die ursprünglichen Bestandteile von später hinzugekommenen scheiden kann».[26]

In bezug auf das *Kalevala* folgerte Julius Krohn, daß dieses weder eine sehr alte finnische Sage noch sein Stoff ursprünglich finnisch war. Die erzählerischen Elemente waren auf den Wellen einer kulturellen Flut gekommen, die jahrhundertelang über Europa dahingegangen war. Aus den Gärten des Ostens und den fruchtbaren Tälern des Altertums stammend, hatten sie Südeuropa – größtenteils durch mündliche Weitergabe – durchquert und sich dann wieder ostwärts in die Gebiete der Slawen und Tataren gewandt, von wo aus sie zu den Völkern des Nordens gelangt waren.[27] So, wie ein jedes Volk das Erbe empfangen hatte, war dieses von ihm fortentwickelt, umgedeutet, erweitert und dann an den Nachbarn weitergereicht worden.

Was in Finnland wie auch in Deutschland als Studium einer nationalen Überlieferung begonnen hatte, weitete sich also zwangsläufig zur Gesamtschau einer internationalen Überlieferung aus. Und die Gelehrten, die voll patriotischer Inbrunst begonnen hatten, öffneten sich sogleich einer weltweiten Zusammenarbeit. Julius Krohns Sohn Kaarle Krohn wandte die von seinem Vater entwickelte geographische Methode auf das Sonderproblem des Volksmärchens an,[28] und er war es, der im Jahre 1907 gemeinsam mit deutschen und skandinavischen Wissenschaftlern die Forschungsgesellschaft gründete, die seither die Arbeit in vielen Gegenden der Welt koordiniert hat.

Ich will die Art und Weise, in der diese Forschung vonstatten ging, kurz veranschaulichen:

Im Jahre 1911 wurde von Antti Aarne ein *Verzeichnis der Märchentypen* herausgebracht.[29] (Die in dieser grundlegenden Studie unterschiedenen Typen sind die gleichen, die im Anhang auf S. 51 f. für die verschiedenen Arten von Geschichten in der Grimmschen Sammlung angegeben sind.) Jede Gruppe wurde unterteilt, und unter jedem Stichwort erschien eine Liste von Beispielen. Abgestimmt auf Aarnes Verzeichnis wurde dann eine Reihe von Spezialkatalogen für etliche Volksüberlieferungen veröffentlicht: für die finnische, estnische, finnisch-schwedische, flämische, norwegische, lappländische, livländische, rumänische, ungarische, isländische, spanische und preußische. Für jede Kultur wurden alle verfügbaren Märchen aus den verschiedenen veröffentlichten und unveröffentlichten Archiven nach den Prinzipien von Aarnes Verzeichnis klassifiziert. So brachte man allmähliche Ordnung in das wogende Chaos.

Eine Arbeit anderer Art, die ebenfalls in Angriff genommen wurde, war die Monographie. Eine Monographie ist eine Spezialuntersuchung mit dem Ziel, eine einzelne Erzählung in all ihren Wendungen und Wandlungen, ihrem Verschwinden und Wiederauftauchen über den Erdball und durch die Zeitläufe zu verfolgen. Die Technik zur Erstellung einer solchen Arbeit ist folgendermaßen beschrieben worden:

1. Der Forscher, der eine Monographie über irgendeine Volkserzählung (Märchen, Sage, Legende, Schwank) zu schreiben unternimmt,

muß sämtliche existierenden Aufzeichnungen («Varianten») dieser Erzählung kennen – einerlei, ob sie gedruckt oder ungedruckt sind, und
einerlei, in welcher Sprache sie vorliegen.

2. Er muß alle diese Aufzeichnungen ohne vorgefaßtes Urteil sorgfältig Zug für Zug miteinander vergleichen.

3. Er muß während der Untersuchung den Ort und die Zeit der
Aufzeichnung einer jeden einzelnen Variante stets im Auge behalten.[30]

Als Heimat des Märchens ergibt sich ... das Land, in dem die Varianten am reichsten fließen, in dem Aufbau und Anlage des Märchens die
geschlossensten bleiben, und dessen Sitten und Anschauungen uns
vielleicht auch den Sinn des Märchens erhellen. Je weiter die Märchen
von ihrer Heimat sich entfernen, um so stärker verwischen sich ihr
Organismus und ihre Umrisse.[31]

Die Forschungen der finnischen volkskundlichen Schule wurden
durch ein ursprünglich unabhängiges Vorhaben in Deutschland
unterstützt und ausgedehnt. Im Jahre 1898 übergab Hermann
Grimm, der Sohn Wilhelms, Johannes Bolte (1858–1937) die unveröffentlichten Materialien seines Vaters und seines Onkels in der
Hoffnung, daß sich eine Neuausgabe der *Anmerkungen zu den
Kinder- und Hausmärchen* anfertigen ließe. Diese Anmerkungen
waren erstmalig im Anhang zu den Bänden von 1812 und 1815
erschienen, dann im Jahre 1822 als Sonderband und schließlich
1856 in einer dritten Auflage. Bolte verglich Motiv für Motiv alles,
was sich aus den modernen Archiven herausziehen ließ, mit sämt-
lichen von den Grimms gesammelten Märchen und Varianten. Er
zog zu dem Unternehmen Georg Polívka aus Prag hinzu, der bei
der Analyse der slawischen Parallelen half. Im Laufe der nächsten
vierunddreißig Jahre wuchs das Opus auf fünf eng gedruckte
dicke Bände an. Das ursprüngliche Werk der Brüder Grimm, das
ein Jahrhundert fruchtbaren volkskundlichen Studierens, Sammelns und Interpretierens eröffnet hatte, wurde durch diese Arbeit fest in den Mittelpunkt des modernen Forschungsfeldes gestellt, so daß die *Kinder- und Hausmärchen* heute wie auch schon
in dem Moment, als sie aus der Druckerpresse kamen, der An-

fang und die Mitte, wenn auch keineswegs das Ende der Erforschung der Literatur des Volkes sind.

Die Klassifizierung der Geschichten nach den oben beschriebenen Entwicklungsstufen, die unten auf S. 52 erscheint, ist eine Bearbeitung der von Friedrich von der Leyen seiner Ausgabe der *Kinder- und Hausmärchen* (Jena 1912) beigegebenen Einteilung. Sie stellt eine höchst brauchbare Übersicht dar und ermöglicht es dem Leser, die Geschichte und die Schichtungen des unerschöpflichen Textes auf eigene Faust zu erforschen.

## 4
## Die Sinnfrage

Die Brüder Grimm, Max Müller, Andrew Lang und andere haben erklärt, Volksmärchen seien sowohl im Hinblick auf die Elemente, aus denen sie bestehen, als auch auf die Handlungsstränge, die diese Elemente verbinden, «ungeheuerlich, irrational und unnatürlich». Da ein Märchen einen anderen Ursprung haben kann als seine Elemente, stellen sich zwei Fragen: Worin besteht der Ursprung und der Sinn der Motive? Worin besteht der Ursprung und der Sinn der Erzählungen?

### a) Die Motive

Viele Begebenheiten in Scherzmärchen, Possen, Seemannsgarn, Lügengeschichten und Schwänken sind einfach aus dem Leben gegriffene komische und pfiffige Erfindungen. Sie stellen nie ein Problem dar.

Die «ungeheuerlichen, irrationalen und unnatürlichen» Begebenheiten jedoch sind von gleicher Art wie die des Mythos, ja, sie stammen häufig vom Mythos ab. Sie müssen so erklärt werden, wie der Mythos erklärt wird. Wie aber wird der Mythos erklärt?

Die Antwort darauf fällt von einem Fachmann zum anderen verschieden aus.

Euhemeros, ein griechischer Schriftsteller des vierten Jahrhunderts v. Chr., dem auffiel, daß Alexander der Große kurz nach seinem Tode in der Sage bereits als Halbgott auftauchte, vertrat die Ansicht, daß die Götter nur große Sterbliche wären, die vergöttert wurden. Snorri Sturluson (1179–1241) erklärte im Vorwort zu seiner *Prosa-Edda* die heidnischen Götter der Norweger auf die gleiche Weise. Diese «Euhemerismus» genannte Theorie hat bis auf den heutigen Tag ihre Fürsprecher.

In jener Periode, als Max Müller unter den indogermanischen Philologen tonangebend war, herrschte bei diesen die Ansicht, daß Mythen ursprünglich gefühlvolle Naturbeschreibungen gewesen wären. Halb bewußt hätte der Mensch die Tragödie seines eigenen Lebens in die Geburt der Sonne, die «den Tau zu Tode küßt», hineingedeutet, in ihr Aufgipfeln, ihren Niedergang und ihr Versinken in den Armen der Nacht. Aufgrund der Tatsache, daß indoeuropäische Substantive entweder männlich oder weiblich sind, hätten die Beschreibungen dazu geneigt, ihre Gegenstände zu personifizieren. Und aufgrund der Tatsache, daß die Sprache sich fortentwickelte, hätte man die ursprünglichen Bedeutungen der personifizierenden Substantive alsbald vergessen, so daß die Worte schließlich für Personennamen gehalten wurden.[32] Beispielsweise verlor solch ein metaphorischer Name für die Sonne wie Kephalos, «das Haupt» (des Lichtes), bald schon seine Bedeutung und bezog sich in der gängigen Vorstellung auf einen menschlichen Jüngling. Entsprechend wurde der verdunstende Tau, Prokris, die Braut des «Hauptes», zu einem sterblichen Mädchen, das tragisch ums Leben kam. Ein weiterer Schritt: Die Namen konnten mit denen wirklich historischer Helden durcheinandergebracht werden, woraufhin sich der Mythos in eine Sage verwandelte.[33]

Müllers Theorie war der am weitesten ausgearbeitete Versuch, den Mechanismus der Personifikation zu begründen. Die «Anthropologen» machten sich damit weniger Umstände und gingen einfach davon aus, daß Wilde und Dichter den Hang besäßen, den Dingen eine Seele zuzuschreiben und sie zu personifizieren.[34] Die kindliche Phantasie des Primitiven, sein dichterisches Empfinden und seine krankhafte, von Träumen durchwucherte Einbildung spielten mit hinein in seine Versuche, die ihn umgebende Welt zu beschreiben und zu erklären, und erzeugten so eine phantasmagorische Gegenwelt. Jedoch im Kern ginge das Bemühen des Wilden dahin, die Ursache der Dinge aufzudecken und diese dann durch Zaubereien, Gebete, Opfer und Sakramente zu beherrschen. Mythologie wäre demnach nur eine falsche Ätiologie, die Zeremonie eine fehlgeleitete Technologie. Durch die allmähliche, unsystematische, aber dennoch unvermeidliche Erkenntnis von Irrtum um Irrtum schritte der Mensch durch das Labyrinth der Wunder voran zu unserem klareren Standpunkt von heute. So schreibt James G. Frazer:

> Nachdenken und Forschung sollten uns davon überzeugen, daß wir unseren Vorfahren viel von dem verdanken, was wir als unser ureigenstes Besitztum ansehen, und daß ihre Irrtümer nicht willkürliche Übertreibungen oder Wahnsinnsausbrüche, sondern ganz einfach Hypothesen waren, die sich zur Zeit ihrer Aufstellung rechtfertigen ließen, die eine reichere Erfahrung indessen als unzulänglich erwiesen hat. Nur durch die Aufeinanderfolge von Hypothesenuntersuchung und Verwerfen des Unzulänglichen läßt sich die Wahrheit schließlich ans Licht bringen.[35]

Eine andere Auffassung (welche die deskriptiv-ätiologische Theorie eher ergänzte als ihr zuwiderlief) stellte den «Primitiven» als einen Menschen dar, der sich vor den Geistern der Gräber fürchtete und daher stets ängstlich darauf bedacht war, sie zu besänftigen und zu verscheuchen. Die Wurzeln von Mythos und Ritus reichten hinab in den schwarzen Untergrund des Grabkultes und der Todesfurcht.[36]

Ein vierter Standpunkt wurde von dem französischen Soziologen Emile Durkheim vertreten. Er behauptete, daß die kollektive Überreizung (surexcitation) bei Zusammenkünften des Klans, des Stammes oder gar mehrerer Stämme von jedem teilnehmenden Gruppenmitglied als eine unpersönliche, ansteckende Macht (Mana) erlebt würde, daß man sich diese Macht als von dem Klan- oder Stammesemblem (Totem) ausgehend dächte und daß dieses

Emblem daher als ein von Mana erfülltes Objekt vor allen anderen Objekten ausgezeichnet wäre (heilig contra profan). Dieses Totem, das erste Kultobjekt, würde dann auf alle mit ihm in Berührung kommenden Objekte Mana übertragen, und durch diese Übertragung entstünde so ein System von Glaubenslehren und Gebräuchen in bezug auf heilige Dinge, wodurch alle Gläubigen zu einer einzigen sittlichen Gemeinschaft vereinigt würden.[37] Der bedeutende Beitrag, den Durkheim mit seiner Theorie leistete, und die Besonderheit, die diese von allen anderen unterschied, bestanden darin, daß die Religion hier nicht als eine krankhafte Übertreibung, eine falsche Hypothese oder unaufgeklärte Furcht dargestellt wurde, sondern als eine emotional erlebte Wahrheit, die Wahrheit der Beziehung des Einzelnen zur Gruppe.

Daß Durkheim somit eine Art Wahrheit an der Wurzel der mythischen Bilderwelt erkannte, wird durch den Beweis von seiten der Psychoanalytiker, daß Träume ein Niederschlag unbewußter Wünsche, Ideale und Ängste sind und daß zudem die Traumbilder den Motiven von Märchen und Mythos in großen Zügen und häufig auch bis ins Detail ähneln, unterstützt, ausgedehnt und vertieft. Indem sie die Symbole und Mythenmotive hervorbringende Schicht der Psyche – die Quelle all jener universalen Themen («Elementargedanken», siehe unten S. 54 f.), welche die Menschen in die Naturerscheinungen, die Schatten der Grabkammern, die Heldenleben und die Embleme der Gesellschaft hineindeuteten – zum Gegenstand ihrer Untersuchung wählten, haben die Psychoanalytiker zweifellos den Knotenpunkt des vielsträngigen Problems berührt. Im Lichte ihrer Auseinandersetzung lassen sich Theorien, die zuvor einander zu widersprechen schienen, ohne weiteres miteinander in Einklang bringen. Mensch, Natur, Tod, Gesellschaft – sie alle dienten einfach als Bereiche, in die Traumbedeutungen projiziert wurden. Daher gelten die Anspielungen der unwillkürlichen Motive (ganz gleich, was das rationalisierende Bewußtsein dazu meinen mag) nicht wirklich der Sonne, dem Mond, den Sternen, dem Wind und dem Donner, dem Grab, dem Helden oder selbst der Macht der Gruppe, sondern verweisen *durch* diese wieder zurück auf einen Zustand der Psyche. Mythologie ist eine als Kosmologie, Geschichte und Biographie mißverstandene Psychologie.

Es kann und muß jedoch noch ein weiterer Schritt getan werden, bevor wir an die Grenzen des Problems stoßen. Der Mythos ist, wie die Psychoanalytiker darlegen, *kein* Kuddelmuddel von Irrtümern, der Mythos ist eine Bildersprache. Aber die Sprache muß erforscht werden, damit wir sie verstehen. Diese Sprache ist vor allen Dingen die Muttersprache des Traumes. In zweiter Hinsicht jedoch ist sie von den Dichtern, Propheten und Visionären ungezählter Jahrtausende studiert, erhellt und bereichert worden. Dante, Thomas von Aquin und Augustinus, al-Ghazzālī und Mohammed, Zarathustra, Shankarācharya, Nāgārjuna und T'ai Tsung waren keine schlechten Wissenschaftler, die irrige Aussagen über das Wetter machten, oder Neurotiker, die Träume in die Sterne hineindeuteten, sondern Meister des menschlichen Geistes, die eine Weisheit von Tod und Leben lehrten. Und ihre Ausdrucksweise entnahmen sie dem Wortschatz der Mythenmotive. Sie grübelten über Dasein und Weg des Menschen nach und gelangten durch ihr Grübeln zur Weisheit. Wenn sie dann mit Hilfe der Bildersprache des Mythos lehrten, nahmen sie an den Formen der ihnen übermachten Bilderwelt Veränderungen vor.

Dies allerdings nicht nur in den höheren Kulturen; selbst bei den sogenannten Primitiven interpretieren und reinterpretieren Priester, Zauberer und Visionäre den Mythos als Symbol des «Weges»: des «Blütenstaubpfades der Schönheit», wie er zum Beispiel bei den Navaho genannt wird. Und dieser mit der Ganzheit des Menschen gleichbedeutende Weg wird als kleine Strecke des großen Weges verstanden, der den Kosmos umfängt. Denn bei den Babyloniern wie überall sonst war es stets der Kerngedanke der mythologischen Unterweisung, «daß eine immerwährende Wiederholung derselben Kräfte und Ereignisse im Raume wie in der Zeit, und darin im großen wie im kleinen stattfindet».[38] Der Weg des Einzelnen geht auf mikroskosmischer Ebene den Weg des Alls und aller nach. In diesem Sinne sind die Gedankengänge der Weisen nicht nur psychologisch, sondern auch metaphysisch. Sie sind nicht leicht zu begreifen. Und doch sind sie die unterschwelligen Denkansätze, welche die Ikonographien der Welt prägen.

Somit sind Mythen, wie sie heute zu uns gelangen und wie sie aufbrechen, so daß sich ihre reichhaltigen Motive in die Stoffe der volkstümlichen Erzählung ausstreuen und darin festsetzen können, die Träger einer Weisheit, die das Menschengeschlecht durch die ewigen Wechselfälle seines geschichtlichen Gangs geleitet hat. «Der Inhalt des Volksgutes», schreibt Ananda K. Coomaraswamy, «ist Metaphysik. An unserer Unfähigkeit, dies einzusehen, ist in erster Linie unsere abgrundtiefe Unkenntnis der Metaphysik und ihrer besonderen Ausdrucksweise schuld.»[39]

Alles in allem: Die «ungeheuerlichen, irrationalen und unnatürlichen» Motive des Volksmärchens und des Mythos entstammen dem Bilderschatz von Traum und Vision. Auf der Traumebene stellen solche Bilder den Gesamtzustand der individuellen träumenden Psyche dar. Aber von persönlichen Verzerrungen befreit und von Dichtern, Propheten und Visionären vorgebracht, werden sie zu Symbolen der geistigen Norm für den Mikrokosmos Mensch. Sie sind folglich Sätze aus einer Bildersprache, die eine metaphysische, psychologische und soziologische Wahrheit ausdrückt. In primitiven, orientalischen, archaischen und mittelalterlichen Gesellschaften dachte man über diese Ausdrucksweise nach und vermochte sie mehr oder weniger zu verstehen. Erst im Gefolge der Aufklärung verlor sie plötzlich ihren Sinn und wurde für verrückt erklärt.

### b) Die Märchen

Das Volksmärchen ist im Unterschied zum Mythos eine Form der Unterhaltung. Je nach der Kurzweil, die er beschert, kommt der Märchenerzähler an oder nicht. Er mag seine Motive vom Baum des Mythos gepflückt haben, aber seine Kunst ist niemals eigentlich mythischer Art. Seine Schöpfungen wollen letztlich nicht als Wissenschaft, Soziallehre, Psychologie oder Metaphysik gewertet werden, sondern als Kunst – und, um genauer zu sein, als Kunst, die von Einzelnen zu feststellbaren Zeiten in feststellbaren Breiten hervorgebracht wurde. Wir müssen uns fragen: Was für ein Kunstverständnis besaßen die Erzähler, die diesen Geschichten in den langen Zeitspannen der Vergangenheit Form verliehen?

Die indischen, keltischen, arabischen und mittelalterlichen Meistererzähler, denen wir die vorzüglichsten unserer europäischen Märchen verdanken, übten eine Kunst aus, die darauf abzielte, an vergänglichen Dingen den Glanz der ewigen Formen sichtbar zu machen.[40] Der Wert ihrer Arbeit lag nicht in einer naturalistischen, sondern in einer geistigen Genauigkeit und ihre Wirkung im lehrreichen Staunen. Uns mag der Unterschied zwischen solch einer Kunst und der Metaphysik geringfügig vorkommen, denn wir haben die Bedeutung unseres Begriffs «metaphysisch» so sehr gedehnt, daß er alles umfaßt, was sich nicht in eine positivistische Darlegung umsetzen läßt. Aber Völker vom vormodernen Schlag – ob aus der Zeit der Gotik oder aus dem Orient, ob archaisch oder totemistisch – hielten das Wirken einer transzendenten Energie in den Formen von Raum und Zeit normalerweise für selbstverständlich. Von jedem Künstler, gleich welchen Zweiges, verlangte man, daß sein Erzeugnis das Siegel des Geistes trage wie auch seinen praktischen Zweck erfülle. Die Funktion der Erzählkunst war es daher nicht, die Mußestunde einfach irgendwie zu füllen, sondern sie mit symbolischem Inhalt zu füllen. Und da die symbolische Darstellung das charakteristische Vergnügen der Menschenseele ist, steigerte sich die Faszination des Märchens mit dem Reichtum seines symbolischen Inhalts.

Durch ein ironisches Paradoxon der Zeit erscheint uns heute die spielerische Symbolik des Volksmärchens – ein Produkt der Mußestunden – echter und lebensfähiger als die Macht und Wucht des Mythos. Denn während die symbolischen Gestalten der Mythologie (von allen außer dem hellsichtigsten Metaphysiker) keineswegs als solche betrachtet wurden, sondern als wirkliche Gottheiten, die es anzurufen, zu besänftigen, zu lieben und zu fürchten galt, waren die Personen des Märchens vergleichsweise von geringer Bedeutung. Man liebte sie vor allem um ihrer Faszination willen. Als daher die Säuren des modernen Geistes die Reiche der Götter zerfraßen, berührte dies die Märchen in ihrem Kern kaum. Die

Elfen waren nicht mehr so wirklich wie zuvor, aber dafür waren die Märchen lebendiger. Deshalb können wir sagen, daß das einzige, was uns heute von dem ganzen symbolträchtigen Schaffen der Vergangenheit (kaum verändert in seiner Wirksamkeit oder Funktion) geblieben ist, das Wundermärchen sei.

Das Märchen überlebt außerdem nicht einfach als ein kurioses Überbleibsel aus den Tagen kindlicher Gläubigkeit. Seine Zauberwelt ist symptomatisch für die Fieber, die tief im Innern der Seele brennen: allgegenwärtige Mächte, Wünsche, Ängste, Ideale, Möglichkeiten, die von Anfang an in den Nerven geglommen, im Blute gebraust und die Sinne genarrt haben. Die eine ungeteilte Seele ist ebenso in den Ausgeburten dieser Visionswelt wie in den Verrichtungen des menschlichen Lebens tätig. Folglich müssen diese irgendwie in jenen vorgeformt sein. Die Historie ist das durch und gegen die Hindernisse von Raum und Zeit erfüllte Versprechen des Märchens. So spielerisch und bescheiden uns die Archetypen des Märchens vorkommen mögen, sind sie doch die Helden und Schurken, welche die Welt für uns gebaut haben. Das junge Mädchen, das sich für den ersten Ball sein Haar vor dem Spiegel zurechtmacht, die Mutter, die sich um die Zukunft ihres Sohnes sorgt, die Arbeiter in den Bergwerken, das vollbeladene Handelsschiff, der Botschafter mit seinem Portefeuille, der Soldat auf dem Schlachtfeld – alle tun sie ihr Teil, damit die keinen Widerspruch duldenden Rollenverteilungen der eigentlichen Phantasiegeschichte, die ewigen Grundmuster des Wundermärchens, in Fleisch und Blut erscheinen und zu dem werden, was wir Leben nennen.

So kommt es, daß wir in jenen Meisterwerken der Moderne, die eher visionärer als beschreibender Art sind, die aus den Kindermärchen längst bekannten Formen wiederauftauchen sehen, nun aber voll ausgereift und erwachsen. Während sich die Frazers und die Müllers den Kopf darüber zerbrachen, eine rationale Erklärung für die irrationalen Muster des Märchengutes auszuhecken, komponierte Wagner seinen *Ring des Nibelungen,* verfaßten Strindberg und Ibsen ihre symbolischen Stücke, schrieb Nietzsche seinen *Zarathustra,* Melville seinen *Moby Dick.* Goethe hatte längst seinen *Faust* vollendet, Spenser seine *Faerie Queene.* Heute bezeugen uns die Romane von James Joyce, Franz Kafka, Thomas Mann und vielen anderen wie auch die Gedichte, die Jahr für Jahr neu erscheinen, daß die gastrischen Feuer der menschlichen Phantasie noch immer die Kraft besitzen, das rohe Erleben zu verdauen und dem schöpferischen Genius des Menschen einzuverleiben. In diesen Schöpfungen wie auch in der Sagenwelt der Vergangenheit, die sie fortsetzen und im Grunde wiederholen, bedeuten die Symbole menschliches Schicksal: ein Schicksal, das bei all seinen blutdürstigen Schrecken als ein großartiges, wildes, «ungeheuerliches, irrationales und unnatürliches» Wundermärchen erkannt wird, das die Leere füllt. Nach dieser Geschichte hat unser Geist verlangt, und diese Geschichte wird uns auch zuteil.

Das Volksmärchen hat alle Epochen und Moden der Literaturgeschichte überdauert. Indem es erzählt und nacherzählt wird, hier ein Detail einbüßt, dort einen neuen Helden gewinnt, allmählich die Konturen verliert, aber irgendwann von einem Erzähler aus dem Volk wieder neu erschaffen wird, trägt das kleine Meisterstück an die lebendige Gegenwart ein langes Erbe der Erzählkunst heran, das von den Romandichtern des Mittelalters, den streng geschulten Dichtern der Kelten, den gelernten Geschichtenerzählern des Islam und den köstlichen, üppigen, brillanten Fabulierern des hinduistischen und buddhistischen Indien auf uns überkommen ist. Die kleine Geschichte, die wir vielleicht gerade lesen, hat einen Hauch von Somadeva, Scheherazade, Taliesin und Boccaccio an sich und trägt dabei doch den Ton der Märchenfrau aus Niederzwehren. Wenn es je eine Kunst gab, an der die ganze Menschheit gemeinsam gearbeitet hat, die durchzogen ist von der Lebensweisheit der alten Marie und durchstimmt von der Musik der Sphären, so ist es die des zeitlosen Märchens.

Das Volksmärchen ist die Fibel der Bildersprache der Seele.

# Anhang

## Nummern und Namen der Märchen

1. Der Froschkönig oder der eiserne Heinrich
2. Katze und Maus in Gesellschaft
3. Marienkind
4. Märchen von einem, der auszog, das Fürchten zu lernen
5. Der Wolf und die sieben jungen Geißlein
6. Der treue Johannes
7. Der gute Handel
8. Der wunderliche Spielmann
9. Die zwölf Brüder
10. Das Lumpengesindel
11. Brüderchen und Schwesterchen
12. Rapunzel
13. Die drei Männlein im Walde
14. Die drei Spinnerinnen
15. Hänsel und Gretel
16. Die drei Schlangenblätter
17. Die weiße Schlange
18. Strohhalm, Kohle und Bohne
19. Von dem Fischer un syner Fru
20. Das tapfere Schneiderlein
21. Aschenputtel
22. Das Rätsel
23. Von dem Mäuschen, Vögelchen und der Bratwurst
24. Frau Holle
25. Die sieben Raben
26. Rotkäppchen
27. Die Bremer Stadtmusikanten
28. Der singende Knochen
29. Der Teufel mit den drei goldenen Haaren
30. Läuschen und Flöhchen
31. Das Mädchen ohne Hände
32. Der gescheite Hans
33. Die drei Sprachen
34. Die kluge Else
35. Der Schneider im Himmel
36. Tischchen deck dich, Goldesel und Knüppel aus dem Sack
37. Daumesdick
38. Die Hochzeit der Frau Füchsin
39. Die Wichtelmänner
40. Der Räuberbräutigam
41. Herr Korbes
42. Der Herr Gevatter
43. Frau Trude
44. Der Gevatter Tod
45. Daumerlings Wanderschaft
46. Fitchers Vogel
47. Von dem Machandelboom
48. Der alte Sultan
49. Die sechs Schwäne
50. Dornröschen
51. Fundevogel
52. König Drosselbart
53. Sneewittchen

50

## Einteilung der Märchen nach Typen

I. *Tiermärchen:* Tiere des Waldes 2, 23, 38, 73, 74, 132. Wald- und Haustiere 5, 27, 48, 75. Der Mensch und die Tiere des Waldes 8, 72, 157. Haustiere 10, 41 (vergleiche 18). Vögel 58, 86, 102, 171. Fische 172. Andere Tiere und Dinge 105–I, 187.

II. *Eigentliche Märchen:* A. *Zaubermärchen*[41]: Übernatürliche Gegner 4, 5, 12, 15, 26, 42, 44, 46, 51, 56, 60, 66, 79, 81, 82, 85, 91, 99, 101, 106, 111, 113, 120, 121, 133, 181, 186, 191, 193, 197 (vergleiche 163). Übernatürlicher oder verzauberter Gatte (Gattin) oder andere Verwandte 1, 9, 11 (vergleiche 141), 13, 25, 49, 50, 63, 69, 88, 92, 93, 106, 108, 123, 127, 135, 144, 160, 161, 169, 193. Übernatürliche Aufgaben 24, 29, 100.

Übernatürliche Helfer 6, 14, 17, 19, 21, 55, 57, 62, 65, 71, 89, 97, 126, 130, 134, 136. Übernatürliche Gegenstände 16, 36, 54, 60, 64, 103, 107, 110, 116, 122, 165, 188. Übernatürliches Können oder Wissen 16, 33, 76, 90, 118, 124, 129, 142, 149. Sonstige Geschichten von übernatürlichen Dingen 3, 31, 37, 45, 47, 53, 96. B. *Legenden:* 28, 35, 81, 87, 92, 125, 145, 147, 167, 178, 194, 195, 206. C. *Novellen (romantische Märchen):* 22, 40, 52, 67, 94, 112, 114, 115, 152, 179, 198, 199. D. *Märchen vom dummen Teufel:* 20, 183, 189 (vergleiche 148).

III. *Schwänke:* Schildbürgerstreiche 70, 174. Geschichten von Ehepaaren 34, 59, 83, 104, 128, 164, 168. Geschichten über eine Frau (ein Mädchen) 34, 139, 155, 156. Geschichten über einen Mann (Jungen) 61 und 192 (der schlaue Mann); 7, 20, 59, 70, 98, 104 (Glück durch Zufall); 32, 120, 143 (der Dummkopf). Lügenmärchen 146, 151, 158, 159, 185.

## Einteilung der Märchen nach ihrer Entstehungszeit

I. *Uralter Glaube:* 28, 39, 55, 60, 85, 105–I und II, 109, 154.

II. *Heldensagen aus der Völkerwanderungszeit:* 47, 52, 89, 111, 198.

III. *Spielmannsdichtung des 10. Jahrhunderts:* 8, 18, 20, 33, 37, 45, 61, 64, 90, 91, 103, 112, 114, 146, 151, 151*, 166, 183.

IV. *Ritterliche Dichtung des Mittelalters:* 1, 3, 4, 9, 11, 12, 13, 15, 19, 21, 24, 25, 31, 42, 43, 46, 49, 53, 57, 62, 63, 65, 67, 76, 88, 97, 106, 108, 113, 121, 123, 126, 127, 130, 135, 136, 137, 144, 169, 186, 192, 193, 201–210.

V. *Orientalische Einflüsse:* 6, 16, 29, 36, 51, 54, 56, 68, 71, 79, 92, 93, 94, 98, 107, 122, 129, 134, 143, 152, 165, 182.

VI. *Tiergeschichten:* 2, 17, 23, 27, 48, 58, 72, 73, 74, 75, 102, 132, 148, 157, 171, 173, 177, 187.

VII. *Bürgerliche Dichtung des 14.–16. Jahrhunderts:* 7, 14, 32, 34, 35, 44, 59, 70, 77, 81, 82, 83, 84, 87, 95, 100, 101, 104, 110, 115, 116, 118, 119, 120, 124, 125, 128, 147, 149, 153, 162, 164, 167, 168, 170, 174, 175, 176, 177, 178, 180, 183, 184, 189, 194, 195, 199.

VIII. *17. und 18. Jahrhundert:* 5, 22, 26, 40, 50, 69, 78, 96, 99, 117, 133, 141, 142, 145, 150, 155, 156, 160, 161, 163, 179, 181, 188, 191, 197.

IX. *Scherzmärchen:* 10, 30, 38, 41, 66, 80, 86, 105–III, 131, 138, 139, 140, 158, 159, 190, 196, 200.

# II
# Bios und Mythos[*]

## 1
### Soziologische und psychologische Interpretationsrichtungen

Die Archetypen der Mythologie standen für römisch-katholische Gläubige des sechzehnten und siebzehnten Jahrhunderts, die hinreichend über ihre eigene Symbolik unterrichtet waren, so fest, daß sie die Mythen und Bilder, Sakramente und Tempel der Neuen Welt als teuflische Zerrbilder der Wahrheiten ihrer einzig wahren Kirche betrachteten. Im siebzehnten Jahrhundert schrieb Fray Pedro Simón von seiner Mission in Kolumbien:

> Der Dämon dieses Ortes fing an, Gegenlehren auszugeben, und suchte unter anderem den Zweifel daran zu schüren, was der Priester über die Fleischwerdung verkündigt hatte, indem er erklärte, daß solches bis dahin noch niemals geschehen sei, daß aber die Sonne es in Bälde geschehen lassen werde und dazu im Schoße einer Jungfrau aus dem Dorf Guacheta Fleisch annehmen wolle. Sie werde bewirken, daß diese von den Sonnenstrahlen geschwängert und dabei doch Jungfrau bleiben werde. Diese Botschaft wurde in der ganzen Umgegend ver-

[*]  Zuerst erschienen unter dem Titel «Bios and Mythos. Prolegomena to a Science of Mythology» in George B. Wilbur (Hrsg.): *Psychoanalysis and Culture. Essays in Honor of Géza Róheim,* International Universities Press, New York 1951.

kündet. Und es traf sich, daß der Vorsteher des besagten Dorfes zwei jungfräuliche Töchter hatte, eine jede voll Verlangen, daß sich das Wunder an ihr vollziehen möge. Diese verließen nun jeden Morgen beim ersten Schein der Dämmerung Haus und Garten ihres Vaters. Gen Sonnenaufgang gewandt, bestiegen sie einen der zahlreichen umliegenden Hügel und boten sich dort der Sonne dar, so daß ihre ersten Strahlen sie ungehindert bescheinen konnten. Nachdem dies etliche Tage so gegangen war, wurde es dem Dämon von der göttlichen Vorsehung (deren Ratschluß unbegreiflich ist) gewährt, daß es so kommen sollte, wie er geplant hatte, und zwar dergestalt, daß eine der Töchter nach ihrer eigenen Aussage von der Sonne schwanger wurde. Nach neun Monaten brachte sie einen großen und kostbaren Hacuata zur Welt, was in ihrer Sprache einen Smaragden bedeutet. Die Frau nahm ihn und legte ihn, in ein Baumwolltuch gewickelt, zwischen ihre Brüste, wo sie ihn einige Tage lang beließ, nach welcher Zeit er sich in ein lebendiges Wesen verwandelt hatte: alles auf Geheiß des Dämon. Der Knabe wurde Goranchacho genannt, und er wuchs im Hause des Vorstehers, seines Großvaters, auf, bis er vierundzwanzig Jahre alt war –

woraufhin er sich mit großem Pomp in die Hauptstadt des Landes begab und in allen Provinzen weit und breit als «Kind der Sonne» berühmt wurde.[1]

Fray Pedros Zeugnis ist nur eines von vielen. Die mexikanischen Symbole und Mythen von Quetzalcoatl ähneln denen von Jesus so sehr, daß die Padres jener Gegend annahmen, der heilige Thomas müsse auf seiner Missionsreise nach Indien Tenochtitlán erreicht haben, wo die Wasser des Heils, abgeschnitten von der lauteren Quelle Roms, alsbald durch gefallene Engel verschlammt wurden. Drei Jahrhunderte später erkannte Adolf Bastian (1826–1905) auf seinen Reisen durch China und Japan, Indien, Afrika und Südamerika ebenfalls die Einheitlichkeit dessen, was er die «Elementargedanken» der Menschheit nannte,[2] aber er bildete sich eine wissenschaftlich ausgereiftere Meinung von dem darin enthaltenen Problem. Anstatt die einzelnen Abwandlungen der verzerrenden Macht eines Teufels zuzuschreiben, faßte er den Einfluß der Geographie und der Geschichte auf die Bearbeitung der «Völkergedanken» ins Auge, das heißt auf die jeweiligen Ausprägungen der universellen Formen. «Zunächst bleibt demnach die Idee als solche zu studiren...», schrieb er. «Als zweiter Factor muß der Einfluss klimatisch-geologischer Bedingungen studirt werden.»[3] Ein dritter Faktor, dem er viele Kapitel seiner zahllosen Werke widmete, sind die mannigfaltigen Einflüsse, welche die verschiedenen «volkstümlichen» Überlieferungen im Laufe der Geschichte aufeinander ausüben. Bastians Erkenntnis trifft das Wesentliche und ist bis jetzt noch durch keine andere ersetzt worden.

Tylor, Frazer und die übrigen vergleichenden Ethnologen des späten neunzehnten und frühen zwanzigsten Jahrhunderts begriffen gleichermaßen die offenbare Beständigkeit der menschlichen Elementargedanken. Franz Boas beispielsweise erklärte in der Erstausgabe seines Frühwerkes *The Mind of Primitive Man* ohne nähere Begründung, «daß die geistigen Merkmale des Menschen auf der ganzen Welt im wesentlichen die gleichen sind»[4] und daß «sich bestimmte feste Gedankenverbindungen in allen Kulturtypen ausmachen lassen».[5] Aber diese Bekenntnisse wurden aus seiner «revidierten» (in Wirklichkeit neu verfaßten) zweiten Auflage[6] gestrichen, da man es inzwischen für angesagt hielt, Unterschiede zwischen den Dialekten der gemeinsamen menschlichen Sprache hervorzuheben, und dabei sogar so weit ging, ihre Übereinstimmungen zu leugnen.

Diese neue Tendenz haben wir weitgehend dem wirrköpfigen Emile Durkheim zu verdanken. Man lese seine konfuse Auseinandersetzung mit Kants a priori gegebenen «Formen der Sinnlichkeit»[7] und seine schluderigen Auslassungen über den Unterschied des Raumerlebens in Europa und bei den Zuñi, und die Flachheit seiner ganzen vorgegaukelten gedanklichen Tiefe wird einem ins Auge springen! Durkheim beruft sich auf F. H. Cushing, dem zufolge der Raum bei den Zuñi in sieben Richtungen unterteilt ist, und erklärt diesen Raum für wesentlich verschieden von unserem, der nur vier besitzt. Die sieben Zuñi-Richtungen sind wohlgemerkt: Norden, Süden, Osten, Westen, oben, unten und die Mitte. Weiß Gott, sehr verschieden! Durkheims Problem war offensichtlich semantisch und absolut elementar. «Im übrigen verändern sich die Raumeinteilungen mit den Gesellschaften», resümiert er. «Das ist der Beweis, daß sie nicht ausschließlich auf die angeborene Natur des Menschen begründet sind.»[8] Er sah dies als eine Widerlegung von Kants Begriff des Raumes an. Die gesamte kulturalistische Richtung in unserer modernen anglo-amerikanischen ethnologischen Literatur ist mit dieser Durkheimschen Kurzsichtigkeit geschlagen. Bronislaw Malinowskis Mißverstehen von Sigmund Freuds Fachausdruck «Ödipuskomplex» und seine davon ausgehende Widerlegung der eigenen falschen Auffassung trug noch zum Ansehen der Richtung bei.[9] Sie gipfelte Mitte der dreißiger Jahre in einer Art professoraler Kurie, die sich dem Credo verschrieben hatte, daß die Menschheit keine Spezies, sondern ein unendlich formbarer Teig sei, der von einem sich selbst erzeugenden Demiurgen namens «Gesellschaft» geknetet werde. Die Vorstellung, daß der Mensch ebenso eine psychische wie eine physische Natur haben könne, wurde ex cathedra als «mystisch» verdammt – wobei die Bedeutung dieses Neologismus in der polemischen Literatur der Sozialwissenschaften, wo er als Schimpfwort benutzt wird, dunkel ist; er scheint ganz allgemein «unwissenschaftlich» zu bedeuten.

Der charakteristische Irrtum der Kurie lag insbesondere darin, daß sie Funktion mit Morphologie verwechselte – so als ob ein Zoologenkongreß, der den Flügel der Fledermaus, die Flosse des Wals, das Vorderbein der Ratte und den Arm des Menschen erforschte, nicht wüßte, daß diese Organe, wiewohl zu unterschiedlichen Funktionen ausgebildet, strukturell homolog sind, und nun vermutete, daß sich der Flügel der Fledermaus – morphologisch – mit dem eines Schmetterlings, die Flosse eines Wals mit der einer Forelle, das Bein einer Ratte mit dem eines Käfers und der Arm eines Menschen mit dem eines Hummers vergleichen ließen. Diese Menschenforscher schenkten sich die erste Aufgabe einer vergleichenden Wissenschaft, nämlich den Bereich der Analogie von dem der Homologie genau zu trennen, und machten sich gleich an die zweite Aufgabe: an die Monographie. Das Ergebnis war eine vollständige Zerfledderung dessen, was zu Anfang unseres Jahrhunderts einmal versprochen hatte, eine Wissenschaft zu werden.

56

Im Gegensatz dazu stehen die diversen diffusionistischen Schulen mit ihrer Betonung kultureller Gemeinsamkeiten, die offenbar große Teile der Menschheit verbinden. Die Philologen des neunzehnten Jahrhunderts (Bopp, die Brüder Grimm, Max Müller usw.) erforschten die weite Verbreitung der indoeuropäischen Wortwurzeln und Götter. Hugo Winckler und seine Schule gaben dann Mesopotamien als die Gegend an, von der das Weltbild und die dazugehörige Gesellschaftsstruktur, die wir bei allen Hochkulturen auf dem Planeten antreffen, ausgegangen sein müßten,[10] James H. Breasted, G. Elliot Smith und W. J. Perry nannten dafür Ägypten,[11] Harold Peake und Herbert John Fleure traten unter Vorbehalt für Syrien ein,[12] während V. Gordon Childe mutmaßte, daß der entscheidende Schritt vom paläolithischen Nahrungssammeln zur neolithischen Nahrungserzeugung, die der Struktur der seßhaften Kulturen auf der ganzen Welt zugrunde liegt, irgendwo in dem Gebiet zwischen Nil und Indus getan wurde.[13] Sylvanus G. Morley machte sich andererseits für eine unabhängige Entstehung der Ackerbaukultur der Neuen Welt in Mittelamerika stark,[14] womit er den traditionellen Isolationismus der *American Anthropological Society* beibehielt, wenngleich Leo Frobenius lange zuvor schon Anzeichen für eine Diffusion über den Pazifik festgestellt hatte.[15] Adolf E. Jensen unterstützte Frobenius' Ansicht in einer Untersuchung des mythologischen Komplexes einer frühen Gartenbaukultur und seiner transpazifischen Diffusion;[16] G. F. Scott Elliot hielt es für wahrscheinlich, daß Flüchtlinge aus Japan um 1000 v. Chr. für die Entwicklung in Mittelamerika verantwortlich gewesen waren;[17] Robert Heine-Geldern zeigte, daß die Kunstmotive der späten Choudynastie irgendwie von China aus nach Indonesien und Mittelamerika gelangt waren;[18] und in neuerer Zeit wurde von Betty J. Meggers, Clifford Evans und Emilio Estrada in einer reich dokumentierten gemeinsamen Veröffentlichung bewiesen, daß eine frühe Form der japanischen Schnurkeramik (Jomon) möglicherweise bereits 3000 v. Chr. von Kiuschu zur Küste Ecuadors mitgebracht worden war.[19] Wir wissen außerdem, daß die Süßkartoffel, die in Peru «Kumar» genannt wird, in Polynesien «Kumara» heißt.[20] Des weiteren hat es, wie Carl O. Sauer dargelegt hat, den Anschein, als ob eine Reihe von Kulturerrungenschaften außer der Süßkartoffel den Pazifik in der Zeit vor Kolumbus überquert hätte: von Westen nach Osten der Flaschenkürbis, die Jackbohne, die Kokosnuß und die Banane, eine diploide Baumwollart, der Hund (und die Sitte, Hunde zu essen), das Huhn und die Kunst, Chicha-Bier zu brauen; von Osten nach Westen Süßkartoffeln, körnertragende Amaranthen und eine tetraploide Baumwollart; auch Kapok und Mais waren an beiden Ufern des großen pazifischen Gewässers bekannt.[21] C. C. Uhlenbeck hat auf eine grundlegende Übereinstimmung zwischen den Sprachen der westlichen Eskimo, dem Uralisch-Altaischen und dem sogenannten A-Komplex der indoeuropäischen Sprachen hingewiesen,[22] und es finden sich darüber hinaus zunehmend Belege für einen semitisch-indoeuropäischen Zusammenhang irgendwelcher Art.[23] Kurzum, es kann keinen Zweifel daran geben, daß riesige Gebiete kultureller Diffusion ausgemacht wurden und daß dort nicht nur späte Ausbreitungen stattgefunden haben, sondern auch sehr alte. Wir können zudem nicht umhin, von der scharfen Umgrenztheit und dem inneren Zusammenhalt vieler dieser Kulturbereiche beeindruckt zu sein wie auch von der Zähigkeit, mit der ihre rituellen und mythischen Grundmuster in anderen Umgebungen und selbst wesentlich anderen wirtschaftlichen Bedingungen zum Trotz beibehalten wurden.[24]

Es ist jedoch von größter Wichtigkeit, nicht die Tatsache aus dem Auge zu verlieren, daß die mythischen Archetypen (Bastians Elementargedanken) die Grenzen dieser Kultursphären überschreiten und nicht auf die eine oder andere beschränkt, sondern unterschiedlich in allen vertreten sind. Beispielsweise scheint die Vorstellung eines Fortlebens nach dem Tode im wesentlichen der ganzen Menschheit eigen zu sein, und gleiches gilt für die des heiligen Bezirkes oder Heiligtums, für die der Wirksamkeit von Ritual, zeremoniellem Schmuck, Opfer und Magie, für die von übernatürlichen Wesenheiten, für die einer transzendenten, aber allem innewohnenden heiligen Kraft (Mana, Wakonda, Shakti usw.), für die eines Zusammenhangs zwischen dem Traum und dem mythischen Bereich, für die der Einweihung sowie die vom Eingeweihten (dem

Schamanen, Priester, Seher usw.), und dies ließe sich seitenlang fortführen.[25] Keinerlei gelehrte Haarspalterei um die Unterschiede zwischen den Drachentötern der Ägypter, Azteken, Hottentotten und Cherokee kann die Tatsache verwischen, daß das Hauptproblem hierbei kein historisches oder ethnologisches, sondern ein psychologisches, ja ein biologisches ist, und das heißt: älter als die Phänomene der Kulturformen. Und keinerlei gebildeter Jargon oder wissenschaftlicher Apparat kann den Anschein erwecken, als befasse sich der bloße Historiker oder Ethnologe überhaupt mit dem eigentlichen Problem.

Der Dichter, der Künstler und ein gewisser romantischer Philosophentypus (Emerson, Nietzsche, Bergson zum Beispiel) bewegen sich auf diesem schwankenden und heiklen Grund (Goethes wundersamem Reich der «Mütter») leichter. Da in Dichtung und Kunst, soweit sie über das Erlernen rhetorischer und handwerklicher Techniken hinaus geübt werden, alles daran liegt, daß die Idee ergriffen und ihr zur Epiphanie verholfen werde, ist der hinlänglich geschulte schöpferische Geist weniger als der analytische dafür anfällig, einen bloßen Schnörkel oder Begriff für ein lebendiges und Leben erweckendes Bild zu halten. Dichtung und Kunst, seien sie «akademisch» oder «modern», sind schlicht tot, wenn sie nicht von Elementargedanken beseelt sind: von Gedanken, die nicht als säuberliche Abstraktionen im Kopf gehortet werden, sondern als lebenswichtige Kräfte im Wesen des Denkenden erkannt oder vielmehr wiedererkannt werden. Wenn es auch stimmt, daß solche lebendigen Gedanken sich nur unter den Bedingungen und in den Formen eines bestimmten geschichtlichen Augenblicks offenbaren, liegt ihre Kraft dennoch nicht in dem, was ins Auge fällt, sondern in dem, was das Herz weit macht, und genau diese Kraft ist ihr wesentlicher Zug. Da nun die Mythologie eine Zusammenstellung solcher Gedanken ist, erleidet somit der Historiker oder Ethnologe, der nur seinem objektiven Auge glaubt, an eben dem Organ Einbuße, das es ihm ermöglicht hätte, seine Stoffe zu bestimmen. So mag er Umstände verzeichnen und einordnen, kann sich aber nicht maßgeblicher über Mythologie äußern als ein Mann ohne Geschmacksknospen über Geschmack.

Andererseits jedoch ist der Dichter oder Künstler, obwohl er den Gedanken mit unmittelbarer Einsicht faßt und sich ihm stellen lernt und obwohl ihn dieser derart in sein eigenes Wesen einweiht, daß er dadurch zur Beherrschung seiner selbst und zugleich zu einem gesteigerten Verständnis des Elementargedankens gelangt, letztlich auf den Gebieten der Geschichte und der Ethnologie ein Amateur. Es kann gewiß keinen Vergleich geben zwischen der Tiefe, mit der Wagner in seinem *Ring des Nibelungen* den Sinn der germanischen Mythologie in meisterhafter Weise vergegenwärtigt hat, und Max Müllers Theorie gefühlvoller Sonnenallegorien. Und doch würde man sich, wenn es einem um detaillierte Informationen über die betreffenden Sachverhalte zu tun wäre, eher an den blassen Philologen wenden als an das Genie von Bayreuth.

Ist also eine Wissenschaft vom Mythos unmöglich?

Seit den Tagen Wagners und Max Müllers haben C. G. Jung und Sigmund Freud einer neuen Betrachtungsweise den Weg gebahnt. Mit ihrer psychologischen Deutung der Phänomene von Magie, Zauberei und Theologie, womit sie die Identität des mythischen Bereiches und seiner Zeit mit dem Unbewußten sowie demzufolge die Beziehung vom Mythos zum Traum und von der Zeremonie zu den Symptomen der Neurose aufzeigten, das heißt mit ihrer Erkenntnis, daß Mythos und Traum, Zeremonie und Neurose homolog sind, hat in unserem Umgang mit dem Problem der Elementargedanken ein vollständiger Wandel stattgefunden. Freud, der hauptsächlich die Parallele zur Neurose betonte, und Jung, der die erzieherische Kraft der lebensbindenden Bilder erkannte, haben die Fundamente einer möglichen Wissenschaft von den Universalien des Mythos gelegt. Die Reihenfolge, in der laut Bastian untersucht werden sollte, stimmte: 1. der Elementargedanke, 2. die Auswirkungen der klimatisch-geologischen Faktoren auf die Bearbeitung der Völkergedanken und 3. der Einfluß, den die verschiedenen Überlieferungen im Laufe der Geschichte aufeinander ausüben. Die Psychoanalyse macht es jetzt möglich, über Bastians bloße Auflistung und Beschreibung der Elementargedanken hinaus zu einer Untersuchung ihrer biologischen Wurzeln fortzuschreiten. Die Methode als unwissenschaftlich zu kritisieren, ist lächerlich, da sich die objektive Wissenschaft auf diesem besonderen Gebiet als hilflos erwiesen hat, und zwar völlig. Sie *muß* hilflos sein, da die Gegenstände nicht optisch zu erfassen sind, sondern im Gegenteil erfahren werden müssen – wenn nicht in der Weise dichterischen oder künstlerischen Schaffens, dann irgendwie im Leben.

Es ist überflüssig, den durch die Psychoanalyse erbrachten Beweis der Parallelität von Traum und Mythos zu wiederholen oder den Beweis der daraus folgenden Theorie, daß sich überall dort, wo Menschen wohnen, die Mythologie von selbst auf überlieferten Bahnen entwickeln könnte. Géza Róheim zufolge «wird jeder, der wirklich weiß, was ein Traum ist, darin zustimmen, daß es keine ‹kulturell bedingten› Unterschiede beim Träumen gibt – genausowenig wie es verschiedene Arten des Schlafens gibt.» Und er führt weiter aus, «daß die Traumarbeit bei jedem auf dieselbe Weise funktioniert; es gibt lediglich Unterschiede bezüglich der Intensität und Technik der sekundären Bearbeitung.»[26] Die Beziehung von Traum und Vision zur mythologischen Symbolik, von Dante bis zu den Träumern (Oko-jumu) der Andamaner,[27] ist zu bekannt, um noch eines Beweises zu bedürfen. Es besteht ein enger Zusammenhang zwischen der schützenden, das Ich hegenden religiösen Symbolik eines Volkes und den Träumen seiner begabtesten Träumer. Die Medizinmänner sind, wie Róheim es so treffend ausdrückt, «die Blitzableiter der allgemeinen Angst. Sie bekämpfen die Dämonen, damit andere auf die Jagd gehen und ganz allgemein gegen die Realität ankämpfen können.»[28] Sie bekämpfen die Dämonen und erlangen dabei einen Grad an philosophischer Weisheit, der ihren extravertierten Stammesgenossen versagt bleibt. Sie sind tatsächlich die Vorläufer jener wahrhaft großen Träumer, deren Namen die Namen der Menschheitserzieher sind: Ptahhotep, Echnaton, Moses, Sokrates, Platon, Lao-tzu, Konfuzius, Vyāsa, Homer, Budha, Jesus, Quetzalcoatl und Mohammed. Das bewußte Ausleuchten des inneren Dunkels der Seele in der langen Tradition der Yoga-Schulen hat Indien vielleicht einen größeren Anteil an der von den «Ewigen des Traumes» gespendeten Weisheit beschert als anderen Ländern; dennoch hat die ganze Welt in irgendeiner

Form an dieser Weisheit teil. Deshalb konnte Ananda K. Coomaraswamy behaupten, daß die metaphysischen Prinzipien, die in Indien in der traumartigen Bilderwelt des Mythos symbolisch dargestellt werden, der Mythologie überall innewohnen. «Alle Mythologie», schreibt er in einem Aufsatz, worin er Platonisches und indisches Gedankengut miteinander vergleicht, «geht mit einer entsprechenden Philosophie einher; und wenn es nur *eine* Mythologie gibt, wie es auch nur *eine* ‹ewige Philosophie› gibt, dann deutet das Wort des Euripides: ‹Der Mythos stammt nicht von mir, ich empfing ihn von meiner Mutter›, auf eine geistige Einheit des Menschengeschlechts hin, die bereits lange vor der Entdeckung der Metalle bestand. Es könnte tatsächlich wahr sein, daß, wie [Alfred] Jeremias sagte, die verschiedenen Kulturen der Menschheit nichts weiter als die Dialekte ein und derselben geistigen Sprache sind.»[29]

«Der Mythos», äußert er an anderer Stelle, «ist die vorletzte Wahrheit, deren zeitlich-irdische Spiegelung alle Erfahrung ist. Die mythische Schilderung ist von zeit- und ortloser Gültigkeit, allezeit und überall wahr.»[30] Genauso, konnte man hinzufügen, wie der Traum die vorletzte Wahrheit über den Träumenden ist, deren zeitlich-irdische Spiegelung all seine Erfahrung ist.

Eine ernst zu nehmende Wissenschaft der Mythologie muß ihren Gegenstand mit gebührender Strenge behandeln, sie muß das Feld als Ganzes überblicken und wenigstens in etwa eine Vorstellung von der ungeheuren Vielfalt von Funktionen besitzen, welche die Mythologie im Laufe der menschlichen Geschichte erfüllt hat. Der Mythos ist traumartig und wie der Traum ein spontanes Produkt der Psyche; wie der Traum offenbart er die Psyche und somit das ganze Wesen und Schicksal des Menschen; wie der Traum, wie das Leben gibt er dem uneingeweihten Ich Rätsel auf; und wie der Traum schützt er eben dieses Ich. In den einfachsten menschlichen Gesellschaften gibt die Mythologie den Text für die Übergangsriten ab; in den Schriften der hinduistischen, chinesischen und griechischen Philosophen (sowie all derer, die diese jemals gelesen haben) ist die Mythologie die Bildersprache der Metaphysik. Die erste Funktion wird durch die zweite nicht beeinträchtigt, sondern erweitert: Beide binden den Menschen, das heranreifende Tier, in harmonischer Weise an seine Welt, an ihre sichtbare und an ihre transzendente Seite zugleich. Die Mythologie ist der Schoß, in dem dem Menschen die Einweihung in Leben und Tod zuteil wird.

## 2
## Die biologische Funktion des Mythos

Wie die Mythologie wirkt, warum sie von der Gattung Mensch hervorgebracht und benötigt wird, warum sie überall im wesentlichen gleich ist und warum ihre Zerstörung durch die Vernunft einer kindischen Einstellung Vorschub leistet – dies alles wird in dem Moment klar, wo man die historische Methode, sekundären Ursprüngen nachzuspüren, aufgibt und die (für das medizinische Vorgehen der Psychoanalyse charakteristische) biologische Sichtweise übernimmt, die den elementaren Organismus selbst, diesen allgemeinen Träger und Gestalter der Geschichte, ins Auge faßt: den menschlichen Körper. So führt Róheim in seiner glänzenden Monographie *The Origin and Function of Culture* aus:

Der herausragende Unterschied zwischen dem Menschen und seinen tierischen Verwandten besteht im infantilen morphologischen Charakter der Menschen, in der Verlängerung der Kindheit. Diese verlängerte Kindheit erklärt den traumatischen Charakter sexueller Erfahrungen, die bei unseren Affenbrüdern oder -vettern keineswegs die gleiche Wirkung hervorrufen, sowie die Existenz des Ödipuskomplexes selbst, der zum Teil ein Konflikt zwischen archaischen und aktuellen Liebesobjekten ist. Schließlich schulden sich die Abwehrmechanismen selbst dem Umstand, daß unser Soma (Ich) noch weiter zurückgeblieben ist als das Germa (Es) und das unreife Ich daher Abwehrmechanismen als einen Schutz gegen Libidostärken entwickelt, mit denen es nicht fertig zu werden vermag.[31]

«Der Mensch ist», wie Adolf Portmann es prägnant ausdrückt, «das unvollendete Wesen, dessen Lebensform die durch Tradition bestimmte Geschichtlichkeit ist.»[32] Er ist von Geburt an von der

Gesellschaft abhängig, und gleichermaßen ist die Gesellschaft auf die besondere psychosomatische Struktur des Menschen abgestellt und von ihr abgeleitet. Diese Struktur wurzelt zudem in keiner bestimmten Landschaft mit ihren ökonomisch-politischen Gestaltungsmöglichkeiten, sondern in dem Germa einer weitverbreiteten biologischen Art. Ob auf dem Eis von Baffinland oder in den Urwäldern Brasiliens, ob sie Tempel in Siam oder Cafés in Paris erstehen läßt – «Kultur entsteht», wie Róheim zeigt, «aus verzögerter Kindheit und dient der Sicherheit. Sie ist ein riesiges Netzwerk von mehr oder weniger erfolgreichen Versuchen, die Menschheit vor der Gefahr des Objektverlustes zu schützen, sie ist die gewaltige Anstrengung eines kleinen Kindes, das sich fürchtet, im Dunkeln allein gelassen zu werden.»[33] So betrachtet sind die symbolischen Gestaltungsmöglichkeiten der verschiedenen Umwelten mindestens so wichtig wie die ökonomischen, ist Symbolik als Schutz der Psyche nicht minder notwendig als die Ernährung des Soma. Die Gesellschaft als ein hegendes und pflegendes Organ ist daher eine Art «zweiter Mutterschoß», der in einer langen Schwangerschaft – viel länger als die irgendeines anderen Plazentaliers – den Menschen auf seinen postnatalen Entwicklungsstufen erhält und schützt.

Es fällt einem dabei der Brutsack der Beuteltiere ein, der ebenfalls eine fötale Entwicklung, die die intrauterinen Möglichkeiten der Art übersteigt, unterstützt. Die Känguruhjungen zum Beispiel, die nach einer Schwangerschaftsperiode von nur drei Wochen geboren werden, sind kaum 3 cm lang und völlig nackt und blind. Ihre hinteren Gliedmaßen sind noch nicht ausgebildet, aber die vorderen haben sogar schon Klauen. William King Gregory vom American Museum of National History beschreibt, wie diese kleinen Geschöpfe mit Hilfe ihrer starken Vorderläufe unmittelbar nach der Geburt im Bauch der Mutter nach oben und in ihren Beutel klettern, wo sie nach den Zitzen suchen und schließlich eine erwischen. Das Zitzenende schwillt dann im Maul des Jungen an, so daß es nicht mehr davon loskommt. «Somit spezialisierten sich die Beuteltiere», faßt Gregory zusammen, «auf die frühzeitige und kurzfristige innere Entwicklung des Embryos, der seine Nahrung hauptsächlich aus dem eigenen Dottersack bezieht und seine Entwicklung nach der Geburt, wenn er an der Zitze hängt, vollendet. Die höheren Säugetiere oder Plazentalier gewährten den Jungen eine längere und bessere uterine Entwicklung und ein flexibleres Stillverfahren mit größerer mütterlicher Verantwortung.»[34]

Die Beuteltiere (Känguruh, Beuteldachs, Wombat, Opossum usw.) bilden eine Übergangsstufe zwischen den Kloakentieren (dem Schnabeltier, dem stacheligen Ameisenigel usw. aus Australien), deren Brut wie bei den Reptilien aus Eiern schlüpft, und den Plazentaliern (Mäusen, Antilopen, Leoparden, Gorillas usw.), deren Junge erst nach einer vergleichsweise langen Schwangerschaftsperiode im Mutterleib (ermöglicht durch die Plazenta) zur Welt kommen und bei der Geburt schon fast lebenstüchtig sind. Biologisch ist der Mensch ein Plazentalier. Die Schwangerschaftsperiode jedoch ist wieder unzureichend geworden – ja noch weniger zureichend als die der Beuteltiere, denn anstelle der wenigen Monate, die das junge Känguruh in der Behelfsgebärmutter des mütterlichen Brutsacks verbringt, braucht das Kind des Homo sapiens Jahre, bevor es sich selbst versorgen kann, und gut und gern zwanzig Jahre, bevor es wie ein Erwachsener aussieht und sich benimmt.

George Bernard Shaw spielte in seinem biologischen Phantasiestück *Back to Methuselah*, worin er den Menschen nach Nietzsches Art als eine Brücke zum Übermenschen ansah, auf diese Anomalie an. In einem Vorausblick auf das Jahr 31 920 n. Chr. führte er uns die Geburt eines hübschen Mädchens, das man im zwanzigsten Jahrhundert auf siebzehn geschätzt hätte, aus einem riesigen Ei vor.[35] Zwei Jahre lang war sie in dem Ei gewachsen: Die ersten neun Monate wiederholten ebenso wie die der gegenwärtigen Entwicklungszeit des menschlichen Embryos die biologische Evolution des Menschen, in den verbleibenden fünfzehn reifte dann der Organismus schnell, aber sicher zum Zustand des jungen Erwachsenen heran. Vier weitere Jahre, die sie unter jugendlichen Spielgefährten in der Art von Kindheit verbrachte, in der wir heutzutage noch mit siebzig stecken, fanden ihr Ende, als sich ihr Sinn wandelte und die junge Frau, nun plötzlich des

Spielens überdrüssig, weise wurde und fähig, eine solche Macht auszuüben, wie sie heute – in den Händen von «Kindern» – die Welt zu vernichten droht.

Der Mensch wird erst nach zwanzig Jahren erwachsen; Shaw meinte: nach siebzig; nicht wenige erwarten sich das erst vom Fegefeuer. Unterdessen ist das, was den Platz des Shawschen Eis einnimmt, die Gesellschaft.

Als das Problem des menschlichen Erwachsenwerdens, ganz gleich wo, hat Róheim die Abwehr von Libidostärken bezeichnet, mit denen das unreife Ich noch nicht fertig zu werden vermag;[36] und er hat die sonderbare »symbiotische Art der Realitätsbewältigung«[37] analysiert, welche die eigentliche Gestaltungsmacht, der oberste Baumeister aller menschlichen Gesellschaften ist. «Es liegt in der Natur unserer Spezies», schreibt er, «die Realität auf einer libidinösen Grundlage zu bewältigen, und wir erschaffen eine Gesellschaft, eine Umwelt, in der das, und nur das, möglich ist.»[38] «Die Psyche, wie wir sie kennen, wird durch die Introjektion von Primärobjekten (Über-Ich) und den ersten Kontakt mit der Umwelt (Ich) gebildet. Die Gesellschaft selbst wird durch die Projektion dieser primär introjizierten Objekte oder Vorstellungen, gefolgt von einer Reihe weiterer Introjektionen und Projektionen, zusammengefügt.»[39] Diese enge Verfügung von Abwehrphantasie und äußerer Realität ist es, die den zweiten Mutterschoß erzeugt, den Brutsack, den wir «Gesellschaft» nennen. Obwohl sich also die Umwelt des Menschen überall auf dem Planeten stark unterscheidet, ist seinen rituellen Formen eine großartige Monotonie eigen. Die Lebensart eines Jahrhunderts, eines Volkes, einer Rasse oder einer Gesellschaftsklasse unterscheidet sich offensichtlich von Ort zu Ort, aber das, «was schwer und konstant ist am menschlichen Leid», wie James Joyce es nennt,[40] bleibt wahrhaft konstant und schwer. Es fesselt den Menschengeist überall an die Rituale von Geburt, Geschlechtsreife, Heirat, Tod, Verleihung von Amt und Würde und Einweihung, es vereint ihn mit den Mysterien der ewigen Wiederkehr und der psychosomatischen Reifung. Der Einzelne wächst nicht nur als ein Mitglied einer bestimmten Gemeinschaft heran, sondern auch als ein Mensch.

# 3
## Die Vorstellung einer zweiten Geburt

Riten stellen also zusammen mit den sie tragenden Mythologien die
zweite Gebärmutter, den Schoß der postnatalen Embryonalzeit des
Plazentaliers Homo sapiens dar. Dieser Tatbestand ist den Erzie-
hern der Menschheit sicherlich seit der Zeit der Upanishaden und
wahrscheinlich seit der der Aurignacien-Höhlen bekannt gewesen.
In der *Mundaka-Upanishad* lesen wir zum Beispiel: «Zwei Wissenschaften soll man wissen nach dem, was die Brahmanwisser sagen,
nämlich die höhere und die niedere. Die niedere ist der Ṛigveda,
Yajurveda, Sāmaveda, Atharvaveda, Lautlehre, Kultus, Gramma-
tik, Wortschatz, Metrik, Astronomie. Aber die höhere ist die,
durch welche jenes Unvergängliche ... erkannt wird.»[41]

> In des Nichtwissens Tiefe sich windend,
> Sich selbst als Weise, als Gelehrte wähnend,
> So stoßen ziellos sich herum die Toren,
> Wie Blinde, die ein selbst auch Blinder anführt. ...
>
> Opfer und Werke für das Höchste haltend,
> Nichts andres, Besseres wissen sie sich, die Betörten. ...
>
> Doch die im Wald Askese und Glauben üben,
> Beruhigt, wissend, nur vom Bettel lebend,
> Die gehen staublos durch der Sonne Pforte
> Zum ewigen Geiste, zum wandellosen Ātman.[42]

In Indien gilt als Ziel, dem Schoß des Mythos *entboren* zu werden,
nicht, in ihm zu verbleiben, und wem diese «zweite Geburt» gelang,
der heißt mit Recht der «Zweimalgeborene», der sich von den
Erziehungsmaßnahmen der Gesellschaft, den Lockungen und Dro-
hungen des Mythos, den herrschenden Sitten, den üblichen Hoff-
nungen auf Vorteil und Belohnung freigemacht hat. Er hat wahrhaft «Befreiung» (Mukti) erlangt «Befreiung zu Lebzeiten» (Jīvan
Mukti), er ist Shaws zu innerer Ruhe gelangter «Übermensch», der

vollkommene Mensch – mag er sich auch in unserem Kindergarten libidinöser Verirrungen wie ein Wesen aus einer anderen Welt bewegen.

Der gleiche Gedanke der «zweiten Geburt» ist sicherlich auch für das Christentum von grundlegender Bedeutung und wird dort in der Taufe symbolisch dargestellt. «Es sei denn, das jemand geboren werde aus Wasser und Geist, so kann er nicht in das Reich Gottes kommen. Was vom Fleisch geboren wird, das ist Fleisch; und was vom Geist geboren wird, das ist Geist.» (Johannes 3,5–6.)[43] Man könnte keine eindringlichere Fassung der These von den zwei Mutterschößen verlangen: dem Mutterschoß des Säugetiers und dem Mutterschoß des vollkommenen Menschen.

Es hat jedoch innerhalb der christlichen Kirche eine historisch erfolgreiche Tendenz zur Verurteilung der offensichtlichen Implikationen dieses Gedankens gegeben, und das Ergebnis war eine allgemeine Verwischung der Tatsache, daß Neugeburt heißt, über die Grenzen der Mythologie hinauszugehen, und nicht, in ihnen zu verharren. Während im Orient – in Indien, Tibet, China, Japan, Indochina und Indonesien – jeder dazu aufgerufen ist, wenigstens in seiner letzten Inkarnation den Schoß des Mythos zu verlassen, die Sonnenpforte zu durchschreiten und jenseits der Götter zu stehen, bleibt Gott im Abendland – oder wenigstens während des größten Teils der jüdisch-christlich-islamischen Entwicklungsgeschichte – der Vater, und keiner vermag über Ihn hinauszugehen.

Dies erklärt vielleicht den großen Abstand zwischen der mannhaften Frömmigkeit des Orients und der kindlichen des Okzidents. In den Ländern der wahrhaft «Zweimalgeborenen» ist der Mensch letztendlich den Göttern überlegen, während man im Westen sogar vom Heiligen verlangt, daß er innerhalb der Kirchengemeinschaft verbleibe, und die «zweite Geburt» so versteht, daß einer *in* die Kirche hineingeboren werde anstatt aus ihr heraus. Als historische Folge dessen riß dieser besondere Brutsack im fünfzehnten Jahrhundert entzwei.

Es ist nicht notwendig, die Beispiele für das Wiedergeburtsmotiv in den Philosophien und religiösen Riten der zivilisierten Welt zu vermehren. In den neuplatonischen und taoistischen Philosophien, den griechischen Mysterien, den Mythen und Riten Phöniziens, Mesopotamiens und Ägyptens wie auch in denen der Kelten und Germanen, Azteken und Maya wimmelt es von Ausformungen dieses Gedankens. Nicht minder stark vertreten ist er in den Mythen und Riten der Urvölker der Welt. «Tod und Wiedergeburt», erklärt Róheim, «sind die typischen Inhalte aller Initiationsriten.»[44]

Bei den Initiationszeremonien der Keraki auf Neuguinea spielen Schwirrhölzer eine hervorragende Rolle. Man heißt die Jungen sich hinsetzen, die älteren Männer halten ihnen die Augen zu, und dann läßt man die Schwirrhölzer ertönen. Die Jungen meinen, die Stimme des Krokodilgottes zu hören, der über das Ritual herrscht; das Schwirren ertönt immer näher, als ob das Ungeheuer sie verschlingen käme, und wenn es direkt über ihren Köpfen ist, ziehen die alten Männer die Hände zurück und die Jungen erblicken die Schwirrhölzer.[45] Dadurch wird ihnen jählings die Herkunft des Geräusches klar, das sie ihre ganze Kindheit über für die Stimme eines lebendigen Ungeheuers hielten.

Solche plötzlichen Erweckungserlebnisse kennzeichnen die Tradition der Initiation überall. Was für das Kind erzieherische Schrekken waren, wird für den Erwachsenen, der Bescheid weiß, zu symbolischen Hilfsmitteln. Dennoch werden die Symbole nun nicht als Schwindel aufgefaßt, im Gegenteil, die Keraki bringen ihren Schwirrhölzern Speiseopfer dar.[46] Sie sind Gottheiten: die Wächter des Lebensweges. «Bei der Erschaffung der Welt», erzählte ein Medizinmann der Pawnee von Kansas und Nebraska, »wurde dafür gesorgt, daß es auch geringere Mächte gäbe. Tirawa-atius, die große Macht, konnte dem Menschen nicht nahekommen, konnte nicht gesehen oder empfunden werden, daher wurden geringere Mächte zugelassen. Sie sollten zwischen dem Menschen und Tirawa vermitteln.»[47] Die Mythen und Gerätschaften der Übergangsriten stellen solche Mächte dar und sind daher erfüllt von der Kraft, die Ursprung, Halt und Ende des Daseins ist.

Die Tatsache, daß manche Gräber der Höhlenmenschen aus dem Moustérien Gerätschaften und Knochen von Fleischstücken enthielten, deutet darauf hin, daß der Gedanke einer Neuwerdung jenseits des Lebensschleiers etwa fünfzigtausend Jahre v. Chr.

schon existiert haben muß. Spätere paläolithische Gräber, in denen der Leichnam zusammengekrümmt wie ein Fötus in der Gebärmutter lag, drücken dasselbe aus, indem sie auf den Gedanken einer zweiten Geburt anspielen. Und endlich läßt das Bild eines tanzenden, maskierten Medizinmannes in der Aurignacien-Höhle Les Trois Frères im französischen Ariège darauf schließen, daß es vor fünfzehntausend Jahren Eingeweihte gegeben haben muß, denen die Kraft und der Sinn der Symbole bekannt waren. Es würde vielleicht zu weit gehen zu behaupten, daß es bei jedem Urvolk Erzieher oder Mystagogen gegeben haben könnte, deren Verständnis des Wiedergeburtsgedankens so weitreichend war wie das der Hindus; dennoch läßt es sich nicht bestreiten, daß wir in Mythologien und Riten der Urvölker die Sonnenpforte, die zusammenschlagenden Felsen, Tod und Wiederauferstehung, die Fleischwerdung, die heilige Hochzeit und die Versöhnung des Vaters finden, Motive, die alle nicht wahllos verwandt werden, sondern in den gleichen Zusammenhängen wie in den Mythen der höheren Kulturen.[48] Ananda K. Coomaraswamy führte dazu aus:

Die tatsächliche Einheit des Volksgutes macht auf der volkstümlichen Ebene genau das aus, was die Orthodoxie einer Elite in einem relativ gebildeten Milieu darstellt. Die Beziehung zwischen der volkstümlichen und der gebildeten Metaphysik ist überdies analog zu und zum Teil identisch mit der Beziehung der kleineren zu den größeren Mysterien. In einem sehr hohen Maße benutzen beide die gleichen Symbole, die in dem einen Fall wörtlicher aufgefaßt und im anderen gleichnishaft verstanden werden: Zum Beispiel sind die «Riesen» und «Helden» der Volkssage die Titanen und Götter der gebildeten Mythologie, die Siebenmeilenstiefel des Helden entsprechen den Schritten eines Agni oder eines Buddha, und der «Däumling» ist kein anderer als der Sohn, den Eckehart als «klein, aber gar gewaltig» beschreibt. *Solange der Stoff des Volksgutes weitergegeben wird, solange ist der Grund vorhanden, auf dem der Überbau des vollen eingeweihten Verständnisses errichtet werden kann.*[49]

Ob der Einzelne in einer Kultur wirklich neugeboren werden kann, oder ob man von ihm verlangt, bis zu seiner Erlösung aus dem Fegefeuer ein geistiger Fötus zu bleiben, der Mythos ist jedenfalls überall der Mutterschoß der eigentlich menschlichen Geburt des Menschen; die lang erprobte und bewährte Gebärmutter, in der das unfertige Wesen zur Reife gebracht wird, die das erwachsende Ich gegen die Libidostärken, mit denen es noch nicht fertig zu werden vermag, schützt und es gleichzeitig mit den für seine normale, harmonische Entfaltung notwendigen Speisen und Säften versieht. Die Mythologie fördert eine Ontogenese, in der intuitive und instinktive gegen rationale Faktoren ausgewogen werden, und die Morphologie dieses besonderen geistigen Organs des Homo sapiens ist bei allen Menschen nicht weniger konstant als die des bekannten, leicht erkennbaren menschlichen Körperbaus selbst.

# 4
## Die Not der Fehlgeborenen

Ebenso wie aus der leiblichen kann es auch aus der mythologischen Gebärmutter zu einer Fehlgeburt kommen: zu Verwachsungen, Mißbildungen, Hemmungen usw. Wir nennen sie Neurosen und Psychosen. Nach gut fünfhundert Jahren systematischer Verstümmelung und Ablehnung des mythologischen Organs unserer Art haben wir es daher heute mit all den bedauernswerten jungen Menschen zu tun, für die das Leben ein Problem ist. Die Mythologie lenkt die Libido in Kanäle, die auf das Ich abgestimmt sind, während die Neurose (um noch einmal Géza Róheim zu zitieren) «das Individuum von seinen Mitmenschen absondert und es an seine eigenen infantilen Bilder schließt.»[50] Die Psychoanalyse und gewisse Tendenzen in der zeitgenössischen Kunst und Literatur zeigen ein Bestreben, das biologisch notwendige geistige Organ wiederherzustellen. Blake, Goethe und Emerson beispielsweise erkannten seine Notwendigkeit. Sie waren darum bemüht, dem Dichter wieder seine traditionelle Aufgabe als Seher und Mystagoge der erneuernden Vision zuzuweisen. James Joyce hat den

Entwurf dafür geliefert. Die Morphologie des Organs wird die gleiche bleiben wie eh und je, aber die Materialien, aus denen es gebildet wird, und die Funktionen, die es erfüllt, müssen die der neuen Welt sein: die Materialien des Maschinenzeitalters und die Funktionen der Weltgesellschaft, die heute in den Wehen liegt – den Wehen ihrer Geburt als Mythos.

# III
# Metaphysisches Denken bei den Urvölkern*

«Der Name des Liedes heißt ‹Heringsköpfe›.» – «Ach! Das ist wirklich
sein Name?» fragte Alice, damit es nicht so aussähe, als wäre ihr das
gleichgültig. – «Nein, du hast mich falsch verstanden», sagte der Ritter
etwas unmutig. «So *heißt* sein Name nur.»

*Lewis Carroll[1]*

## 1
### Einfühlendes und zupackendes Denken

«Die metaphysischen Vorstellungen des Menschen lassen sich auf
ein paar Typen reduzieren, die allgemein verbreitet sind.» So
schrieb Franz Boas in der Erstausgabe (1911) seines Buches *The
Mind of Primitive Man.*[2] Jedoch in der zweiten Ausgabe dieses
maßgeblichen Werkes, die ein Vierteljahrhundert später (1938)
erschien, taucht diese Bemerkung, wie bereits oben (S. 55) erwähnt,
nicht mehr auf, denn in der amerikanischen Anthropologie war
unterdessen die Tendenz aufgekommen, die abweichenden anstelle
der verbindenden Züge von Urgesellschaften zu betonen, so daß

---

* Zuerst erschienen unter dem Titel «Primitive Man as Metaphysician» in Stanley
Diamond (Hrsg.): *Culture in History. Essays in Honor of Paul Radin,* Columbia
UP, New York 1960.

jede Anführung gemeinsamer Merkmale einen Autoren einfach als einen Menschen bloßgestellt hätte, der in seiner Zunft nicht mehr auf dem laufenden war. Anfang der fünfziger Jahre war nun die Stimmung wieder umgeschlagen, und in einer großangelegten Bestandsaufnahme anthropologischer Forschungsergebnisse, die unter dem Vorsitz von A. L. Kroeber erstellt und 1953 unter dem Titel *Anthropology Today* veröffentlicht wurde,[3] erschien ein bedeutender Aufsatz von Clyde Kluckhohn über «Allgemeine Kategorien der Kultur» («Universal Categories of Culture»), und auch etliche andere anerkannte Autoritäten äußerten sich darin über die Notwendigkeit vergleichender Untersuchungen. Allerdings brachte damals niemand den Gedanken wieder vor, den Paul Radin fast dreißig Jahre zuvor in *Primitive Man as Philosopher* (1927) entwickkelt hatte und mit Hilfe dessen sich die beiden von Boas nacheinander eingenommenen Standpunkte hätten versöhnen und in eine einzige allgemeine Theorie zusammenbringen lassen. Seine überaus einsichtige Beobachtung, daß bei Urvölkern so gut wie bei hochzivilisierten zwei Menschentypen anzutreffen sind, die William James lange zuvor als «tough-minded» und «tender-minded» (die zupackend, praktisch und die einfühlend, eindringlich Denkenden) beschrieben hatte,[4] und daß die Mythen und Symbole aller Gesellschaften von diesen beiden ganz unterschiedlich ausgelegt werden, war von den Vertretern einer Wissenschaft, die mit Boas' eigenen Worten «sich nicht mit dem außergewöhnlichen Menschen befaßt»,[5] offenbar vergessen worden.

«Vom Standpunkt des Tatmenschen aus», meinte Radin, als er die Einstellung des zupackenden Typus beschrieb, «besitzt eine Tatsache keinen symbolischen oder feststehenden Wert. Über die Gewißheit des ständigen Werdens und Wandels hinaus gesteht er ihr keine Einheit zu. Für ihn liegt eine doppelte Verdrehung vor, wenn dem vergänglichen und sich unaufhörlich wandelnden Objekt eine symbolische, ideale oder feststehende Bedeutung nachgesagt wird.» Der Denker dagegen, der einfühlende Typ, «sieht sich von seinem ganzen Wesen, von der ihm ureigenen Richtung seines Sinnens und Trachtens zu dem Versuch gedrängt, den Grund herauszufinden, warum es eine Wirkung gibt, worin das Wesen der

Beziehung zwischen dem Ich und der Welt besteht und welche Rolle das wahrnehmende Selbst darin genau spielt. Wie alle Philosophen interessieren ihn das Subjekt als solches, das Objekt als solches und die Beziehungen zwischen ihnen. ... Eine ursprüngliche, bewegte, gestaltlose oder undifferenzierte Welt muß zur Ruhe gebracht werden und feste Form erhalten. ... Philosophen haben stets die gleiche Antwort auf dieses Problem gegeben und eine Einheit hinter diesen sich wandelnden Aspekten und Formen behauptet. Philosophen bei den Urvölkern sind sich hierin mit ihren europäischen und asiatischen Brüdern einig.»[6]

Ich habe den Eindruck, daß jede Wissenschaft, die nur oder in erster Linie die vulgäre, handgreifliche Auslegung der Symbole berücksichtigt, sich damit zwangsläufig zum großen Teil auf eine Untersuchung lokaler Unterschiedlichkeiten festlegt, während andererseits eine auf die Ansichten der Denker abgestellte entdecken wird, daß die Gegenstände ihrer Überlegungen letztlich wenige und von allgemeiner Verbreitung sind. Anthropologen (oder wenigstens die von der derzeitigen amerikanischen Sorte) gehören bekanntlich überwiegend zu den zupackend Denkenden. (Es gibt, wie ich erfahren habe, auf Haiti ein Sprichwort: «Wenn der Ethnologe kommt, gehen die Götter!») Sie haben bisher den Symbolen des Denkens der Urvölker zumeist reduktionistische Auslegungen gegeben und ihre Bedeutungen nur in den Besonderheiten der konkreten Lebensbedingungen erblickt. Die folgenden Seiten möchten zu dieser Auffassung eine Alternative, eine Erweiterung und eine Ergänzung vorstellen.

## 2
### Das Bild und sein Sinn

Das erste Problem, das sich für jeden stellt, der sich mit den metaphysischen Vorstellungen der Menschheit befassen möchte, ist das der Unterscheidung zwischen Symbolen und ihren Bedeutungen – zwischen dem, was wir die *Träger* und ihren *Inhalt* nennen könnten. So sind etwa die drei oder vier Beispiele für «metaphysische Vorstellungen», die Franz Boas in seinem Kapitel über «Die Allgemeinheit kultureller Merkmale» aufzählt, überhaupt keine metaphysischen Vorstellungen: Sie sind einfach Bilder, Symbole oder Träger, die sich von einem zupackend denkenden Menschen äußerlich so deuten ließen, daß sie sich keineswegs auf eine metaphysische Erkenntnis irgendwelcher Art bezögen, sondern auf den unseren fernliegende und doch recht ähnliche Tatbestände, Zusammenhänge oder Gegenden – während der Begriff «metaphysisch» sich auf keinen Ort, keine Zeit, kein Ding, keine Tatsache, nicht einmal auf ein Wunder von dem Stoff, aus dem die Träume sind, bezieht. «Glaube an ein Land der Seelen der Verstorbenen» beispielsweise, «das im Westen liegt und in das man nur gelangt, wenn man einen Fluß überquert»[7] – das ist an sich noch keine metaphysische Vorstellung, wenn man sie auch metaphysisch auffassen kann. Ebenso wenig als metaphysisch bezeichnen läßt sich «der Gedanke einer Vielheit von Welten – eine oder mehrere über uns gespannt, andere sich unter uns erstreckend, die mittlere die Heimat des Menschen, die obere oder die untere die Heimat der Götter und der glücklichen Seelen, die andere die Heimat der unglücklichen».[8]

Mit solchen Bildern ist nicht das letzte Wort über unseren Gegenstand gesagt, sofern es uns wirklich um Metaphysik zu tun ist. Sie haben wohl oft als Träger metaphysischen Ausdrucks gedient, und unsere Aufgabe besteht zum Teil sicherlich darin, sie zu sammeln, zu vergleichen und einzuordnen; aber wir verfehlen unser eigentliches Anliegen, wenn wir uns mit ihnen so, wie sie vorliegen, zufriedengeben. Denn ein Bild kann in verschiedenen Zusammenhängen und für verschiedene Menschen Verschiedenes bedeuten. Überdies muß daraus, daß irgendwo ein Bild verschwunden ist, noch nicht folgen, daß der Inhalt, auf den es sich bezog, verschwunden ist; dieser kann sich unter einem ganz anderen Bild verstecken. Ebenso wenig können wir bei Kulturvergleichen fraglos davon ausgehen, daß deshalb, weil die symbolischen Figuren von Kultur zu Kultur anders sind, auch die Inhalte, worauf sie sich beziehen, anders sind.

Wir wollen uns daher eine kleine Anzahl mythischer Bilder, die aus verschiedenen Kulturen gewählt wurden, vornehmen und schauen, ob sie sich nicht möglicherweise als Träger eines einzigen metaphysischen Inhalts entpuppen.

# 3
## Vorstellungen vom Vielen und seiner «Ursache»

Vor vielen Jahren (1907) veröffentlichte Natalie Curtis in *The Indians' Book* einen bemerkenswerten Ursprungsmythos, der ihr vom Schwebenden Falken (Hovering Hawk), einem alten Pima-Häuptling, mitgeteilt worden war:

Am Anfang war überall nur Finsternis – Finsternis und Wasser. Und die Finsternis zog sich manchenorts dicht zusammen, ballte sich und spaltete sich wieder, bis schließlich von einem der Orte, wo die Finsternis sich zusammengeballt hatte, ein Mensch hervorkam. Dieser Mensch wanderte durch die Finsternis, bis er zu denken anfing; da kannte er sich und wußte, daß er ein Mensch war; er wußte, daß er zu einem bestimmten Zweck da war.

Er legte eine Hand auf sein Herz und zog einen langen Stock heraus. Er nahm den Stock zu Hilfe, um die Finsternis zu durchqueren, und wenn er erschöpft war, ruhte er sich darauf aus. Dann schuf er sich kleine Ameisen; er entnahm sie seinem Körper und setzte sie auf den Stock. Alles, was er schuf, entzog er seinem Körper, wie er auch den Stock aus seinem Herzen gezogen hatte. Der Stock war aus Fettholz, und aus dem Harz des Holzes machten die Ameisen eine runde Kugel auf dem Stock. Darauf nahm der Mensch die Kugel von dem Stock und legte sie unter seinen Fuß in die Finsternis, und als er auf der Kugel stand, rollte er sie unter seinem Fuß und sang:

Ich schaffe die Welt, und da!
Die Welt ist fertig.
Ich schaffe die Welt, und da!
Die Welt ist fertig.

So sang er und nannte sich selbst den Schöpfer der Welt. Er sang langsam, und unterdessen wuchs die Kugel immerzu, während er sie rollte, bis sie am Ende seines Liedes, siehe da! die Welt war. Dann sang er schneller:

Fang es an, fang es an,
Fang es an, setz es in Gang!

Damit war die Welt erschaffen, und jetzt holte der Mensch einen Stein aus sich hervor und zerteilte ihn in kleine Stücke. Aus diesen machte er die Sterne und setzte sie an den Himmel, daß sie die Finsternis erhellten. Aber die Sterne waren nicht hell genug.

Also erschuf er Tau-mik, die Milchstraße. Doch Tau-mik war nicht hell genug. Darauf erschuf er den Mond. Dies alles erschuf er aus Steinen, die er aus sich selbst hervorholte. Aber sogar der Mond war nicht hell genug. Da fing er an zu grübeln, was er wohl als nächstes tun könnte. Er konnte nichts aus sich hervorbringen, das die Finsternis zu erhellen vermochte.

Dann dachte er nach. Und er schuf aus sich zwei große Becken und füllte das eine mit Wasser und bedeckte es mit dem anderen. Er setzte sich hin und schaute die Becken an, und während er schaute, wünschte er sich, daß das, was er erschaffen wollte, wirklich und wahrhaftig entstehen möge. Und es geschah, wie er es sich wünschte. Denn das Wasser im Becken verwandelte sich in die Sonne, und diese schien mit ihren Strahlen durch die Ritzen, dort, wo die zwei Becken aufeinander lagen.

Als die Sonne erschaffen war, hob der Mensch das obere Becken ab und nahm die Sonne heraus und warf sie gen Osten. Aber die Sonne kam nicht am Boden auf; sie blieb am Himmel, wohin er sie geworfen hatte, und rührte sich nicht. Darauf warf er die Sonne in gleicher Weise gen Norden und gen Westen und gen Süden. Aber jedesmal blieb sie nur bewegungslos am Himmel stehen, denn sie kam nie am Boden auf. Da warf er sie noch ein weiteres Mal gen Osten, und diesmal kam sie am Boden auf und sprang ab und stieg empor. Seither hat die Sonne niemals in ihrer Bewegung innegehalten. Sie zieht an einem Tag um die Welt, aber jeden Morgen muß sie aufs neue im Osten abspringen.[9]

Es ist unmöglich, diese Geschichte zu lesen, ohne an das in der Alten Welt weitverbreitete Motiv vom Urriesen zu denken, aus dessen Körper das Weltall hervorgeht und der bis ans Ende der Zeit als das «Selbst», die «Weltseele» in den Formen des Weltalls weilt. So lesen wir in der altindischen *Brihadāranyaka-Upanishad:*

Am Anfang war diese Welt allein der Ātman, in Gestalt eines Menschen... Der blickte um sich: da sah er nichts andres als sich selbst. Da rief er zu Anfang aus: «Das bin ich!» Daraus entstand der Name Ich. – Daher auch heutzutage, wenn einer angerufen wird, so sagt er zuerst: «Das bin ich!» und dann erst nennt er den andern Namen, welchen er trägt. ...

Da fürchtete er sich; darum fürchtet sich einer, wenn er allein ist. Da bedachte er: «wovor sollte ich mich fürchten, da nichts andres außer mir da ist?» Dadurch entwich seine Furcht...

Aber er hatte auch keine Freude; darum hat einer keine Freude, wenn er allein ist. Da begehrte er nach einem Zweiten. Nämlich er war so groß wie ein Weib und ein Mann, wenn sie sich umschlungen halten. Dieses, sein Selbst zerfällte er... in zwei Teile; daraus entstanden Gatte... und Gattin... Darum ist dieser Leib an dem Selbste gleichsam eine Halbscheid... – Mit ihr begattete er sich; daraus entstanden die Menschen.

Sie aber erwog: «Wie mag er sich mit mir begatten, nachdem er mich aus sich selbst erzeugt hat? Wohlan! ich will mich verbergen!» – Da wird sie zu einer Kuh; er aber ward zu einem Stier und begattete sich mit derselben. Daraus entstand das Rindvieh. – Da ward sie zu einer Stute; er aber ward zu einem Hengste; sie ward zu einer Eselin, er zu einem Esel und begattete sich mit derselben. Daraus entstanden die Einhufer. – Sie ward zu einer Ziege, er zu einem Bocke; sie zu einem Schafe, er zu einem Widder und begattete sich mit derselben; daraus entstanden die Ziegen und Schafe. – Also geschah es, daß er alles, was sich paart, bis hinab zu den Ameisen, dieses alles erschuf.

Da erkannte er: «Wahrlich, ich selbst bin die Schöpfung; denn ich habe diese ganze Welt erschaffen». – So entstand der Name Schöpfung.[10]

Manchmal, wie in diesem Falle, wird die Hervorbringung der Welt in der brahmanischen Mythologie als Willensakt gezeichnet, manchmal, wie im *Kālikā-Purāna*,[11] wo die Götter von selbst der inneren Versunkenheit des Demiurgen Brahmā im Yoga entspringen, ist die Schöpfung sogar für den Schöpfer eine Kette von Überraschungen. Erinnern wir uns, daß in den isländischen Eddas den lebendigen Armen und Beinen Ymirs, des kosmischen Hermaphroditen, die Reifriesen entwachsen, daß er aber in einem späteren Zeitalter von den jungen Göttern Odin, Wili und We angegriffen, zerteilt und in das ganz große Schauspiel des Kosmos verwandelt wird.[12] In vergleichbarer Weise tötet in dem berühmten babylonischen «Weltschöpfungsepos» der junge Gott Marduk das Ungeheuer des Urchaos Tiamat, zerstückelt es und baut aus seinem Leib das Weltall. Ovid erklärt im ersten Kapitel seiner *Metamorphosen,* daß am Anfang ein Gott Ordnung aus dem Chaos hervorgebracht habe.[13] Und aus der memphitischen Theogonie Altägyptens erfahren wir, daß Ägypten, das Weltall und alle Götter aus Ptah, dem «Großen», dem «Schöngesichtigen», hervorgekommen seien.[14]

In dem indischen metaphysischen System des Vedānta, das eine Übertragung des metaphorischen Bildwerkes der brahmanischen Mythen in abstrakte philosophische Begriffe sein will, wird die Urwesenheit, aus der das Weltall hervorgeht, als eine Verschmelzung von reinem Bewußtsein (Brahman, Vidyā) und Unwissenheit (Māyā, Avidyā) beschrieben, wobei die Unwissenheit (Māyā) der weiblichen Seite des mythischen Paares verglichen wird, die zugleich den Schoß und den Stoff der Schöpfung abgibt. Mittels ihrer verhüllenden Kraft verschließt sie das absolute Brahman, und mittels ihrer hervorbringenden Kraft bricht sie das Strahlen dieses Absoluten in die Formen der Weltvorspiegelung, etwa wie ein Prisma das weiße Licht der Sonne in die sieben Regenbogenfarben bricht – denn, wie Goethe denselben Gedanken in seinem *Faust* ausdrückte: «Am farbigen Abglanz haben wir das Leben.»[15] In dem *Vedāntasāra* aus dem fünfzehnten Jahrhundert wird diese Vermählung von Unwissenheit und Bewußtsein, Illusion und Wahrheit, Māyā und Brahman als zugleich wirkende und materielle Ursache aller Dinge beschrieben. «Der Geist in dem diese beiden Kräfte des

Unbewussten immanent sind, ist durch seine eigene Natur *wirkende* (instrumentale) Ursache . . .; durch die Natur der (ihm innewohnenden) Täuschung, *materielle* Ursache . . .; so wie eine Spinne in Bezug auf ihr Gewebe durch ihre eigene Natur *wirkende,* durch die Natur ihres Körpers, *materielle* Ursache ist.»[16]

In Kantsche Begriffe übersetzt, entspricht die Unwissenheit, wie sie hier verstanden wird, den a priori gegebenen «Formen der Sinnlichkeit» (Zeit und Raum), welche die innersten und äußersten Grenzen und die Vorbedingungen aller empirischen Erfahrung sind: Diese a priori gegebenen Formen verschließen den metaphysischen Bereich der absoluten Wirklichkeit und bringen die Erscheinungswelt hervor. Was aber das «wahre Wesen» dieser höchsten Wirklichkeit abgelöst von unseren Erfahrensweisen sein könnte, werden wir niemals wissen; denn wie es der «große Chinese von Königsberg» (Nietzsche) ausdrückt: «Was es für eine Bewandniß mit den Gegenständen an sich und abgesondert von aller dieser Receptivität unserer Sinnlichkeit haben möge, bleibt uns gänzlich unbekannt.»[17]

Somit haben der Schwebende Falke, die *Brihadāranyaka-Upanishad,* das *Kālikā-Purāna,* die Eddas, das babylonische «Weltschöpfungsepos», Ovid, die memphitische Theogonie, die Vedānta-Philosophie, Kant und Goethe mit wechselnden Metaphern immer wieder einen einzigen Gedanken zum Ausdruck gebracht, und zwar einen anscheinend recht leicht auszudrückenden Gedanken, nämlich: Das Eine ist – durch einen Kunstgriff oder eine Sinnestäuschung – zum Vielen geworden. Anstatt aber diesen Gedanken direkt auszusprechen, haben sie sich allegorischer Träger teils bildlichen, teils abstrakten Charakters bedient, und obwohl jeder dieser Träger den Inhalt der Botschaft wenigstens andeutungsweise zu übermitteln vermag, macht ihn eigenartigerweise keiner wirklich deutlich – keiner erklärt wirklich das Geheimnis, wie das Viele dem Einen entquillt, oder stellt es auch nur unverhohlen dar. Und in dieser Hinsicht ist Kants Formulierung nicht ergiebiger als die des Schwebenden Falken.

Jedoch bei nochmaliger Betrachtung sehen wir, daß das Problem eine gänzliche Aufklärung nicht zuläßt, denn es ist ein Problem der Beziehung einer bekannten Größe (des Weltalls) auf eine unbekannte (seinen sogenannten Ursprung), es ist also genaugenommen ein metaphysisches und kein empirisches Problem. Ob ein solches Problem dem andächtigen Sinnen in der bildhaften Sprache des Mythos oder in der abstrakten der Philosophie dargeboten wird, es läßt sich jedenfalls nur darbieten, niemals aufklären. Und da es somit letztlich unaussprechlich ist, kann keine einzelne Metapher und keine Verbindung von Metaphern seine Bedeutungstiefe ausschöpfen. Der kleinste Standortwechsel, und die gesamte Ansicht wandelt sich kaleidoskopartig, wie es die dazugehörigen Träger, die Bilder und anderen Kommunikationsformen, in gleicher Weise tun. Das Ureine läßt sich beispielsweise als männlich (wie im Falle Brahmās) vorstellen, als weiblich (wie die Weltenmutter), als hermaphroditisch (wie in den Fällen des «Ich» in der Upanishad und des Ymir), als anthropomorph (wie in den meisten oben genannten Beispielen), als theriomorph (wie in dem persischen Mythos von der Zerstückelung des Weltochsen), als botanomorph (wie in dem Bild der *Edda* von der Weltenesche Yggdrasil), als schlicht eiförmig (wie in den Geschichten vom Weltenei), als geometrisch (wie in den tantrischen Yantras), als stimmhaft (wie in den Fällen der vedischen heiligen Silbe OM und des kabbalistischen Tetragrammaton) oder als absolut transzendent (wie in den Fällen der buddhistischen Leere und des Kantschen «Ding an sich»). Aber selbst die Vorstellung von der Einheit des Urtümlichen ist letztlich bloß eine Metapher, die über sich hinaus auf ein unbegreifliches Etwas jenseits all solcher Gegensatzpaare wie das Eine und das Viele, männlich und weiblich, Sein und Nichtsein weist.

**4**
**Die als gänzlich unbekannt verstandene «Ursache»**

Kant liefert eine außerordentliche einfache Formel für das rechte Verständnis eines metaphysischen Symbols. Er führt eine Analogie mit vier Gliedern vor (a verhält sich zu b wie c zu x), «welche nicht etwa . . . eine unvollkommene Ähnlichkeit zweier Dinge, sondern eine vollkommene Ähnlichkeit zweier Verhältnisse zwischen ganz unähnlichen Dingen bedeutet»,[18] mit anderen Worten: Nicht a gleicht in etwa b, sondern das Verhältnis von a zu b gleicht genau dem von c zu x, wobei x eine Größe darstellt, die nicht nur unbekannt, sondern gänzlich unerkennbar, das heißt metaphysisch, ist.

Kant veranschaulicht diese Formel an zwei Beispielen:

1. «wie sich verhält die Beförderung des Glücks der Kinder = a zu der Liebe der Eltern = b, so die Wohlfahrt des menschlichen Geschlechts = c zu dem Unbekannten in Gott = x, welches wir Liebe nennen»;[19]

2. «die Causalität der obersten Ursache ist dasjenige in Ansehung der Welt, was menschliche Vernunft in Ansehung ihrer Kunstwerke ist.»[20]

Er setzt daraufhin die Bedeutung dieses zweiten Beispiels folgendermaßen auseinander: «Dabei bleibt mir die Natur der obersten Ursache selbst unbekannt: ich vergleiche nur ihre mir bekannte Wirkung (die Weltordnung) und deren Vernunftmäßigkeit mit den mir bekannten Wirkungen menschlicher Vernunft und nenne daher jene eine Vernunft, ohne darum eben dasselbe, was ich am Menschen unter diesem Ausdruck verstehe, oder sonst etwas mir Bekanntes ihr als ihre Eigenschaft beizulegen.»[21]

Mythologische, theologische, metaphysische Analogien deuten also mit anderen Worten nicht indirekt auf eine nur teilweise verstandene Größe hin, sondern direkt auf ein *Verhältnis zwischen zwei Größen,* deren eine empirisch und deren andere metaphysisch und damit gänzlich und auf alle Zeit und von jedem erdenklichen menschlichen Standpunkt aus unerkennbar ist.

Unter diesen Umständen haben wir die in Absatz 3 angeführten Beispiele falsch verstanden, wenn wir meinen, wir hätten ihren Inhalt in der einfachen Aussage: «Das Eine ist durch irgendeinen Kunstgriff zum Vielen geworden», voll erfaßt. Eine solche Aussage bietet wohl eine knappe Zusammenfassung des Trägeraspekts der analogen Metaphern, läßt aber ihren metaphysischen Inhalt ungeklärt. Sie faßt nur die beiden ersten Glieder einer eigentlich gemeinten viergliedrigen Analogie zusammen, die voll ausgeschrieben so lauten würde: «Wie die Vielen (a) aus dem Einen (b) hervorgehen, so das Weltall (c) aus Gott (x).» Aber die Größe x, das muß betont werden, bleibt gänzlich unbekannt und unerkennbar. Einheit kann so wenig eine Eigenschaft dieses x sein wie Liebe oder Vernunft. Daher können wir, wie Kant erklärte, Begriffe wie Liebe oder Vernunft, Einheit oder selbst Sein nur per Analogie auf Gott übertragen.

Bleibt x unbekannt, so muß die genaue Natur seines Verhältnisses zu c gleichermaßen unbekannt bleiben. Dieses Verhältnis ist unter anderem als Magie, einfache Spaltung, geschlechtliche Fortpflanzung, gewaltsame Zerstückelung, Brechung, Entströmen und Täuschung bestimmt worden, womit nicht etwa das Geheimnis der Schöpfung selbst bestimmt sein soll, sondern Träger genannt sind, welche die Analogie übermitteln. Und die möglichen Trägerverhältnisse sind endlos: endlos die möglichen Größen a und ihre entsprechenden Größen b. Beispielsweise verhält sich der Erdschöpfer ($b_1$) zu den seinem Leib entzogenen Dingen ($a_1$), verhält sich der Allvater ($b_2$) zu den von ihm erzeugten Geschöpfen ($a_2$), verhält sich der meditierende Brahmā ($b_3$) zu den Visionen seiner Meditation ($a_3$), das verhüllte Licht ($b_4$) zu seinen Brechungen ($a_4$), die Spinne ($b_5$) zu ihrem Netz ($a_5$) und so unendlich weiter ($b_n:a_n$), wie sich «Gott» (x) zur Schöpfung (c) verhält.


# 5
## Theologie als eine Fehldeutung der Mythologie

Lassen sich die Mythen nicht auf eine solche Weise als wahr ansehen oder empfinden, so verlieren sie für den einfühlend Denkenden ihre Kraft, ihre Magie, ihren Zauber und werden zu bloßen archäologischen Kuriositäten, die nur für die eine oder andere reduktionistische Einordnung taugen. In der Tat scheint es dieser Tod zu sein, den die Mythenhelden selbst am meisten fürchten. Unentwegt verweisen sie durch ihre Erscheinungsform und über diese hinaus auf ihre allgemeine, transzendente Form. «Ich und der Vater sind eins», erklärt Christus zum Beispiel (Johannes 10,30). Und Krishna zeigt in der *Bhagavadgītā*, daß alle Formen der Welt in seinem metaphysischen Wesenskern wurzeln, so wie umgekehrt der Wesenskern selbst in allen Dingen verwurzelt ist:

> Weder die Götterscharen noch die großen Seher kennen meinen Ursprung, denn ich bin der Beginn der Götter und der großen Seher in jeder Weise. Wer mich, den Ungeborenen, Anfangslosen, den mächtigen Herrn der Welten, kennt, der ist unverblendet unter den Sterblichen und von allen Sünden befreit. . . . Ich bin. . . das Selbst, das im Herzen aller Geschöpfe wohnt. Ich bin der Beginn, die Mitte und das Ende aller Wesen. Von den Ādityas [vedische Götter] bin ich Viṣṇu; von den Lichtern (bin ich) die strahlende Sonne; . . . von den Seen bin ich der Ozean . . .; von den Berechnenden bin ich die Zeit; von den Tieren bin ich der König der Tiere (Löwe), und von den Vögeln (bin ich) der Sohn der Vinatā (Garuḍa) . . .; von den Fischen bin ich der Alligator, und von den Strömen bin ich der Ganges. Von den Betrügerischen bin ich das Spiel; von den Glänzenden der Glanz; ich bin der Sieg; ich bin die Anstrengung, und ich bin die Güte der Guten. . . Von den Züchtigenden bin ich die Rute (der Züchtigung); von den nach Sieg Strebenden bin ich die kluge Politik; von den Geheimnissen bin ich das Schweigen und von den Weisheitskennern die Weisheit.[22]

Dem vergleichbar sind die Worte von Feindestöter, dem Helden der Jicarilla-Apache New Mexicos, mit denen er von seinem Volk Abschied nimmt:

> Die Erde ist mein Leib. Der Himmel ist mein Leib. Die Jahreszeiten sind mein Leib. Auch das Wasser ist mein Leib. . . . Die Welt ist so groß wie mein Leib. Die Welt ist so weit wie mein Wort. Und die Welt ist so weit wie meine Gebete. Die Jahreszeiten sind nur so groß wie mein Leib, meine Worte und meine Gebete. So ist es auch mit den Wassern; mein Leib, meine Worte, meine Gebete sind größer als die Wasser. Wer mir glaubt, wer auf das hört, was ich sage, wird ein langes Leben haben. Wer aber nicht hört, wer auf Böses sinnt, wird ein kurzes Leben haben. Meint nicht, ich sei bloß im Osten, Süden, Westen oder Norden. Die Erde ist mein Leib. Ich bin da. Ich bin überall. Meint nicht, ich hielte mich nur unter der Erde oder droben im Himmel auf oder nur in

den Jahreszeiten oder auf der anderen Seite der Wasser. Sie alle sind mein Leib. Es ist die Wahrheit, daß die Unterwelt, der Himmel, die Wasser allesamt mein Leib sind. Ich bin überall. Ich habe euch bereits das gegeben, womit ihr mir ein Opfer darbringen sollt. Ihr habt zweierlei Pfeifen, und ihr habt den Bergtabak.[23]

Oder dasselbe in Aischylos' Worten:

Zeus ist der Äther, Zeus die Erd', der Himmel Zeus,
Zeus ist das All und was noch höher ist als die.[24]

«Wir sollten verstehen», sagte der alte Sioux-Medizinmann Schwarzer Hirsch (Black Elk), der Hüter der heiligen Pfeife seines Stammes, «daß alles das Werk des Großen Geistes ist. Wir sollten wissen, daß Er in allen Dingen ist: in den Bäumen, den Gräsern, den Flüssen, den Bergen und all den vierbeinigen Tieren und den geflügelten Völkern; und was noch wichtiger ist: wir sollten verstehen, daß Er auch über all diesen Dingen und Wesen ist. Wenn wir all das tief in unsern Herzen erfassen, dann werden wir den Großen Geist fürchten, lieben und kennen; und dann werden wir uns bemühen, so zu sein, so zu handeln und so zu leben, wie Er es will.»[25]

Überall dort, wo Mythen noch lebendige Symbole darstellen, sind die Mythologien von solchen Bildern wimmelnde Traumwelten. Überall dort jedoch, wo systematisierende Theologen auftauchten und die Oberhand behielten (die Zupackenden in den Gärten der Einfühlenden), sind die Figuren zu Lehrsätzen erstarrt. Die Mythologie wird dann als bare Geschichte oder Wissenschaft mißdeutet, das Symbol wird zur Tatsache, die Metapher zum Dogma, und das Gezänk der Sekten hebt an, wobei jede ihre eigenen symbolischen Zeichen fälschlich für die höchste Wirklichkeit hält – den besonderen Träger für seinen zeitlosen, unaussprechlichen Inhalt.

«Aber er, den man Krishna nennt», sprach Ramakrishna, der indische Lehrer aus dem neunzehnten Jahrhundert, «heißt auch Shiva und trägt gleichfalls die Namen Shakti, Jesus und Allah – der eine Rāma mit tausend Namen. ... Das Wesen ist eins unter verschiedenen Namen, und jeder sucht dasselbe Wesen; nur die Bedingungen, Veranlagungen und Namen ändern sich.»[26]

# 6
## Esoterische und exoterische Anthropologie

Wir müssen uns nun also fragen, ob die Mythologie im Lager der Zupackenden entstanden und erst später durch die Grübeleien der Einfühlenden zu metaphysischer Dichtung sublimiert und verfeinert worden sein kann, oder ob ihre Entwicklung nicht genau in der entgegengesetzten Richtung verlaufen sein muß, nämlich von der dichterischen Bilderwelt der Einfühlenden zu den plumpen Mißdeutungen der unbegabten Vielen. Franz Boas scheint ein Verfechter der ersteren Auffassung gewesen zu sein. In seinem bereits genannten Aufsatz über «Die ethnologische Bedeutung esoterischer Lehren» schreibt er:

> Man kann sagen, daß die exoterische Lehre das allgemeinere ethnische Phänomen ist, dessen Untersuchung eine notwendige Grundlage für die Erforschung der Probleme der esoterischen Lehre ist. Es liegt daher auf der Hand, daß wir bei unserer Erforschung des Indianerlebens nicht nur nach der höchsten Form des Denkens, wie es der Priester, der Häuptling, der Anführer pflegen, Ausschau halten dürfen. Wie interessant und verlockend dieses Forschungsgebiet auch sein mag, so bildet es doch lediglich eine Ergänzung zum Studium der Gedanken, des Gefühlslebens und der ethischen Maßstäbe der einfachen Leute, deren Interessen in anderen Bereichen des Denkens liegen und von denen die gehobene Schicht nur eine Sonderform darstellt.[27]

R. R. Marett dagegen scheint in seinem Artikel «Mana» in der *Encyclopaedia Britannica* die entgegengesetzte Ansicht zu vertreten. «Allein schon aufgrund seines Standes», schreibt er, «muß sich der Medizinmann oder der göttliche König von denen, die durch Rang oder Wahl Noa, Laien, sind, fernhalten. Diese mögen in tierischem Behagen dahinleben, aber am Ende fehlt es ihnen an

Klarsicht und haben sie an den höchsten Mysterien bestenfalls äußerlich teil. Jedes Mitglied einer primitiven Gesellschaft ist in gewissem Maße im Umgang mit dem Okkulten bewandert, wenn auch meistens eine befähigtere Person zugegen ist, um ihm da hindurchzuhelfen.»[28]

Ob sie nun – im Hinblick auf die Frage «Was kam zuerst?» – zeitlich früher oder später war, die einfühlende, esoterische Auffassung ist eindeutig diejenige, welche bei der wesentlichen Gestaltung der Traditionen die Hauptrolle gespielt hat, da es überall die Priester und Schamanen gewesen sind, die das allgemeine Erbe der Mythen und Symbole bewahrt und weiterentwickelt haben. Ich stelle fest, daß Radin, wie Boas auch, das Wirken des Intellektuellen in Gesellschaften der Urvölker für das zeitlich spätere hielt.[29] Er zollte jedoch dem Einfluß des philosophischen Denkens auf die Gestaltung ihres kulturellen Erbes die gebührende Anerkennung; und da wir nicht einmal hypothetisch auf den Augenblick zurückgehen können, als in einem menschlichen Gehirn zum erstenmal eine metaphysische Einsicht aufging, um dadurch zu erfahren, ob Mythen, Riten und Symbole bereits der Gesellschaft, in der das erste wie ein Philosoph denkende Genie lebte, Form verliehen hatten – da wir dies nicht können, ist Radins ausgewogener Befund, daß beide Typen bei der Fortsetzung und Fortentwicklung der Stammesüberlieferungen miteinander Zwiesprache hielten, vielleicht die weitestgehende Aussage, die wir treffen können. «Wie wollen wir jemals die Entwicklung des Denkens und insbesondere die unserer grundlegenden philosophischen Vorstellungen wirklich nachverfolgen», so fragt er, «wenn wir von falschen Voraussetzungen ausgehen? Wenn gezeigt werden kann, daß die Denker bei den Urvölkern das Leben philosophisch betrachten, daß die menschliche Erfahrung und die Welt ringsum zu Gegenständen des Nachdenkens geworden sind, daß sich dieses Grübeln und Suchen in Schrifttum und Ritual niedergeschlagen hat, dann muß unsere geläufige Lesart der Kulturgeschichte, ganz zu schweigen von der Geschichte der philosophischen Spekulation, vollständig revidiert werden.»[30]

Ich für meinen Teil glaube, daß wir sowohl die Bilderwelt als auch die dichterischen Einsichten des Mythos dem Genius der Einfühlenden verdanken, den Zupackenden dagegen bloß ihre Reduktion auf Religion. Soweit ich weiß, sind in den Mythen selbst die Ursprünge ihrer Symbole und Kulte stets einzelnen Visionären zugeschrieben worden: Träumern, Schamanen, Geisteshelden, Propheten und göttlichen Inkarnationen. Als man zum Beispiel den Schwebenden Falken fragte, wie sein Volk zu seinen Liedern gekommen sei, erwiderte er: «Wir träumten sie. Wenn ein Mann allein fortging, in die Einsamkeit hinaus, dann träumte er ein Lied.»[31]

Jedenfalls ist, wie Paul Radin es uns schon vor langem vorgehalten hat, die Zeit bestimmt gekommen, daß Sammler und Ordner den Anspruch ihres Materials auf eine tiefe Bedeutung ernst nehmen müssen. Aus jedem Winkel der Erde haben sie Bilder, Sagen und Mythen zusammengetragen, jedoch von der wissenschaftlichen Interpretation des Materials kann man schwerlich behaupten, daß sie auf jenem psychologischen Gelände, wo der Mensch dem Metaphysischen naht und begegnet, auch nur die ersten Außenposten erreicht hätte. Bis jetzt war das Interesse der Wissenschaftler fast ausschließlich ein ethnologisches und historisches. Von vielen Gesichtspunkten aus haben sie analysiert, was man als die stilistischen Variationen der Träger bezeichnen könnte. Was aber solche stilistischen Variationen bedeuten, wird sich sicherlich nicht eher sagen lassen, als bis die Inhalte analoger Metapherngruppen festgestellt und verstanden sind. Denn der Eckstein der wissenschaftlichen Volkskunde und Mythologie ist nicht im Stückwerk einzelner Metaphern zu finden, sondern in den Gedanken, auf die sich die Metaphern beziehen.

# IV
# Mythogenese[*]

## 1
### Eine Indianersage

Wenn ein Fachmann für Architektur sich die Bauwerke von New York anschaute und bemerkte, daß die meisten der älteren aus Backstein seien, darauf nach Besichtigung der Ruinen des alten Mesopotamien äußerte, daß alle Bauten aus Backstein gewesen seien, und schließlich bei einem Ceylonbesuch darauf hinwiese, daß viele der frühen Tempel aus Backstein seien – würden wir behaupten, daß dieser Mann einen Blick für Architektur habe? Es stimmt, daß in vielen Gegenden der Welt Backsteine verwandt werden, und es stimmt auch, daß sich eine Untersuchung über die Unterschiede zwischen den Backsteinen auf Ceylon, denen Altsumers, denen etwa der römischen Aquädukte, wie sie noch heute in Südfrankreich stehen, und denen der Stadt New York anstellen ließe. Allerdings wären diese Backsteinstudien keineswegs das, was wir zum Thema «Architektur der Städte der Welt» zu hören wünschten.

* Überarbeitete Teilfassung des Vortrags «Renewal Myths and Rites of the Primitive Hunters and Planters» in *Eranos-Jahrbuch 1959*, Band XXVIII: *Die Erneuerung des Menschen,* Hrsg. Olga Fröbe-Kapteyn, Rhein, Zürich 1960, S. 407–458.

Ich will nun ein Problem darlegen, das die Architektur des Mythos betrifft.

Vor langer Zeit gingen zwei Sioux-Indianer eines Morgens mit Pfeil und Bogen auf der nordamerikanischen Prärie zur Jagd. Als sie auf einem Hügel standen und nach Wild ausschauten, sahen sie in der Ferne etwas in seltsamer und wunderbarer Weise auf sich zukommen. Als das geheimnisvolle Etwas näherrückte, erkannten sie, daß es eine wunderschöne Frau war, die in weißes Hirschleder gekleidet war und ein Bündel auf dem Rücken trug, und einer der Männer empfand sogleich Gelüste. Er teilte seinem Freund seine Begierde mit, aber der andere wies ihn zurecht und warnte ihn, dies sei gewiß keine gewöhnliche Frau. Sie war jetzt nahe herangekommen, legte ihr Bündel ab und rief den ersten Mann zu sich. Als dieser ihrem Geheiß folgte, wurden er und sie plötzlich von einer Wolke umhüllt, und als diese sich hob, stand die Frau allein da und von dem Mann lagen nur noch die Knochen zu ihren Füßen, denn furchtbare Schlangen hatten ihn gefressen. «Gewahre, was du siehst!» sprach sie zu dem anderen. «Nun geh und weise dein Volk an, eine große Zeremonienhütte für mein Kommen zu errichten. Ich will ihnen etwas von großer Wichtigkeit verkünden.»

Der junge Mann kehrte schleunigst in sein Lager zurück, und der Häuptling, der Stehendes Hohlhorn (Standing Hollow Horn) hieß, ließ etliche Tipis abschlagen, zusammennähen und eine Zeremonienhütte daraus anfertigen.[1] Eine solche Hütte wird von achtundzwanzig Pfosten eingefaßt, und der Mittelpfosten, die Hauptstütze, wird mit Uakan-Tanka, dem Großen Geist, der Stütze des Weltalls, verglichen. Die anderen stellen bestimmte Wesen der Schöpfung dar, denn die Hütte ist ein Abbild des Weltalls.

«Wenn ihr nun vier Sieben zusammenzählt», erzählte der alte Krieger und Priester Schwarzer Hirsch, von dem diese Sage berichtet wurde, «erhaltet ihr achtundzwanzig. Auch der Mond lebt achtundzwanzig Tage; jeder dieser Tage des Monats stellt etwas für uns Heiliges dar: zwei der Tage stellen den Großen Geist dar, zwei andere sind für Mutter Erde, vier sind für die vier Winde, einer ist für den Gefleckten Adler, einer für die Sonne und einer für den Mond, einer für den Morgenstern und vier Tage für die vier Alter, sieben Tage sind für unsere großen Riten, einer ist für den Bison, einer für das Feuer, einer für das Wasser, einer für den Stein, und schließlich einer für die Zweifüßler. Wenn ihr alle diese Tage zusammenzählt, so seht ihr, daß ihr auf achtundzwanzig kommt. Ihr müßt auch wissen, daß der Bison achtundzwanzig Rippen hat und daß wir für unsere Kriegshaube meist achtundzwanzig Federn benützen. Ihr seht, es gibt für alles eine Bedeutung, und es ist gut, wenn ein Mensch diese Dinge weiß und daran denkt.»[2]

Dieser prächtige alte Priester der Oglala-Sioux erläuterte dem jungen Forscher Joseph Epes Brown, der mit dem erklärten Ziel, aus erster Hand Wissen über die mystische Dimension der indianischen Mythologie zu erlangen, auf die Pine-Ridge-Reservation in South Dakota gekommen war, das Bild des von Schlangen aufgefressenen Mannes. «Jeder Mann..., der an die Sinne und die Dinge dieser Welt gebunden ist und deshalb in Unwissenheit dahinlebt, wird von Schlangen aufgezehrt – von seinen eigenen Leidenschaften.»[3]

Mir fällt bei diesem indianischen Bild die griechische Sage von dem jungen Jäger Aktaion ein, der auf der Jagd einen Waldbach bis zur Quelle zurückverfolgte und dort auf die Göttin Artemis stieß, die völlig nackt in einem Teich badete; und als sie merkte, daß er sie lüsternen Blickes ansah, verwandelte sie ihn in einen Hirschen, den sie darauf von seinen eigenen Hunden hetzen, in Stücke reißen und verschlingen ließ.[4] Diese beiden Sagen sind nicht nur vergleichbar, sondern die Deutung, die der alte Sioux-Priester der seinen gibt, deckt sich mit dem Sinn der griechischen. Überdies läßt uns seine Deutung der Symbolik der Zeremonienhütte an etliche uns gleichfalls vertraute Motive denken, so daß wir uns zu der Frage veranlaßt sehen, wie wohl die Erklärung dieser Übereinstimmungen ausgehen könnte.

Als die Leute in der Sage des Schwarzen Hirsches ihre große Zeremonienhütte, die symbolisch dem Weltall entsprach, errichtet hatten, versammelten sie sich alle höchst aufgeregt darinnen und fragten sich, wer die geheimnisvolle Frau sein könnte und was sie ihnen wohl zu sagen hätte. Plötzlich stand sie am Eingang, der nach Osten wies, trat ein und schritt im Sinne der Sonnenbahn um den

Mittelpfosten: Süden, Westen, Norden und wieder Osten.[5] «Ist nicht der Süden die Quelle des Lebens...?» erläuterte der alte Erzähler der Geschichte. «Und schreitet nicht der Mensch von dort gegen die untergehende Sonne seines Lebens? Nähert er sich nicht dann dem kälteren Norden, wo die weißen Haare sind? Und kommt er nicht dann, wenn er noch lebt, an der Quelle des Lichts und des Verstehens an, die der Osten ist? Und kehrt er nicht dorthin zurück, wo er begann, zu seiner zweiten Kindheit, um dort sein Leben dem All-Leben zurückzugeben und sein Fleisch der Erde, von der er kam? Je mehr ihr dies bedenkt», betonte er, «um so mehr Sinn werdet ihr darin finden.»[6]

Dieser wackere alte Sohn der amerikanischen Erde, damals schon fast erblindet, war in den frühen sechziger Jahren des neunzehnten Jahrhunderts geboren worden, hatte als junger Mann in der Schlacht am Little Bighorn und in der Schlacht am Wounded Knee gekämpft, hatte die großen Häuptlinge Sitting Bull, Crazy Horse, Red Cloud und American Horse gekannt und war zu der Zeit, als er seine Sage mitteilte, im Winter 1947–1948, der Bewahrer der heiligen Pfeife. Er hatte diesen streng gehüteten Talisman zusammen mit seiner Sage von dem früheren Bewahrer Hirschkopf (Elk Head) erhalten, der ihm damals prophezeit hatte, daß die Oglala-Sioux so lange leben würden, wie die Pfeife in Gebrauch und ihre Geschichte bekannt wäre, daß sie aber, sobald die Geschichte vergessen wäre, ihre Mitte verlieren und untergehen würden.[7]

Die Pfeife und ihre Sage waren also von unbestimmtem Alter, anonym, praktisch zeitlos. Genauer betrachtet konnten sie aber eigentlich nicht viel älter als zweihundert Jahre sein, denn die Oglala-Sioux übersiedelten nicht vor Ende des siebzehnten Jahrhunderts auf die Prärie, um Büffeljäger zu werden – etwa um 1680. Zuvor waren sie ein Waldvolk am oberen Mississippi gewesen, in einem Gebiet der Seen und Sümpfe, wo sie sich in Kanus aus Birkenrinde fortbewegten.[8] Doch obwohl wir vielleicht nie zuvor von der heiligen Pfeife der Oglala-Sioux gehört oder die Rippen des Bisons gezählt haben, sind uns, wie schon erwähnt, alle Elemente dieses Mythos eigenartig vertraut. Wir erkennen sozusagen die

Backsteine, wenn auch die Art und Weise, wie sie zusammenge-setzt wurden, überraschend ist.

Die Zeremonienhütte mit ihrer Orientierung nach den vier Himmelsrichtungen, dem Altar in der Mitte und dem Mittelpfosten als Symbol der Weltenachse läßt sich genau mit einem Tempel vergleichen. «Wir sehen, daß durch die Errichtung des Altars in dieser Art alles zum Mittelpunkt führt oder zu ihm zurückkehrt», erläuterte der nahezu blinde alte Medizinmann seinem aufmerksa-men Zuhörer, «und diese Mitte, die hier ist, von der wir jedoch wissen, daß sie eigentlich überall ist, sie ist Uakan-Tanka.»[9] Aber dieses Bild von der «Mitte», die «überall» ist, hat ihr genaues Gegenstück in dem hermetischen *Buch der vierundzwanzig Meister* aus dem zwölften Jahrhundert, aus dem Nikolaus von Kues und eine Reihe anderer berühmter europäischer Denker – Alan de Lille, Rabelais, Giordano Bruno, Pascal und Voltaire zum Bei-spiel – ihre Definition Gottes bezogen: «eine intelligible Sphäre, deren Mittelpunkt überall, deren Umkreis nirgendwo ist».[10] Es ist in der Tat verblüffend, einen Anklang an solch eine metaphysische Aussage von den Lippen eines gänzlich schriftunkundigen alten Sioux zu hören, der seine zur Neige gehenden Tage als der Hüter eines indianischen Fetischs und seines Mythos zubringt.

Was sollen wir von diesen ganzen Zufällen halten? Woher kom-men diese zeitlosen, ortlosen Motive?

Sollen wir in den Chor derjenigen einstimmen, die von einer großen Philosophia perennis schreiben, welche seit unvordenkli-cher Zeit die – irgendwie von oben offenbarte – eine, ewig wahre Weisheit der Menschheit gewesen ist? Wie aber gelangte diese mit allen ihren Symbolen zu den Sioux? Oder sollen wir unsere Ant-wort lieber in einer psychologischen Theorie suchen, wie es viele der namhaftesten Völkerkundler des neunzehnten Jahrhunderts – Bastian, Tylor und Frazer zum Beispiel – taten, die solche Überein-stimmungen zwischen verschiedenen Kulturen dem Umstand zu-schrieben, daß, wie Frazer es formulierte, «gleiche Ursachen... auf die gleiche Struktur des menschlichen Geistes in den verschie-denen Ländern und unter verschiedenem Himmel in der gleichen Weise (wirken)»?[11] Nehmen solche Bilder quasi von Natur aus in der Psyche Gestalt an? Kann man annehmen und sogar erwarten, daß sie an jedem Ort der Erde, wo der Mensch sich niedergelassen hat, von selbst in Träumen, in Visionen, in mythologischen Gestaltungen auftreten?

Oder muß man, da mythologische Ordnungen – wie architektonische Ordnungen – bestimmte, historisch bedingte kulturelle Funktionen erfüllen, im Gegenteil sagen, daß dort, wo zwei sich als homolog erweisen lassen, man sie für historisch verwandt erachten muß? Kann man mit anderen Worten davon ausgehen, daß die Griechen und die Sioux einen Teil oder gar mehrere Teile ihres mythologischen Erbes aus einer gemeinsamen Quelle bezogen haben?

Oder sollen wir schließlich diese ganze Frage gemeinsamer Motive (ob religiös, psychologisch oder historisch erklärt) ganz einfach als der Spekulation eines Wissenschaftlers unwürdig abtun, da ja – wie eine Anzahl bedeutender Ethnologen heute meint – Mythen und Rituale Funktionen bestimmter Gesellschaftsordnungen sind, das heißt, aus dem Zusammenhang gerissen sinnlos und folglich von den kulturellen Grenzen nicht ablösbar und über sie hinaus nicht vergleichbar? Vergleiche solcher Art, an denen Dilettanten und Amateure ihren Spaß haben, sind nach dieser Auffassung für einen ordentlich geschulten wissenschaftlichen Verstand weder von Bedeutung noch von Interesse.

Schauen wir unvoreingenommenen Auges näher hin, und versuchen wir, uns selbst eine Meinung zu bilden.

In den Erläuterungen, die Schwarzer Hirsch zu seiner Geschichte gab, fällt uns der Ausdruck »vier Sieben« auf, der die achtundzwanzig Stützen des Weltalls nennt, wobei die Zahlen Vier und Sieben in den Ikonographien des Orients wie des Okzidents gängige Symbole der Ganzheit sind; allein dieses Spiel heiliger Zahlen ist schon ein gemeinsamer Zug, der Beachtung verdient. Eine der achtundzwanzig Stützen steht als Achse, als Angel des Weltalls in der Mitte des großen Tipis. Die Zahl der sie umringenden Pfosten ist also siebenundzwanzig: drei mal neun: drei mal drei mal drei.[12] Man denkt dabei an die zahlreichen Auslassungen des Psychologen C. G. Jung über die Symbolik der Vier und der Drei.

Man denkt an die neun Engelschöre (drei mal drei), die den Thron der Trinität in der Mitte umringen und preisen. Drei ist die Zahl der Zeit: Vergangenheit, Gegenwart und Zukunft; Vier ist die Zahl des Raumes: Osten, Süden, Westen und Norden. Raum (Vier) und Zeit (Drei) bilden das Feld – das Weltall –, auf dem alle Erscheinungsformen auftreten und verschwinden. (Eine weitere Möglichkeit bestünde darin, an die Vertikale – oben, hier und unten – plus die vier Himmelsrichtungen zu denken, was abermals drei plus vier ergibt.) Die Zahl Vier tritt wieder bei der «heiligen Runde» auf, dem Umschreiten des Mittelpunktes im Uhrzeigersinn, was hier nicht nur mit den vier Himmelsrichtungen, sondern auch mit den Lebensabschnitten des Einzelnen in Verbindung gebracht wird, so daß die Symbolik ebenso auf den Mikrokosmos wie auf den Makrokosmos angewandt wird. Durch die Zahl Achtundzwanzig werden die zwei an den Mond gebunden, der in seinem Zyklus stirbt und wiederaufersteht und folglich ein Zeichen des Erneuerungskreislaufes ist.

Überdies hat der Bison, wie wir belehrt wurden, achtundzwanzig Rippen und ist daher selbst ein Abbild des Mondes – und des Weltalls. Kehren nicht die Büffel Jahr für Jahr wieder, wie der Mond auf wunderbare Weise neu geworden? Wir denken an den Mondstier des archaischen Nahen Ostens, das Reittier des Osiris, des Tammuz und, in Indien, des Shiva. Die Hörner des Mondes weisen auf die des Mondgottes Sin hin, nach dem der Berg Sinai benannt wurde, um den kosmischen Berg im Mittelpunkt der Welt, von dessen Gipfel Moses herabstieg, darzustellen. Und sein Angesicht strahlte und er hatte Hörner[13] wie der Mond, so daß er, als er vor dem Volk stand, einen Schleier tragen mußte (Exodus 34,29–35) – wie die Schleier der archaischen Könige, die Jahrhunderte vor seiner Zeit als Inkarnationen der selbstverjüngenden Kraft des Mondes verehrt worden waren. Am Fuße des Berges Sinai war der Hohepriester Aaron dabei, im Bilde eines goldenen Kalbes, das Moses zornig ins Feuer warf, zu Pulver zermalmte, in Wasser streute und so in einer Art Abendmahl dem Volk zu trinken gab, ein Fest des Mondstieres feiern zu lassen (Exodus 32,1–20). Und bemerkenswerterweise empfing Moses erst dann, als er *nach* diesem Opfer auf die Bergspitze zurückkehrte (wo die Erdgöttin und der Himmelsgott in ewiger Vereinung weilen), die volle Verkündigung des Gesetzes und das Versprechen des gelobten Landes, zwar nicht für sich – denn er selbst sollte nunmehr zum Opfer werden –, doch für das heilige Volk.

Der Mythologie des gekreuzigten, drei Tage im Grabe liegenden und wieder auferstandenen Christus unterliegt dieselbe Symbolik des Mondes, der drei Tage lang dunkel ist. Das Opferlamm, der Opferstier und der kosmische Bison – ihre Symbolik wurde von dem alten Sioux-Medizinmann Schwarzer Hirsch völlig richtig gedeutet, als er erklärte, daß der Bison das Weltall in seiner zeitlichen, lunaren Form symbolisiere, sterbend und doch immer neu, aber auch (in seiner achtundzwanzigsten Rippe) den Großen Geist, der ewig ist, den Mittelpunkt, der überall ist und um den sich alles dreht.

Nach der Schilderung des Schwarzen Hirsches saß, als die schöne Frau eintrat, der Häuptling Stehendes Hohlhorn auf der Westseite der Hütte, dem Ehrenplatz, weil er dort dem Eingang gegenüber saß und nach Osten sah, woher das Licht und das heißt: die Weisheit kommt, die ein Führer besitzen muß. Und die Frau trat vor ihn hin, nahm das Bündel von ihrem Rücken und hielt es ihm mit beiden Händen entgegen.

«Betrachte dies», sagte sie, «und liebe es stets! Es ist hochheilig (lila wakan), und du mußt es immer ehrfürchtig behandeln. Kein unreiner Mensch darf es je sehen, denn in diesem Bündel ist eine heilige Pfeife (Tschannunpa). Damit sollt ihr in den kommenden Wintern eure Stimme zu Uakan-Tanka, eurem Altvater und Vater, senden.»

Sie holte die Pfeife hervor und mit ihr einen runden Stein, den sie auf den Boden legte. Die Pfeife mit dem Stiel gen Himmel haltend, sprach sie: «Mit dieser heiligen Pfeife sollt ihr auf der Erde leben; denn die Erde ist eure Altmutter und Mutter und heilig. Jeder Schritt, der auf ihr getan wird, sollte wie ein Gebet sein. Der Pfeifenkopf ist aus rotem Stein; er ist die Erde. In den Stein geschnitten und gegen die Mitte gerichtet ist dieses Büffelkalb; es vertritt alle Vierbeinigen, die auf eurer Mutter leben. Der Pfeifenstiel ist aus Holz, und er stellt all das dar, was auf der Erde wächst. Und diese zwölf Federn, die hier hängen, wo der Stiel im Kopf sitzt, sind von dem gefleckten Adler (Uambali galeschka); sie vertreten den Adler und alle Geflügelten in der Luft. Alle diese Völker und alle Dinge des Weltalls gesellen sich zu dem, der die Pfeife raucht – alle senden sie ihre Stimme zu Uakan-Tanka, dem Großen Geist. Wenn ihr mit dieser Pfeife betet, so betet ihr für alle und mit allem.»[14]

Zum rechten Gebrauch der Pfeife gehörte es, wie ihr Hüter und Priester darlegte, daß sie zeremoniell sowohl mit dem Weltall als auch mit einem selbst eins wurde. Aus dem Feuer in der Mitte der Hütte, dem für Uakan-Tanka symbolischen Feuer, klaubte ein Gehilfe mit einem gespaltenen Stecken eine Kohle auf, die er vor den Bewahrer der Pfeife legte. Dieser hielt nun die Pfeife in der linken Hand, nahm mit seiner Rechten eine Prise eines heiligen Krautes und hob dies viermal gen Himmel, wobei er betete:

«O Altvater Uakan-Tanka, an diesem Deinem heiligen Tage sende ich diesen Wohlgeruch zu Dir, der den Himmel oben erreichen will. In diesem Kraut drin ist die Erde, diese große Insel; in ihm drin sind meine Altmutter, meine Mutter und all die vierbeinigen, die geflügelten und die zweibeinigen Völker, die alle auf heilige Weise wandeln. Der Wohlgeruch dieses Krautes wird das ganze Weltall erfüllen. O Uakan-Tanka, sei mitleidig zu jeglichem!»

Der Pfeifenkopf wurde dann derart über das schwelende aromatische Kraut gehalten, daß der duftende Rauch eintrat, durch den Stiel zog und am Mundstück wieder austrat und himmelwärts stieg. Auf diese Weise rauchte Uakan-Tanka als erster, und die Pfeife wurde durch diesen Akt geläutert.[15] Sie wurde dann mit Tabak vollgestopft, der den sechs Richtungen dargeboten worden war: dem Westen, dem Norden, dem Osten und dem Süden, dem Himmel und der Erde. «Auf diese Art», sagte der Medizinmann, «wird das ganze Weltall in die Pfeife gebracht.»[16] Und schließlich sollte der Mensch, der die Pfeife stopft, mit ihr eins werden. Es gibt ein Gebet, in dem diese Einheit beschrieben wird. Es lautet:

Dieses Volk hatte eine Pfeife,
Die es zu seinem Leibe machte.

O Hon-ga, ich habe eine Pfeife, die ich zu meinem Körper machte;
Wenn du sie auch zu deinem Leibe machst,
Wirst du einen Leib haben, der frei von allem Todbringenden ist.

Schau das Halsstück an, sagten sie,
Das ich zu meinem eigenen Halsgelenk gemacht.

Schau den Mund der Pfeife an,
Den ich zu meinem eigenen Mund gemacht.

Schau die rechte Seite der Pfeife an,
Die ich zur rechten Seite meines eigenen Körpers gemacht.

Schau das Rückgrat der Pfeife an,
Das ich zu meinem eigenen Rückgrat gemacht.

Schau die linke Seite der Pfeife an,
Die ich zur linken Seite meines eigenen Leibes gemacht.

Schau die Höhlung der Pfeife an,
Die ich zu meiner eigenen Leibeshöhle gemacht. . . .

Gebrauche die Pfeife als eine Opfergabe in deinen Anrufungen,
Deine Gebete werden allsogleich erhört werden.[17]

Dieses Spiel, dieses heilige Spiel, die Pfeife zu läutern, die Pfeife so auszudehnen, daß sie das Weltall umfaßt, mit der Pfeife eins zu werden und sie in einem symbolischen Opfer anzuzünden, ist ein ritueller Akt von der Art, wie er auch in vedischen Brahmanenzeremonien vorkommt, wo der Altar und das ganze Zubehör des Opfers allegorisch als eins mit dem Weltall und mit dem opfernden Menschen angesehen werden. So lesen wir beispielsweise in der *Maitrāyana-Upanishad*: «der da in dem Feuer weilt, und der in dem Herzen weilt, und der in der Sonne weilt, das ist er allein.»[18] Desgleichen in der großen *Chāndogya-Upanishad*: «Nun aber das Licht, welches jenseits des Himmels dort leuchtet auf dem Rücken

100

von allem, auf dem Rücken von jedem, in den höchsten, allerhöchsten Welten, das ist gewißlich dieses Licht, welches inwendig hier im Menschen ist.»[19]

«Das Manas soll man als das Brahman verehren; so in bezug auf das Selbst. Nun in bezug auf die Gottheit: den Ākāśa (Äther, Raum) soll man als das Brahman (verehren). Damit ist beides gelehrt, das in bezug auf das Selbst und das in bezug auf die Gottheit.

Dieses Brahman hat vier Füße: die Rede ist ein Fuß, der Odem ein Fuß, das Auge ein Fuß, das Ohr ein Fuß; so in bezug auf das Selbst. Nun in bezug auf die Gottheit: das Feuer ist ein Fuß, der Wind ein Fuß, die Sonne ein Fuß, die Himmelsgegenden ein Fuß. Damit ist beides gelehrt, das in bezug auf das Selbst und das in bezug auf die Gottheit.»[20]

Wie wir gehört haben, stammen die Federn der heiligen Pfeife vom gefleckten Adler, der der höchstfliegende Vogel in Nordamerika ist und daher mit der Sonne gleichgesetzt wird. Seine Federn sind die Sonnenstrahlen – und ihre Zahl ist zwölf, genau die Zahl, die auch wir mit dem Kreislauf der Sonne über die Monate des Sonnenjahres und den zwölf (drei mal vier) Tierkreiszeichen verbinden. Eine Zeile in einem heiligen Lied der Sioux lautet: «Der Gefleckte Adler kommt, um mich fortzutragen.»[21] Denken wir hierbei nicht an den griechischen Mythos von Ganymedes, der von Zeus in Gestalt eines Adlers davongetragen wurde? «Vögel», erklärte C. G. Jung in einer Ausführung über den Individuationsprozeß, «sind Gedanken und Gedankenflug. . . . Der Adler bedeutet die Höhe. . . . [Er] ist ein wohlbekanntes alchemistisches Symbol. Selbst der Lapis [der Stein der Weisen], der Rebis (aus zweien zusammengesetzt, deshalb oft hermaphroditisch als Zusammenschmelzung von Sol und Luna) ist häufig geflügelt dargestellt . . ., nämlich als Ahnung (Intuition), respektive geistige (geflügelte!) Möglichkeit. Alle diese Symbole schildern in letzter Linie die Bewußtseinstranszendenz jenes Tatbestandes, den wir als das Selbst bezeichnen.»[22]

Ein solches Verständnis paßt gut zu der Rolle, die unser nordamerikanischer gefleckter Adler in den Riten der Indianerstämme spielt. Es erklärt auch das Tragen von Adlerfedern. Sie entsprechen den goldenen Zacken einer europäischen Krone. Sie sind die Strahlen der geistigen Sonne, die der Krieger in seinem Leben verkörpert. Außerdem beträgt ihre Zahl im Kopfschmuck, wie wir gehört haben, achtundzwanzig, die Zahl des Mondzyklus, der irdisches Sterben und Neuwerden bedeutet, so daß Sol und Luna hier abermals vereint sind.

Es kann keinerlei Zweifel daran bestehen, daß diese Sioux-Sage aus zumindest einigen der gleichen Stoffe und Gedanken gebildet ist wie die großen Mythologien der Alten Welt – Europas, Afrikas und Asiens. Die Parallelen in Sinn und Form sind zu zahlreich und zu tiefgehend, um die Folge eines bloßen Zufalls zu sein. Und wir sind noch nicht am Ende!

Denn als die heilige Frau vor Häuptling Stehendes Hohlhorn stand und ihn im Gebrauch der Pfeife unterwies, berührte sie mit dem Pfeifenkopf den runden Stein, den sie auf den Boden gelegt hatte. «Durch diese Pfeife», so sprach sie, «sollt ihr mit all euren Verwandten verbunden sein: mit Großvater [Altvater] und Vater, mit Großmutter [Altmutter] und Mutter.»[23]

Der Große Geist, so erläuterte der Medizinmann, ist unser Altvater und Vater, die Erde unsere Altmutter und Mutter. Als Vater und Mutter sind sie die Erzeuger von allem, als Altvater und Altmutter stehen sie jedoch jenseits unseres Begriffsvermögens.[24] Diese beiden erinnern an die zwei Weisen der Gottesbetrachtung, die Rudolf Otto in seinem Buch *Das Heilige* das unaussprechliche «Irrationale» und das begriffliche «Rationale» genannt hat:[25] dasselbe Paar, wie Joseph Epes Brown in seinen Anmerkungen zu dem Ritus des Schwarzen Hirsches bemerkt,[26] das man in Indien als Nirguna und Saguṇa Brahman, das «Absolute ohne Eigenschaften» und das «Absolute mit Eigenschaften» bezeichnet bzw. als *Das* jenseits von Namen, Formen und Bezügen und *Das*, personifiziert als «Gott».

«Diesen runden Stein», fuhr die wunderschöne Frau fort, «der aus dem gleichen roten Stein gemacht ist wie der Pfeifenkopf, hat euer Vater Uakan-Tanka euch auch gegeben. Er ist die Erde, eure Altmutter und Mutter, und da sollt ihr leben und euch vermehren.

Diese Erde, die er euch gab, ist rot, und die Zweibeinigen, die auf der Erde leben, sind rot; und das Große Geheimnis gab euch auch einen roten Tag und einen roten Pfad.»[27]

«Der ‹Rote Pfad›», erläutert Joseph Epes Brown, «ist der, welcher von Norden nach Süden verläuft. Er ist der gute gerade Weg, denn für die Sioux ist der Norden die Reinheit und der Süden der Lebensquell. In der Kosmologie der Sioux gibt es noch den blauen oder schwarzen Pfad, der den Osten mit dem Westen verbindet; er ist der Pfad des Irrtums und der Zerstörung. ‹Wer auf diesem Pfad wandelt, ist› – wie Schwarzer Hirsch sagte – ‹einer, der sich zerstreut, der von seinen Sinnen beherrscht wird und der mehr für sich selbst als für sein Volk lebt.›»[28] Diesem letzteren Pfad folgte jener Mann eingangs unserer Geschichte, der von Schlangen gefressen wurde. Und jetzt bemerken wir, daß hierin sogar auf die moralische Polarisierung, die wir zwischen dem Vogel und der Schlange als Sinnbildern des beschwingten Geistesfluges und des erdverhafteten Verfallenseins an die Leidenschaften vornehmen, angespielt wird.

«Die sieben Kreise, die ihr auf dem Stein seht», sagte die Frau, «...stehen für die sieben Riten, in denen die Pfeife gebraucht werden soll. ... Sei gut zu diesen Gaben und zu deinem Volke, denn sie sind uakan [heilig]! Mit dieser Pfeife sollen die Zweibeinigen sich vermehren, und alles, was gut ist, soll ihnen zukommen.»[29] Sie beschrieb die Riten und wandte sich dann zum Gehen. «Denke daran, in mir sind vier Alter. Ich gehe jetzt, aber ich werde während allen diesen Zeitaltern über dein Volk wachen, und am Ende will ich wiederkommen.»[30]

Nachdem sie die Hütte im Sinne der Sonnenbahn umschritten hatte, ging sie, aber nach einem kurzen Stück Weges schaute sie zu den Menschen zurück und setzte sich. Als sie wieder aufstand, sahen die Leute zu ihrem Erstaunen, daß sie sich in ein kleines rotbraunes Büffelkalb verwandelt hatte. Das Kalb ging ein Stück, legte sich nieder und wälzte sich. Es schaute zu den Menschen zurück, und als es sich erhob, war es eine weiße Büffelkuh. Diese Büffelkuh ging wieder ein Stückchen weiter, wälzte sich am Boden, und als sie aufstand, war sie schwarz. Die schwarze Büffelkuh entfernte sich, und als sie weit weg von den Menschen war, drehte sie sich um, verneigte sich in alle vier Himmelsrichtungen und verschwand über einen Hügel.[31]

Die Uakan-Frau war somit die weibliche Seite des kosmischen Büffels gewesen. Sie selbst war das auf dem Pfeifenkopf dargestellte erdrote Büffelkalb, aber auch seine Mutter, die weiße Büffelkuh, und seine Altmutter, die schwarze. Sie war gegangen, um wieder ihres ewigen Amtes zu walten, nachdem sie dem Menschen jene heiligen Gedanken und sichtbaren Dinge überbracht hatte, kraft deren er Anschluß an seine eigene Ewigkeit finden sollte, die hier und jetzt ist, in ihm und allen Dingen, in dieser lebendigen Welt.

Versuchen wir also, ihr zu ihrem Ursprung nachzugehen.


## 2
## Der neolithische Hintergrund

Wir wollen zunächst in den Brunnen der Vergangenheit hinabschauen, in den tiefen Brunnen der Geschichte und Vorgeschichte, denn über die Geschichte unserer nordamerikanischen Stämme und ihrer Mythologien ist durchaus einiges bekannt. Wie bereits erwähnt, wissen wir zum Beispiel daß die Oglala-Sioux nicht immer Büffeljäger gewesen waren und auf der offenen Prärie gelebt hatten. Im sechzehnten und frühen siebzehnten Jahrhundert hatten sie an den Seen und Sümpfen des oberen Mississippi in den Wäldern von Minnesota und Wisconsin gelebt, wo sie sich hauptsächlich in Rindenkanus fortbewegten. Sie waren ein Waldvolk, kein Prärievolk gewesen und wußten über den Büffel praktisch gar nichts.[32] Die Weiße Büffelkuhfrau kann zu der Zeit unmöglich ein Faktor in ihrer Mythologie gewesen sein.

Viele andere Elemente dieses Mythos jedoch könnten ihnen von alters her bekannt gewesen sein: zum Beispiel die Symbolik der im Sinne der Sonnenbahn vollzogenen heiligen Runde, die kosmische Zeremonienhütte und der Zyklus der vier Zeitalter. Das Ritual der heiligen Pfeife selbst scheint überdies nicht auf einen Ursprung unter Jägern, sondern auf den Hintergrund einer Pflanzerkultur hinzudeuten, und tatsächlich hatten die Sioux vor ihrer Umsiedlung ins Quellgebiet des «Vaters der Wasser», wo sie sich im sechzehnten Jahrhundert aufhielten und mit leichten Birkenrindenkanus auf den Flüssen und Seen der Wälder umherpaddelten, im südlicheren Teil des langgestreckten Mississippitales zwischen den Mündungen des Ohio und des Missouri gewohnt. Dieses Gebiet wird von der Wissenschaft inzwischen als Sitz des maisanbauenden Kulturkomplexes «Mittlerer Mississippi» betrachtet, von dem man weiß, daß viele seiner Elemente mittelamerikanischen Ursprungs sind. Bereits von etwa 500 v. Chr. an hatten Einflüsse aus Mexiko die große Wasserstraße des Mississippi erreicht und waren auf ihr flußaufwärts gezogen[33] – aus Mexiko, wo die Spanier bei ihrer Ankunft im sechzehnten Jahrhundert (um die Zeit, als die Sioux-Stämme vom mittleren Mississippi aus weiter nordwärts wanderten) auf eine mächtige, blühende Ackerbaukultur mit religiösen Praktiken stießen, die den ihren in vielen Fällen seltsam ähnlich waren (siehe oben S. 53), mit einem festlichen Jahreslauf, den ein astronomisch korrekter Kalender regelte, und mit Städten von einer Größe, Pracht und kulturellen Höhe, vergleichbar den größten in der Alten Welt. Daß für die heilige Pfeife Tabak verwandt wurde (der keine wilde, sondern eine Kulturpflanze ist), hätte uns lehren können, daß sein Ritual ursprünglich nicht von Jägern stammen konnte. Außerdem waren die Sioux und ihre Nachbarn auf der Prärie nicht einfach Jäger. Sie bauten Mais, Kürbis und Limabohnen an, und diese waren, wie auch der Tabak, aus dem Süden zu ihnen gekommen.

Alles in allem sind über sechzig Arten von Kulturpflanzen bekannt, die vor Kolumbus in Mittel- und Südamerika kultiviert worden waren, darunter Mais, Riesenkürbis, Limabohnen, Ananas, Erdnüsse, Avocado, Weiße Bohnen, Gartenkürbis, Kartoffeln und Süßkartoffeln, Wassermelonen und Tomaten. Auch Schokolade, Gummi und Chinin wurden erstmalig aus Erzeugnissen dieser Länder hergestellt,[34] desgleichen Tabak.[35]

Ergiebige Forschungen von beachtlichem Umfang sind kürzlich in den Teilen Mexikos und Südamerikas vorgenommen worden, von denen man inzwischen annimmt, daß dort die wesentlichen Nahrungspflanzen der Neuen Welt von ihrem wilden in den kultivierten Zustand überführt wurden. Die untersuchte vorgeschichtliche Zeitspanne erstreckt sich von ca. 7000 bis ca. 1500 v. Chr, wobei sich das Jahrtausend von ca. 4000 bis 3000 v. Chr. als das entscheidende herausschälte, in dem, wie man nunmehr behaupten darf, die ersten verläßlichen Anzeichen der Pflanzenzüchtung «mit ziemlicher Sicherheit» festgestellt wurden.[36] Die lohnendsten Ausgrabungen waren die im Tal von Tehuacán und im südwestlichen Tamaulipas, beide in Mexiko, wo eine Reihe von genau überwachten Untersuchungen der bis tief hinab deutlich geschichteten Ablagerungen auf den Böden etlicher einst bewohnter Höhlen Ergebnisse erbrachte, die sich folgendermaßen zusammenfassen lassen:

A. In den Ablagerungen der Höhlen aus dem Tal von Tehuacán:

1. In der tiefsten Schicht aus der sogenannten *El-Riego-Phase, ca. 7200–5200 v. Chr.*, erkennt man Spuren einer Reihe von später kultivierten Wildpflanzen: ein wilder Riesenkürbis, Pfefferschoten, Avocado und eine wilde Baumwollart.

2. In der Schicht der folgenden *Coxcatlán-Phase, ca. 5200–3400 v. Chr.*, finden sich Anzeichen einiger weiterer Nahrungspflanzen: Flaschenkürbisse, Amaranthen, Teparybohnen, weiße und gelbe Sapotefrüchte, eine andere Riesenkürbisart und urwüchsiger Mais; ein paar dieser Pflanzen *könnten* kultiviert worden sein, wenn auch sicherlich nicht der Mais, der hier zum erstenmal archäologisch verbürgt ist.

3. Anscheinend erfolgte die Kultivierung des Maises während der nächsten, der *Abejas-Phase, ca. 3400–2300 v. Chr.*, und von dieser Zeit an mehren sich verläßliche Zeichen dafür, daß zusätzlich zu den zeitlosen Beschäftigungen des Sammelns, Jagens und Fischens eine Art von Gartenbau betrieben wurde, und dies wohlgemerkt von Menschen, die noch in Höhlen hausten.

B. Entsprechend in Tamaulipas:

1. In der *Infiernillo-Phase, ca. 7000–5000 v. Chr.*, werden wiederum Hinweise auf gewisse später kultivierte Wildpflanzen festgestellt: Aga-

ven, Feigenkaktus, grüne Bohnen, Pfefferschoten, ein Flaschenkürbis und ein Gartenkürbis.

2. Die *Ocampo-Phase, ca. 5000–3000 v. Chr.*, weist Gartenkürbisse mit größeren Samen sowie große gelbe und rote Bohnen auf; von diesen Pflanzen kann jede kultiviert gewesen sein, vielleicht auch alle.

3. Während der sogenannten *La-Perra-Phase, ca. 3000–2200 v. Chr.*, erscheint gezüchteter Mais, der anscheinend ein Tehuacán-Ableger ist.

C. Es besteht auch die Möglichkeit, daß um diese Zeit gezüchteter Mais nach Südamerika gelangte und daß man in Peru bereits ca. 3800–3000 v. Chr. damit begann, Limabohnen und Flaschenkürbisse anzubauen.

Von diesen letzten Daten, 3800–2200 v. Chr., an treten jedenfalls zum erstenmal Anzeichen für einen einfachen Gartenbau, betrieben von jagenden und fischenden Höhlenbewohnern, auf dem amerikanischen Kontinent auf und vermehren sich, bis man um 1500 v. Chr. davon sprechen kann, daß die Anfänge von etwas Ähnlichem wie einem echten dörflichen Ackerbau der neolithischen Stufe erreicht worden sind.

Aber die damit bezeichnete kritische Zeitspanne entspricht genau der der ersten sicher verbürgten Landungen von transpazifischen Besuchern aus Asien – und diese müssen außerdem nicht einmal die *ersten* Pazifiküberquerer gewesen sein!

In *The Masks of God*[37] habe ich die Belege für einen transpazifischen Beitrag zu der sogenannten «formativen Periode» der Kulturen der Neuen Welt nach dem Wissensstand von 1959 besprochen, als der früheste gesicherte Zeitpunkt für Pflanzenzüchtungen in der Neuen Welt bei ca. 1016 v. Chr. ± 300 Jahre lag und sich die – an der Nordküste Perus bei einem Ort namens Huaca Prieta gemachten – Funde in etwas gezwirntem Netz und Gewebe aus offenbar asiatischer Baumwolle sowie in zwei kleinen Kürbisflaschen mit hochstilisierten eingeschnitzten Figuren erschöpften, die auf transpazifische Motive schließen ließen (ein doppelter Vogelkopf und die Maske eines Katzen- oder Jaguarmannes); der Flaschenkürbis ist eine Pflanze, die als nicht in Amerika heimisch gilt. Zusätzlich grub man im Anschluß an diese Funde ein paar Stückchen eines Rindenstoffes (Tapa) aus, der ein ozeanisches Kulturelement ist.

Heute jedoch gibt es, wie schon erwähnt (siehe oben S. 57), mehr zu berichten. Denn im Dezember 1960 wurde an der Küste von Ecuador eine Scherbe japanischer «schnurverzierter» Keramik (Jomon) aus der Zeit um 3000 v. Chr. ausgegraben, und anschließende Grabungen entlang dieser Küste förderten noch sehr viel mehr Scherben zutage, die frühesten Zeugnisse von Töpferwaren, die bislang in der Neuen Welt überhaupt gefunden wurden. Außerdem war unter diesen Funden eine Anzahl von weiblichen Keramikfigürchen, und diese sind die frühesten, die man im gesamten amerikanischen Raum entdeckt hat. Bezeichnenderweise zeigt eine vom Amt für Gewässerkunde der amerikanischen Kriegsmarine veröffentlichte Spezialseekarte des Nordpazifischen Ozeans,[38] daß eine der stärksten west-östlichen Meeresströmungen nördlich der näheren Umgebung der japanischen Insel Kiuschu verläuft, einen großen Bogen östlich über Hawaii und dann nach unten genau zur Guayasküste von Ecuador beschreibt. Japanische Töpferwaren der frühen bis mittleren Jomon-Periode sind inzwischen mittels der Radiokarbonmethode auf ca. 3140 v. Chr. ± 400 Jahre datiert worden und die dieser sogenannten Valdivia-Phase von der ecuadorianischen Küste auf ca. 3190 v. Chr. ± 150 Jahre.

«Worte», so meinen die Entdecker, «drücken den Ähnlichkeitsgrad zwischen der frühen Valdivia- und der gleichzeitigen Jomontöpferware nicht hinreichend aus. ... Für die meisten dekorativen Techniken lassen sich vom Erscheinungsbild her so ähnliche Beispiele finden, daß sie beinahe vom selben Gefäß stammen könnten.»[39] Und in einer Serie von sauber photographierten Tafeln zahlreicher zueinander passender Stücke haben sie ihre These so gut veranschaulicht, daß der Betrachter zwischen den zwei Gruppen einen Strich ziehen muß, um sie auseinanderzuhalten.[40]

Die Muster der Abbildung 1 stammen von Stücken aus einem indianischen Erdwerk der Mississippiperiode (ca. 1000–1500 n. Chr.), ausgegraben in Spiro, Oklahoma. Die der Abbildung 2 sind aus dem Irak um 4000 v. Chr. Abbildung 3 ist eine Karte der weltweiten Verbreitung des Hakenkreuzes und Abbildung 4 eine der Farbsymbolik der vier Himmelsrichtungen. Das heißt, bereits in den ersten Jahren dieses Jahrhunderts war es Frobenius – der für diese Karten verantwortlich ist – klar, daß (mit seinen Worten) «eine Brücke und nicht eine Kluft zwischen Amerika und Asien besteht».[41] Im Anschluß an ihn zeigte Adolf Jensen, damals Leiter des Forschungsinstituts für Kulturmorphologie in Frankfurt am Main, in seinen Untersuchungen der Mythen und Riten tropischer Pflanzenkulturen,[42] daß sogar auf der neolithischen Ebene ein kulturelles Kontinuum besteht, welches sich von Afrika aus ostwärts durch Indien, Südostasien und Ozeanien nach Amerika erstreckt, und daß einer der charakteristischen Züge dieses äquatorialen «Kulturkreises» der Mythos von einem getöteten und zerstückelten Urwesen ist, aus dessen bestatteten Überresten die Nahrungspflanzen wachsen.[43] Jede der frühen Pflanzerkulturen der Welt hat diesen archetypischen Ursprungsmythos der Vegetation ihres Landes angepaßt. In Indonesien wird er auf die Banane, die Kokosnuß und die Yamswurzel bezogen, in Polynesien desgleichen, in Japan auf den Reis, in Mexiko auf den Mais und in Brasilien auf den Maniok; im alten Ägypten war die Pflanze der Weizen. Könnten die Sioux von dieser weitverbreiteten äquatorialen Tradition berührt worden sein?

Es wäre erstaunlich, wenn nicht.

In *The Song of Hiawatha*, Teil V, «Hiawathas Fasten», hat Longfellow ein Beispiel für den besagten Pflanzermythos, das er Henry Schoolcrafts *Algic Researches*[44] entnommen hatte, in Verse gefaßt. Dessen Quelle war eine Ojibwa-Sage vom Ursprung des Maises aus einer getöteten, zerstückelten und begrabenen Gottheit – wobei die Ojibwa ein Algonkinstamm sind, der weitgehend dasselbe Gebiet am Oberlauf des Mississippi bewohnte, in dem sich die Sioux im sechzehnten Jahrhundert aufgehalten hatten. Außerdem hatte es dort zu der Zeit, als die Sioux noch ihren Wohnsitz weiter im Süden am mittleren Mississippi hatten, eine starke Ballung von Ortschaften echt bäurischen Charakters von vielen tausend Seelen gegeben, die Mais, Riesenkürbis und Bohnen anbauten – Städte mit gewaltigen rechteckigen Tempelwällen, die um

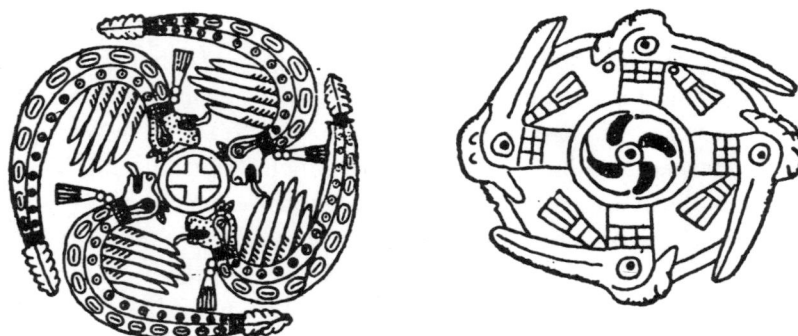

*Abb. 1.* Muster auf Muschelschalenanhängern; Spiro Mound, Oklahoma, ca. 1000 n. Chr.

*Abb. 2.* Muster auf Tonschalen aus dem Irak; Samarraware, ca. 4000 v. Chr.

zentrale Plätze angelegt waren, mit geistlichen und weltlichen Oberhäuptern und tiefgründigen Bildwerken. Diese Kultur hatte, wie schon oben (S. 105) gesagt, bereits im fünften Jahrhundert v. Chr. Wurzeln geschlagen. Sie erreichte ihren Höhepunkt im fünfzehnten Jahrhundert n. Chr., als sie sich östlich bis zum Atlantik, westlich bis hinein nach Arkansas und Ostoklahoma und nördlich über ganz Illinois erstreckte.[45] Das Kulturniveau lag etwa bei dem Frankreichs zur Zeit von Cäsars gallischen Kriegen, der Zeit von Vercingetorix. Und die Tempelwälle – wie auch eine Reihe anderer Merkmale – lassen uns wissen, daß Einflüsse aus Mexiko ziemlich stark waren.

Mit einem Wort: Die Möglichkeit oder sogar die Wahrschein-

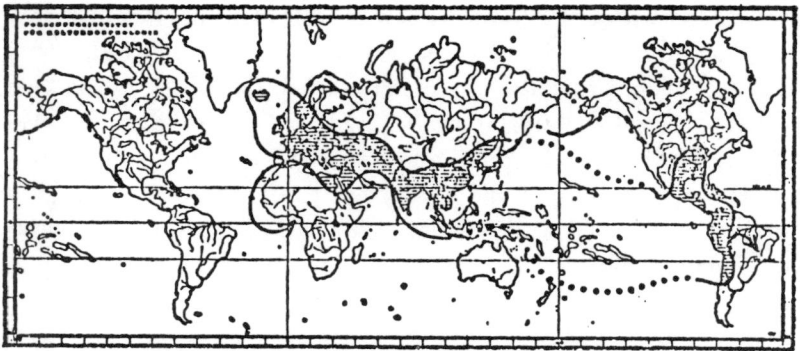

*Abb. 3.* Weltweite Verbreitung des Hakenkreuzes.

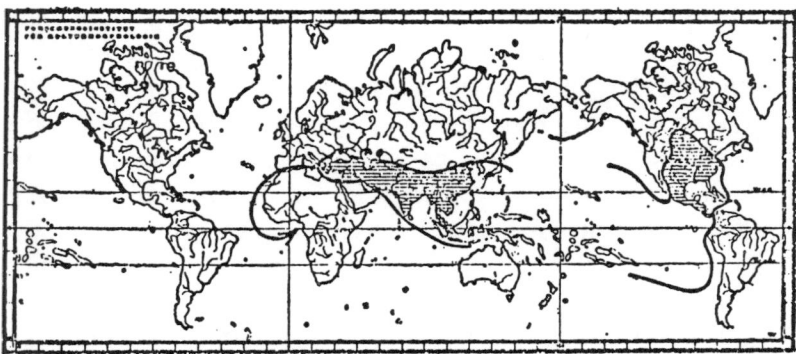

*Abb. 4.* Weltweite Verbreitung der Vierfarbensymbolik.

lichkeit äußerst früher transpazifischer Kontakte von mehr als nur einer vorübergehenden Wirkung auf das äquatoriale Amerika, die an der Küste von Ecuador gefundenen japanischen Tonscherben von ca. 3000 v. Chr. und die etwas weiter südlich an der Küste von Peru gemachten, auf ca. 1016 v. Chr. datierten Funde von Tapa, von einer asiatischen Baumwollart und von Kalebassen, in die mythische Figuren eines an das China der Shangdynastie erinnernden Stiles geschnitzt sind (die Shangzeit wird inzwischen auf ca. 1523–1027 v. Chr. datiert) – dies alles deutet sehr stark darauf hin, daß Frobenius recht gehabt haben könnte. Und so frühe Kontakte sind nicht die einzigen, von denen wir Spuren besitzen, denn es gibt auch beachtliche Anhaltspunkte für eine Reihe von späteren Ein-

111

flüssen aus China und Südostasien auf die Kulturzentren Mittel- und Südamerikas. Diese setzten bereits im achten Jahrhundert v. Chr. ein, als in China die große Zeit der Choudynastie schon halb vorbei war (frühe Chouzeit ca. 1027–772 v. Chr., mittlere 772–480 v.Chr., späte 480–221 v. Chr.), und hielten bis zum zwölften Jahrhundert n. Chr. an, als die großartige Khmerkultur von Angkor (ca. 600–1300 n. Chr.) die Architektur und Bildhauerei der Maya von Chiapas, Tabasco, Campeche und El Petén sowie die toltekischen Darstellungen des sagenhaften Königs Quetzalcoatl, der Gefiederten Schlange, beeinflußt zu haben scheint.[46]

Es ist daher durchaus möglich, daß all jene Elemente, die uns in der Mythologie der Sioux vertraut vorkamen, in Wirklichkeit Teile desselben großen mythologischen Komplexes der ackerbautreibenden Hochkulturen sind, von denen unser eigenes mythologisches Erbe herstammt, und daß sie folglich weder als eine zufällige kulturelle Konvergenz noch als irgendeine allgemein gültige Archetypik der menschlichen Seele zu werten sind, sondern als eine Archetypik ausschließlich der höheren, bodenbauenden Kulturen, die, wie uns die Archäologie des nahöstlichen Kulturherdes lehrt, ihre ersten Anfänge um 9000 v. Chr. in den proto- und frühneolithischen Städten und Dörfern jener Gegend hatten und ihre erste volle Blüte ca. 3500–2500 v. Chr. in den frühen Stadtstaaten des mesopotamischen Sumer erlebten (siehe unten S. 169–175).

### 3
### Der paläolithische Hintergrund

Die Atmosphäre, die die Geschichte des Schwarzen Hirsches umgibt, ist jedoch sehr verschieden von der, die den Mythen der Pflanzerkulturen, ob in der Alten Welt oder der Neuen, eigen ist. Sie ist eindeutig die eines Jägervolkes und erinnert in Geist und Ton an die Blackfoot-Sage vom Ursprung des Büffeltanzes, die ich in *Primitive Mythology* den *Blackfoot Lodge Tales* von George Bird Grinnell nacherzählt habe.[47] Bei allen derartigen Sagen geht es im Kern darum, daß zwischen den gejagten Tieren und den menschlichen Gemeinwesen, deren Überleben vom Selbstopfer der Tiere abhing, ein Bund geschlossen und in bestimmten Riten, die wiederum mit bestimmten Fetischen zusammenhingen, stets aufs neue bekräftigt wurde. Sowohl die Riten als auch die heiligen Unterpfänder waren vor vielen, vielen Jahren von den Tieren selbst gebracht worden, um sicherzustellen, daß ihr Leben nach ihrer Tötung dem mütterlichen Urquell zur Wiedergeburt rückerstattet wurde; und umgekehrt war dann, wenn solche Riten vollzogen wurden und man damit das Geheimnis der natürlichen Ordnung anerkannte, die Nahrungsversorgung der menschlichen Gemeinschaft gewährleistet.

Unter den Jägerstämmen der Büffelprärien gibt es zahllose Sagen dieser Art, und sie unterscheiden sich in vielen Zügen sehr von den entsprechenden Mythen der tropischen Pflanzer. Die Riten, deren Ursprünge sie berichten, werden in den meisten Fällen nicht auf ein weit zurückliegendes Zeitalter mythischer Ahnen zurückgeführt, sondern man nimmt an, daß sie auf geschichtliche Begegnungen wirklicher Menschen mit in Visionen geschauten Tiermüttern oder Leittieren zurückgehen – wie wir zum Beispiel gerade in der Siouxsage des Schwarzen Hirsches von der heiligen Pfeife gesehen haben. So daß sogar in solch einer Geschichte wie der der Ojibwa vom Ursprung des Maises, bei der ein typischer Pflanzermythos aus den Tropen zusammen mit der Pflanze selbst von einem Jägervolk übernommen wurde, das zerstückelte und begrabene göttliche Wesen nicht als eine Gottheit des mythischen Zeitalters, sondern als eine Vision eines begnadeten Jungen während seines Pubertätsfastens dargestellt wird; daher auch Longfellows Titel für seine Fassung der Begebenheit: «Hiawathas Fasten».

Nun waren die Sioux und die Blackfoot Feinde und rassisch von sehr unterschiedlichem Schlag. Die Blackfoot waren Algonkin aus dem waldigen Norden, Schneeschuh- und Schlittenmenschen, während die Sioux, wie wir gesehen haben, aus dem Süden kamen. Jedoch in ihren Sagen von der Büffelprärie – auf der sie beide (wie alle ihre Nachbarn) ziemliche Neulinge waren – gehörten sie sozusagen mythologisch zum gleichen Schlag. Woher konnte nun dieser gemeinsame mythologische Grundstock stammen, an dem überdies alle anderen, rassisch unterschiedlichen, sich befehdenden Völker der Prärie (mit Abwandlungen) teilhatten?: Paiute, Kiowa, Pawnee, Comanche und alle übrigen, von denen keines vor seiner Übersiedlung auf die Prärie etwas vom Büffel gewußt hatte.

Nun deutet inzwischen vieles darauf hin, daß in der überlieferten Symbolik der nordamerikanischen Büffelprärie eine starke Spätbildung echt paläolithischer Kulturformen bis zum Ende des neunzehnten Jahrhunderts und sogar bis ins zwanzigste Jahrhundert hinein fortbestand. Es gibt eine nordamerikanische steinerne Speerspitzenart, den sogenannten Clovis Point, für die eine Radiokarbondatierung auf ca. 35 000 v. Chr. oder älter vorgenommen wurde.[48] Etliche Exemplare sind zusammen mit Mammuten gefunden worden. Es hat Berichte von einer Ausgrabung in der kalifornischen Mojave-Wüste, 25 km nordöstlich von Barstow, gegeben, wo fast zweihundert Chalzedonsplitter und -klingen aus einer Tiefe ans Licht gebracht wurden, die durch Radiokarbontests auf ca. 40 000 v. Chr. datiert wurde.[49] Das erste entdeckte Exemplar einer anderen sehr frühen steinernen Speerspitze, des Folsom Point, wurde unter den Knochen einer ausgestorbenen Bisonart gefunden; der Zeitpunkt wurde auf nicht später als 8000 v. Chr. angesetzt. Dies aber sind ungefähr die Extreme jener Zeitspanne, in der die großen paläolithischen Höhlen von Südfrankreich und Nordspanien – Altamira, Lascaux usw. – in Benutzung waren; für sie wird mittlerweile eine Zeit von zwanzigtausend Jahren, von ca. 30 000 bis ca. 10 000 v. Chr., angegeben.

Es ist für jemanden, der mit den Sagen unserer nordamerikanischen Indianer vertraut ist, wirklich eine verblüffende und erregende Erfahrung, eine dieser französischen oder spanischen Höhlen zu betreten. Man sieht sich sogleich auf eben jenes visionäre Feld versetzt, wo sich das Geheimnisvolle des menschlichen Wohnens in der Welt durch die bildliche Darstellung tierischer Boten eröffnet. Die großen Höhlen waren keine Wohnstätten, sondern Heiligtümer für die Riten der Menschen: für die Jagdrituale von Generationen, die von der Jagd lebten, und für die Einweihung in die mythologische Tiefenschicht ihres harten Lebens. Die Höhlen sind gefährlich und völlig finster. Und die Malereien auf den Felswänden befinden sich niemals am Eingang, sondern fangen dort an, wo das Tageslicht erlischt, und entfalten sich dann tief im Innern. Die gemalten Tiere, die dort für immer in der Dunkelheit jenseits der verrinnenden Zeit leben, sind die keimhaften, unsterblichen Herden der kosmischen Nacht, der Zone, aus der die – in fortwährender Erneuerung auftauchenden und entschwindenden – Herden auf Erden hervorgehen und in die sie wieder zurückkehren. Und wo unter ihnen menschliche Gestalten auftreten, sind es für gewöhnlich Männer im Schamanenkostüm, die eine tierähnliche Verkleidung von der Art anhaben, wie sie Indianerschamanen bis auf den heutigen Tag tragen.

Man erblickt auf diesen Höhlenwänden auch viele Handabdrücke – Hände von Jägern der damaligen Zeit; und bei einer Reihe von ihnen fehlen bestimmte Fingerglieder. Auch unsere Prärieindianer hackten sich mitunter ihre Fingerglieder ab – als Opfer an die Sonne oder an Uakan-Tanka, verbunden mit Gebeten um Kraft und Gelingen.

In mehreren der Höhlen wurden tiefe und besondere Kammern gefunden, wo Riten von außerordentlicher Bedeutung zelebriert worden sein müssen. In der Höhle Trois Frères in den Pyrenäen beispielsweise gibt es einen langen, schlauchartigen Durchgang – eine Klamm mit einem mittleren Durchmesser von wenig mehr als einem halben Meter –, durch den man etwa 50 m weit auf dem Bauch kriechen muß, um zu einer großen Kammer zu gelangen, in der überall auf den Wänden Tiergestalten eingeritzt sind. Unter ihnen befindet sich, direkt gegenüber der Mündung des besagten schwierigen Durchgangs, der berühmte tanzende Zauberer von Les Trois Frères (Abb. 5) mit dem Geweih eines Hirsches, einem bis auf die Brust reichenden Bart, dem Rumpf und den Vordertatzen eines Löwen, dem Schwanz eines Pferdes und den Beinen eines Menschen.

In der Höhle von Lascaux findet sich in einer Art Gruft oder tiefer liegender Kammer ein Bild, das anscheinend einen in Trance daliegenden Schamanen mit einer Vogelmaske darstellt (Abb. 6). Sein Schamanenstab steht neben ihm und hat auf der Spitze die Figur eines Vogels. Vor ihm steht ein großer Wisentbulle, der hinterrücks von einer Lanze tödlich getroffen ist. Geheimnisvoll wirkt ein davontrottendes Nashorn.

Dann gibt es in den Pyrenäen, in Tuc d'Audoubert, der Nachbarhöhle von Trois Frères, noch einmal eine kleine Kammer, in die man nur durch ein kleines Loch, durch das sich ein Mann nur mit Mühe zwängen kann, hineinkommt. Darinnen befinden sich – einzigartig in der paläolithischen Kunst – zwei Tonfiguren im Hochrelief, die eine Wisentkuh und einen ihr folgenden Stier darstellen, während sich auf dem Boden ringsum anscheinend die Fußspuren eines auf seinen Fersen tanzenden Jungen finden, der damit möglicherweise die Hufspuren des Büffels nachahmen wollte.[50] Außerdem gab es in dieser Kammer noch eine Anzahl roh aus Ton modellierter phallischer Formen.

Ich glaube, wir dürfen jetzt behaupten, daß wir mit diesen Höhlen und besonders mit dieser letzten Kultstätte unserer Büffelgöttin in das Sanctum sanctorum ihres Ursprungs gefolgt sind und nunmehr wissen, aus welchem fernen Land und welcher fernen Zeit jenseits des indianischen Gesichtskreises die wunderschöne Frau kam, welche die zwei Sioux-Indianer auf der nordamerikanischen Prärie sahen. Denn an dem Ursprungsland der Jägerstämme Nordamerikas kann es keinen Zweifel geben. Das weite Gebiet der paläolithischen Großen Jagd, das sich von den Pyrenäen bis zum Baikalsee in Sibirien erstreckte, reichte in Wirklichkeit bis zum Mississippi. Und die Völker, die zuerst von Nordasien aus nach Amerika kamen und in vielen Wellen immer weiter kamen, brachten die Riten und Jagdmethoden dieser Welt mit.

Das heißt, diese Riten und Methoden wurden nicht getrennt voneinander in Europa, Asien und Amerika erfunden, sondern wurden von *einem* Gebiet aus in die anderen getragen. Diese *mythogenetische Zone*, die Ursprungsregion der Mythen, lag sicherlich in der Alten Welt, nicht in der Neuen. Nordamerika war demnach kein Ursprungsgebiet, sondern eine *Diffusionszone*, in die die Mythen und Riten mitgebracht wurden.

Jedoch von einem derartigen Wechsel bleiben Mythen nicht unberührt. Es gibt zwei Wandlungsprozesse von sekundärer Wirkung, die zwangsläufig mit ins Spiel kommen, wenn eine Mytholo-

116

*Abb. 5.* Der Zauberer von Les Trois Frères; Ariège, Frankreich, ca. 15 000–11 000 v. Chr.

*Abb. 6.* Der Schamane von Lascaux; Dordogne, Frankreich, ca. 20 000–15 000 v. Chr.

gie von einer Landschaft in eine andere übertragen wird. Den ersten möchte ich (mit Ananda K. Coomaraswamy)[51] *Landnahme* nennen. Im Falle des oben erwähnten weitverbreiteten Pflanzermythos zum Beispiel wird das mythische Wesen, das geopfert und begraben wurde und jetzt in den Nahrungspflanzen lebt, in ganz verschiedenen Pflanzen gesehen: in Brasilien im Maniok, in Japan im Reis und in Mexiko im Mais. Es ist überall derselbe Mythos, dasselbe Mysterienspiel, aber in jeder Gegend ist die besondere Landschaft zu seiner Bühne und sind die besonderen Tiere und Pflanzen zu seinen Darstellern geworden. Die Landnahme ist somit der Akt geistiger Besitzergreifung von einem neu betretenen Land mit allen seinen Elementen, und zwar durch die Einbeziehung in einen Mythos, den der Einwanderer bereits als geistigen Halt einer fortlebenden Kultur in seinem Herzen trägt. Wir dürfen nicht annehmen, daß in jedem Landstrich des tropischen Kontinuums derselbe Mythos unabhängig entwickelt wurde.

Der zweite Wandlungsprozeß, den es festzuhalten gilt, ist in jüngster Zeit in vielen ethnologischen Werken genau untersucht worden, nämlich die *Akkulturation*. Hierbei werden Motive aus einem fremden Kulturkomplex über einen Prozeß synkretistischer Assimilation in eine einheimische Tradition aufgenommen, und die Schnelligkeit, mit der ein solcher Prozeß Ergebnisse erzielen kann, ist erstaunlich. Im Falle der neueren Cargo-Kulte in Melanesien zum Beispiel, die in diesem ganzen Gebiet unmittelbar nach dem Zweiten Weltkrieg aufkamen, waren die Eingeborenen, die sich eine Zeitlang der magischen Güterfülle der amerikanischen Militärfrachten (cargoes) erfreuten, darauf aus, jene sagenhafte Zeit durch millenaristische Erwartungsriten wieder zurückzubringen. Wie ein Lauffeuer drangen die neuen Rituale weit über den Bereich der Kolonialkultur tief in den Busch vor, in das wilde Land von Völkerschaften, die niemals einen Weißen gesehen hatten.[52] Neue Ideen greifen schnell um sich. Und so war es in alter Zeit auch in Amerika, als die Mythologien Mexikos ins Mississippigebiet vordrangen: Die Motive der höheren Mythologie wurden von den Jägern des Nordens synkretistisch assimiliert und ihren eigenen Bedürfnissen angepaßt.

Sowohl die Sioux als auch die Pawnee verleibten beispielsweise dem Bild vom Großen Büffel aus der Zeit der paläolithischen Jagd (Abb. 5) den mexikanischen astronomischen Mythos der vier Weltalter ein (die gleichen vier, die Hesiod als das goldene, silberne, bronzene und eiserne Zeitalter geläufig waren und den Indern als der Zyklus von vier Yugas, in dessen Verlauf die Kuh des rechten Wandels mit jedem Yuga ein Bein verlor und zunächst auf vieren, dann auf dreien, dann auf zweien stand und jetzt, in unserem elenden letzten Zeitalter des Zyklus, auf einem Bein steht). Pawnee und Sioux erklären beide, daß ihr kosmischer Büffel, der Vater und Altvater des Weltalls, an der kosmischen Pforte stehe, durch welche die jagdbaren Tiere in diese vergängliche Welt strömen und durch welche sie, wenn sie getötet wurden, wieder zurückkehren, um wiedergeboren zu werden. Und im Laufe des Zyklus der vier Weltalter verliere der Große Büffel mit dem Verstreichen eines jeden Jahres ein Haar und mit dem Verstreichen eines jeden Weltalters ein Bein.[53]

Die Ähnlichkeit dieses aussagekräftigen Bildes mit dem indischen ist erstaunlich, und dies um so mehr, wenn man es nicht nur mit der Kuh, die ihre Beine verliert, vergleicht, sondern auch mit der Geschichte aus dem *Brahmavaivarta-Purāna,* die Heinrich Zimmer am Anfang seines Buches *Indische Mythen und Symbole* erzählt.[54] Dort erscheint der Herr des Weltalls, der Gott Shiva, dessen Tier der weiße Stier Nandi ist, in der Gestalt eines alten Yogi namens «Der Haarige», der auf seiner Brust eine kreisförmige behaarte Stelle hat, von der am Ende jedes kosmischen Zyklus ein Haar ausfällt. Am Ende eines Brahmā-Jahres solcher kosmischen Zyklen sind alle Haare fort und das Weltall versinkt im Nachtmeer, dem Milchozean, um erneuert zu werden.

Wer kann sagen, durch welches – geschichtliche oder psychologische – Wunder diese beiden homologen Bilder, das eine in Indien und das andere in Nordamerika, entstanden sind? Es ist natürlich möglich, daß sie einer der beiden eben beschriebenen Ausbreitungsbahnen folgten. Es ist jedoch ebenfalls möglich, daß die zwei Bilder unabhängig voneinander in einem Prozeß der *Konvergenz* entwickelt wurden, als eine Folge des Umstands, daß, um noch einmal mit Frazer zu sprechen, «gleiche Ursachen ... auf die gleiche Struktur des menschlichen Geistes in den verschiedenen Ländern und unter verschiedenem Himmel in der gleichen Weise (wirken)»; denn auch in Indien fand eine Begegnung und Verschmelzung von Hirten- und Pflanzerkulturen statt, als die Arier mit ihren Herden in das Ackerbaugebiet der Dravida kamen. Es könnten analoge Prozesse in Gang gesetzt worden sein – wie in zwei getrennten alchemischen Retorten.

Damit müssen wir jetzt bekennen, daß unser Aufspüren der Büffelgöttin uns wohl vor ein Problem gestellt hat, das nicht nur die Geschichte, sondern auch die Psychologie betrifft. Wir haben vielleicht die Mauern von Raum und Zeit durchbrochen und sollten uns fragen, kraft welcher psychologischen wie auch historischen Gesetze diese Mythen der Urvölker und ihre Gegenstücke in den höheren Kulturen wohl gebildet wurden.

# 4
## Die psychologische Grundlage

Von einer freischwebenden Psychologie des «Menschen», losgelöst von einem bestimmten historischen Umfeld, kann allerdings nicht die Rede sein. Denn wie ich bereits in Kapitel II, «Bios und Mythos», ausgeführt habe, wird das Menschenkind (biologisch gesprochen) ein Jahr zu früh geboren, worauf es im gesellschaftlichen Bereich eine Entwicklung abschließt, die andere Arten im Mutterschoß vollziehen. Ja, es entwickelt im gesellschaftlichen Bereich genau die Fähigkeiten, die für den Menschen am typischsten sind: aufrechter Gang, rationales Denken und Sprache. Der Mensch – als «Mensch» – entwickelt sich auf eine Weise, die zugleich biologisch und gesellschaftlich ist, und diese Entwicklung dauert bis zum Erwachsenwerden, ja das ganze Leben an.

Überdies ist das Instinktsystem, das beim Tier je nach Art relativ unflexibel, festgelegt und stereotyp ist, beim Menschen keineswegs so beschaffen, sondern vielmehr jedem Eindruck und jeder Prägung offen. Die «angeborenen Auslösemechanismen» des mensch-

120

lichen Zentralnervensystems, durch welche die Instinkte des Menschen freigesetzt und zu Handlungen werden, reagieren auf Schlüsselreize, die nicht für alle Zeit feststehen und bei allen Menschen gleich sind, sondern sich von Kultur zu Kultur, ja von Jahrhundert zu Jahrhundert und von Mensch zu Mensch ändern, je nachdem, welche Prägungen in der langen Phase einer gesellschaftlich konditionierten Kindheit unauslöschlich gespeichert wurden.[55] Und falls ich die Arbeiten der Spezialisten auf diesem Gebiet der psychologischen Forschung recht verstanden habe, ist bislang noch kein einziges Auslöserbild, kein einziger Schlüsselreiz ausgemacht worden, von dem man mit Bestimmtheit sagen könnte, er sei der menschlichen Psyche angeboren.

Wie sollen wir also auf irgendeine Theorie psychischer Archetypen bauen, die auf unseren eigenen kulturell bedingten Reaktionsmustern oder auf einer Untersuchung der Mythen und Symbole unserer eigenen Tradition oder sogar auf einer vergleichenden Untersuchung jenes großen Komplexes einfacher Pflanzer- und höherer Ackerbautraditionen beruht, die, wie ich gerade gezeigt habe, mit der unseren geschichtlich und vorgeschichtlich verwandt sind?

Wir müssen die Tatsache akzeptieren, daß neuerdings die Mauern, die alle Mythologien umgaben, durch die Befunde und Arbeiten des modernen wissenschaftlichen Entdeckerfleißes zum Einsturz gebracht worden sind – jede einzelne von ihnen. Die vier Zeitalter, die vier Himmelsrichtungen, die vier Elemente! Was können sie im Lichte unseres heutigen Lehrstoffes irgend jemandem bedeuten? Wir kennen heute einhundertunddrei Elemente, und die Zahl nimmt noch zu. Die alte Seele und das neue Weltall, der alte Mikrokosmos und der neue Makrokosmos – sie passen nicht zusammen, und das Mißverhältnis beträgt etwa 4 zu 103. Kein Wunder also, wenn viele unter uns nervös sind! Der kleine Turm zu Babel, der für so manchen seinerzeit Gott in seinem Himmel zu bedrohen schien, wird heute, wie wir sehen, in jeder größeren Stadt der Welt um vieles übertroffen, und Raketen fliegen dort, wo einst die Engel sangen. Wir stehen mit Gott nicht mehr auf Du und Du: Das Geheimnis ist unendlich, innen wie auch außen. Dies ist das Mysterium tremendum, das unser moderner Geist – diese Blüte der Schöpfung – uns erschlossen hat, damit wir es in uns aufnehmen, und wir können uns dagegen in kein System archaischer Gefühle vermauern. Durch keine Ordnung archaischer Bilder können wir uns dagegen abschirmen oder davor schützen. Es ist kein einziges Bild ausgemacht worden (dieser Punkt kann nicht oft genug wiederholt werden), bei dem man mit Sicherheit sagen könnte, daß es dem Menschen angeboren sei.

Damit sind wir, wie es scheint, letztlich gezwungen, das Problem der Bilderwelt des Mythos weitgehend von einem historischen Gesichtspunkt aus zu betrachten. Es gibt in einem Brief von Charles Darwin (an einen gewissen W. Graham, der ihn über seine religiösen Ansichten befragt hatte) eine bemerkenswerte Stelle, wo er zu verstehen gibt, daß sogar das Bild Gottes nur eine Prägung sein könnte, die dem Menschengeist durch jahrhundertelange entsprechende Unterweisung aufgedrückt wurde.

Zunächst zur Rechtfertigung, dann aber zur Kritik seines eigenen etwas wackeligen Glaubens schrieb Darwin:

Ein weiterer Grund, von der Existenz Gottes überzeugt zu sein, ergibt sich aus der extremen Schwierigkeit oder gar Unmöglichkeit, sich dieses ungeheure und wunderbare Weltall einschließlich des Menschen mit seiner Fähigkeit, weit zurück und weit voraus in die Zukunft zu blicken, als das Resultat blinder Zufälligkeit oder Notwendigkeit vorzustellen. Wenn ich dies bedenke, so sehe ich mich gezwungen, nach einer ersten Ursache Ausschau zu halten, die mit intelligentem Denken, in gewissem Grade analog dem des Menschen, begabt ist; und man muß mich dann wohl einen Theisten nennen. ...

*Aber dann regt sich der Zweifel:* Kann man dem menschlichen Gehirn, das sich nach meiner vollen Überzeugung aus einem Gehirn so niedrig wie das des niedrigsten Tiers entwickelt hat, trauen, wenn es solche großartigen Schlußfolgerungen zieht? Könnten diese nicht das Resultat des Zusammenhangs von Ursache und Wirkung sein, der uns wohl notwendig vorkommt, aber wahrscheinlich bloß auf ererbter Erfahrung beruht? Noch dürfen wir die Wahrscheinlichkeit übersehen, daß das ständige Einhämmern eines Glaubens an Gott in die Köpfe von

Kindern eine so starke und vielleicht eine erbliche Wirkung auf ihre noch nicht voll entwickelten Gehirne ausübt, daß es ihnen ebenso schwer fiele, ihren Glauben an Gott abzuschütteln, wie einem Affen, seine instinktive Furcht vor einer Schlange und seinen Haß ihr gegenüber abzuschütteln.[56]

Dies scheint auf unser Problem genau zu passen – jedenfalls soweit wir uns an etwas anderes als den Glauben halten. Und der Glaube selbst wäre dann natürlich nur ein Reflex jener Prägung, auf die er sich bezöge.

Um also zu versuchen, die gemeinsamen Bilder (die Backsteine), die in allen Mythologien gleichermaßen auftauchen, psychologisch zu erklären, wollen wir uns kurz einige der unvermeidlichen Prägungen anschauen, denen das Menschenkind, ganz gleich, wo es aufwuchs, von jeher ausgesetzt gewesen sein muß. Diese sollten zumindest einen beträchtlichen Teil jener Schlüsselreize erklären, durch welche unsere menschlichen Energien plötzlich tätig und auf das Leben hin ausgerichtet werden, wie es bei den Instinkten der Tiere durch die verschiedenen Zeichensysteme ihrer Art der Fall ist, das heißt durch jene energiefreisetzenden Zeichen, durch die der Organismus sozusagen von innen angestoßen und bewegt wird.

Die ersten derartigen Prägungen sind natürlich diejenigen, denen das Kind in seinen ersten Jahren ausgesetzt ist. Sie sind in der Literatur der Psychoanalyse ausführlich behandelt worden und lassen sich etwa folgendermaßen zusammenfassen: 1. diejenigen des Geburtstraumas und seiner emotionalen Auswirkungen; 2. diejenigen der Mutter- und Vaterbilder, der gütigen wie der bösartigen; 3. diejenigen, welche mit den Exkrementen des Kindes und den in bezug auf diesen Erfahrungsbereich angewandten Erziehungsmaßnahmen zusammenhängen; 4. diejenigen der sexuellen Forschungen und Entdeckungen des Kindes (ob auf männliche oder auf weibliche Art); und schließlich 5. diejenigen, welche damit zusammenhängen, wie das Kind unter seinesgleichen steht und angesehen ist. Ganz gleich, wo auf der Welt ein Kind geboren wurde, sein heranreifendes Bewußtsein hat zweifellos so lange, wie die Kernzelle des menschlichen Zusammenlebens aus Vater, Mutter und Kind bestand, ein Wissen von seiner Welt über das Medium dieses schwer belasteten, biologisch begründeten Dreiecks von Liebe und Aggression, Begierde und Angst, Abhängigkeit, Herrschaft und Freiheitsdrang erlangen müssen. Desgleichen kann es niemals eine Schule des Lebens gegeben haben, in der der Einzelne nicht so oder so in einem sehr frühen Alter seine Position in der «Hackordnung» seiner Altersgenossen abklären mußte.

Nun aber werden bei jedem Urvolk auf der Erde – ob Jäger- oder Pflanzergesellschaft – diese unvermeidlichen Prägungen und Vorstellungen der Kindheit unter höchst emotionalen Umständen in den Pubertätsriten, den Initiationsriten, denen sich jeder junge Bursche (und oft auch jedes Mädchen) unterziehen muß, mit neuen Assoziationen aufgeladen, umgeordnet und nachdrücklich neu geprägt. Jene lange Klamm in der paläolithischen Höhle Les Trois Frères mit dem eindrücklichen Bild des starr blickenden Zauberers in der Kammer, zu der sie führt, mag in einem solchen Ritus benutzt worden sein. Ein grundlegendes Motiv in solchen Zeremonien ist das vom Sterben als Kind und von der Wiedergeburt als Erwachsener, und diese Höhle weist alle Anzeichen auf, daß sie dazu benutzt wurde, eine solche Krise heraufzubeschwören und auszulösen. Außerdem wird in diesen Riten der Körper des Kindes im allgemeinen schmerzlich verändert: durch Beschneidung, Subinzision, Tätowierung, Hautritzung, rituelle Defloration, Klitorisbeschneidung und dergleichen; so daß es keine Kindheit mehr gibt, zu der das Kind zurückkehren könnte. Durch diese einschneidenden Wandlungen im Verhältnis zum Vaterbild, zum Mutterbild, zur Geburtsidee usw. wird das Reflexsystem der ganzen Psyche entscheidend verändert. Das kindliche Reaktionssystem wird ausgelöscht, und die Energien werden weg von der Kindheit, weg von der Abhängigkeitshaltung, die von dem für unsere Spezies charakteristischen langen Kindesalter noch verstärkt wird, hin zum Erwachsensein, zur Übernahme der Pflichten von Mann und Frau, zu einer Haltung reifer Verantwortung und einem Gefühl der Gruppenzugehörigkeit gelenkt.

Ein Neurotiker ließe sich demnach als ein Mensch definieren, bei dem diese Einweihung nicht ihre Wirkung getan hat, so daß sich in ihm jene gesellschaftlich organisierten Schlüsselreize, die andere zu ihren Erwachsenenpflichten rufen, weiterhin nur rückwärts auf das Prägungssystem des Kleinkindes beziehen. Das Mutterbild wird dann nur im Hinblick auf die menschliche Mutter der eigenen Kindheit und nicht auf die lebenspendende, erziehende und sorgende Seite der Welt (die unsere Mutter und Altmutter ist) erfahren, und der Vater ist nicht Uakan-Tanka, sondern jener «diskrete Elternteil», wie James Joyce ihn nennt, «der einen Strich durch unsere Verrechnungen macht».[57] Daher laufen alle Versuche, durch ein Studium der Vorstellungen von Neurotikern Mythen zu deuten, notwendig Gefahr zu versäumen, daß genau jener Aspekt der Mythologie, der diese kennzeichnet, in Betracht gezogen wird, nämlich ihre Fähigkeit, Menschen *weg* von der Kindheit – von der Abhängigkeit – *hin* zur Verantwortlichkeit zu bringen.

Außerdem unterscheiden sich die dem Erwachsenenalter angemessenen Interessen von einer Gesellschaft zur anderen von Grund auf, und da es nicht nur eine wesentliche Funktion von Mythos und Ritual in allen traditionellen Gesellschaften ist, junge Menschen zu Erwachsenen zu bilden, sondern auch, die Erwachsenen daraufhin bei ihrer vorgegebenen Rolle zu halten, können Mythologie und Ritual insofern, als sie diesem moralischen, ethischen Ziel des einzelnen Stammes dienen, nicht als Funktionen irgendeiner allgemeingültigen menschlichen Veranlagung bezeichnet werden, sondern nur als Funktionen der jeweiligen Geschichte und Sozialstruktur.

A. R. Radcliffe-Brown hat diese Seite unseres Themas in seinem Buch über die Pygmäen auf den Andamanen gründlich behandelt und schreibt dort folgendes:

1. Damit eine Gesellschaft bestehen kann, muß in ihren Mitgliedern eine bestimmte Gefühlsordnung gegeben sein, durch die das Verhalten des Einzelnen gemäß den Erfordernissen der Gesellschaft reguliert wird.
2. Jede Eigenart des Gesellschaftssystems selbst und jedes Geschehen oder Objekt, das sich in irgendeiner Weise auf das Wohl oder den Zusammenhalt der Gesellschaft auswirkt, wird zum Gegenstand dieser

Gefühlsordnung. 3. In der menschlichen Gesellschaft sind die fraglichen Gefühle nicht angeboren, sondern werden im Einzelnen durch das Einwirken der Gesellschaft auf ihn entwickelt. 4. Die Zeremonialbräuche einer Gesellschaft sind ein Mittel, mit welchem den fraglichen Gefühlen zu geeigneten Anlässen kollektiv Ausdruck verliehen wird. 5. Der zeremonielle (das heißt kollektive) Ausdruck eines Gefühls dient sowohl dazu, diesem im Einzelnen den erforderlichen Grad an Intensität zu erhalten, als auch dazu, es von einer Generation zur anderen weiterzugeben. Ohne einen solchen Ausdruck könnten die betreffenden Gefühle nicht existieren.[58]

Nach dieser Ansicht ist ein mythologisches System kurz gesagt kein natürliches, spontanes Erzeugnis der individuellen Psyche, sondern eine gesellschaftlich kontrollierte Umordnung der Kindheitsprägungen in der Form, daß die Schlüsselreize, die den Einzelnen anregen, zum Wohl der bestimmten Kultur, und nur dieser Kultur, beitragen. Was also in jeder Mythologie wirksam und für sie kennzeichnend ist, das ist die besondere Anlage ihrer Architektur und sind nicht die Backsteine (die kindlichen Prägungen und ihre Affekte), aus denen dieser Bau besteht. Und diese Architektur, diese Ordnung unterscheidet sich je nach Ort, Zeit und Kulturstufe beträchtlich.

Man muß jedoch noch eine weitere wichtige Seite und Funktion der Mythologie erwähnen, wobei wir feststellen, daß wir uns damit wieder vom Besonderen entfernen und dem Allgemeinen zuwenden. Denn der Mensch muß durch den Mythos nicht nur von der kindlichen Abhängigkeitshaltung zur Übernahme der Verantwortung eines Erwachsenen im Sinne der Gefühlsordnung seines Stammes geführt, sondern muß als Erwachsener auch darauf vorbereitet werden, dem Geheimnis des Todes ins Auge zu sehen: das Mysterium tremendum des Seins in sich aufzunehmen. Wie kein anderes Tier weiß der Mensch, wenn er tötet, nicht nur, daß er tötet, sondern er weiß auch, daß er gleichfalls sterben wird; außerdem macht sein langes Alter, wie schon seine Kindheit, allein ein ganzes Leben aus, denn es ist so lang wie die gesamte Lebenszeit vieler Tiere. Hinzu kommt noch, daß das Wunder des Todes – die schrecklichen, furchteinflößenden Veränderungen, die unmittelbar auf den Tod folgen – bereits in der Kinderzeit und ganz gewiß im Erwachsenenalter einen nicht zu unterschätzenden Eindruck auf ihn macht. Das Sichabfinden des Bewußtseins mit der Ungeheuerlichkeit des Lebens, das ja vom Tode lebt, im Tod endet und mit dem seltsam traumartigen Ereignis einer Geburt beginnt, ist eine Funktion aller Stammes- und der meisten Hochkulturmythologien, die nicht minder gewichtig und folgenschwer ist als die Funktion, eine Sozialstruktur einzuprägen. Tatsächlich erhebt sich die jeweilige Sozialstruktur über dem Geheimnis des Lebens, das, wie das mythische Meer unter der Erde, immer da ist. Somit haben es Mythologien selbst dann, wenn sie ihre gesellschaftliche Funktion erfüllen, nicht nur mit Gefühlen zu tun, die dem Menschen *nicht* angeboren sind und die «im Einzelnen durch das Einwirken der Gesellschaft auf ihn entwickelt» werden, sondern auch, wie James Joyce es in *A Portrait of the Artist as a Young Man* nannte, mit dem, «was schwer und konstant ist am menschlichen Leid».

«Ihr habt bemerkt», sagte der alte Sioux-Medizinmann Schwarzer Hirsch zu dem Dichter John G. Neihardt, «daß die Wahrheit mit zwei Gesichtern in diese Welt kommt: eins ist traurig vor Leiden und das andere lacht; doch es ist dasselbe Antlitz, ob es nun lache oder weine.»[59]

Die Griechen faßten eine ähnliche Einsicht in das Bild ihrer zwei gegensätzlichen Masken, der der Tragödie und der der Komödie.

«Im Heyoka-Ritus», sagte Schwarzer Hirsch, «geht alles verkehrt zu, und dem liegt die Absicht zugrunde, die Leute zuerst heiter und glücklich zu machen, also daß es für die Kraft leichter ist, sie zu besuchen. ... Wenn die Leute bereits am Verzweifeln sind, dann ist für sie vielleicht das lachende Gesicht besser; und wenn es ihnen zu wohl ergeht und sie sich zu sicher fühlen, dann ist es für sie vielleicht besser, ein weinendes Gesicht zu sehen. Und dem, glaube ich, soll der Heyoka-Ritus Rechnung tragen.»[60]

Die Mythologie sowie die Riten, durch welche ihre Bilderwelt umgesetzt wird, schließen nämlich den Geist auf, und zwar nicht allein für die bestimmte Gesellschaftsordnung, sondern auch für das Geheimnisvolle des Seins – der Natur, die innen so gut wie außen und daher letztlich mit sich selbst eins ist. Überdies sind die Gefühle dieser inneren Natur durchaus angeboren: Liebe beispielsweise, Haß, Furcht und Verachtung, Staunen, Schrecken und Freude. Sie werden nicht, wie der Anthropologe behauptet, «im Einzelnen durch das Einwirken der Gesellschaft auf ihn *entwickelt*», sondern dadurch *wachgerufen* und auf gesellschaftliche Ziele *gelenkt*. Die Natur kommt zuerst: Sie ist in der Geburt am Werk. Die Gesellschaft kommt als nächstes: Sie ist nur eine Bildnerin der Natur und zudem eine Funktion dessen, was sie bildet. Die Natur dagegen ist so tief und in letzter Hinsicht unergründlich wie das Sein selbst. Oder wie Thomas Mann diese Wahrheit einmal ausdrückte:

Der Mensch ist nicht nur ein soziales, sondern auch ein metaphysisches Wesen; mit anderen Worten, er ist nicht nur Individuum, sondern auch Persönlichkeit. Es ist darum falsch, das Überindividuelle mit dem Sozialen zu verwechseln, es ganz ins Soziale zu verlegen: man läßt dabei das metaphysisch Überindividuelle außer acht; denn die Persönlichkeit, nicht die Masse, ist die eigentliche Trägerin des Allgemeinen.[61]

## 5
## Der persönliche Faktor

Wir stellen also fest, daß selbst in den am entschiedensten gruppenorientierten Kulturen nicht die reinen Praktiker, die die Tagesprobleme im Auge haben, mit der Bewahrung der mythischen Überlieferung betraut sind, sondern Menschen, von denen man annimmt, daß sie ungewöhnliche Gaben besitzen, und deren visionäres Bewußtsein über die Forderungen der Tagwelt hinausgeht. «Es ist schwer», sagte der alte Sioux Schwarzer Hirsch zu seinem Freund, dem Dichter John G. Neihardt, «einem einzigen großen Gesicht in dieser Welt der Finsternis und der vielen wechselnden Schatten zu folgen. Unter solchen Schatten gehen die Menschen verloren.»[62] Sogar bei den überaus primitiven Pygmäen auf den Andamanen – deren äußerst einfache Steinzeitkultur der Anthropologe Radcliffe-Brown in eben dem Werk untersuchte, dem seine oben zitierte Äußerung über soziale Gefühle entnommen wurde – waren es nicht die Führer der Gemeinschaft, sondern die «Träumer» (Oko-jumu), die Medizinmänner, die als Kenner allen Sagenguts verehrt wurden. Außerdem war dieses Sagengut die Grundlage, auf der die Gesellschaftsordnung selbst beruhte: alle Riten, ob privat oder öffentlich, alle Ziele und alle Mittel des Lebens.[63] Und diese Medizinmänner, die aus Träumen sprachen, hatten ihre gemeinschaftstragende Weisheit durch eigene Erfahrungen *außerhalb* des Gesellschaftsverbandes gewonnen, durch einen so oder so gearteten persönlichen Kontakt mit den Geistern, und zwar nach der Einteilung von Radcliffe-Brown: a) durch Sterben und Rückkehr zum Leben, b) durch Begegnungen mit Geistern im Dschungel oder c) durch außerordentliche Träume.[64] In ähnlicher Weise hatte Schwarzer Hirsch, der Bewahrer der heiligen Pfeife der Oglala, eine Vision gehabt, und zwar bereits im Alter von neun Jahren. Dieser Vision verdankte er die geistigen Kräfte, die ihn für das von ihm bekleidete Priesteramt befähigten.

Als Junge lag er mit einer eigenartigen Krankheit im Tipi darnieder und Vater und Mutter saßen neben ihm, als er plötzlich durch die Öffnung im Zelt zwei Männer aus den Wolken kommen sah, Kopf voran wie Pfeile, und jeder hielt einen Speer, von dessen Spitze ein Blitz zuckte. Er hatte diese beiden schon einmal vier Jahre zuvor, als er fünf war, gesehen, und sie hatten ihm damals ein heiliges Lied gesungen:

«Merk auf, dich ruft eine heilige Stimme;
Durch den ganzen Himmel ruft eine heilige Stimme.»[65]

Daraufhin waren sie in die Richtung abgedreht, wo die Sonne untergeht, und waren auf einmal Gänse gewesen. Diesmal jedoch kamen sie bis auf den Boden, standen ein kleines Stück entfernt und sprachen zu ihm: «Eile! Komm! Deine Großväter rufen dich!» Er spürte, wie er sich erhob, um ihnen zu folgen, und was sich ihm dann eröffnete, war eine wahrhaft wunderbare große Vision.

Die Vision ist von Neihardt in dem Buch *Black Elk Speaks*

(Schwarzer Hirsch: *Ich rufe mein Volk*) sehr schön wiedergegeben worden, und sie entfaltet sich dort Seite für Seite, Stufe für Stufe, über volle fünfundzwanzig Seiten, wie sie ihm von dem greisen Seher im Frühjahr 1931 als ein Vermächtnis anvertraut worden war, damit er sie an die neue Welt weitergebe, durch die seine eigene binnen eines einzigen Lebens ausgelöscht worden war. So singt die Vision auf diesen Seiten noch immer die Weise einer weit zurückliegenden Zeit, die auch einmal, für unsere Väter, die unsere war, singt die lange, kühne Zeit der paläolithischen Großen Jagd.

Das kranke Kind im Tipi erhob sich im Geiste, um den zwei Speerträgern zu folgen, und wurde von einer kleinen Wolke in eine Landschaft gebracht, die ganz und gar aus Wolken bestand und wo alles still war. Und die zwei Männer sprachen gemeinsam zu ihm: «Sieh es an, das Wesen mit vier Beinen!» Er schaute auf und sah ein rotbraunes Pferd dastehen.

Das Tier sprach zu ihm: «Sieh mich an! Meine Lebensgeschichte sollst du sehen.» Dann wirbelte es auf der Hinterhand nach Westen herum. «Schau sie an! Du sollst ihre Geschichte erfahren.» Und da standen zwölf Rappen Seite an Seite, mit Halsketten aus Büffelhufen; ihre Mähnen waren Blitz, und Donner kam aus ihren Nüstern. Der Braune wirbelte nach Norden herum. «Sieh her!» Da standen zwölf Schimmel, deren Mähnen wie ein Schneesturm wehten, und weiße Gänse flogen über sie hin. Er wirbelte nach Osten herum: zwölf Rotfüchse mit Augen, die wie der Morgenstern funkelten, und mit Mähnen wie Morgenlicht. Dann nach Süden: Dort standen zwölf Falben, alle mit Hörnern auf den Köpfen und Mähnen, die lebten und wuchsen wie Bäume und Gräser. «Deine Großväter», sagte der Braune, «halten einen Rat. Diese werden dich hinbringen; darum sei tapfer.»

Alle achtundvierzig Pferde stellten sich in Reih und Glied hinter dem Braunen auf, der sich abermals drehte und in die vier Himmelsrichtungen wieherte, woraufhin sich am Himmel einer jeden Richtung ein schrecklicher, die Welt erschütternder Sturm dahinbrausender Pferde in allen Farben erhob, die zurückwieherten. «Sieh her», sagte der Braune, «all deine Pferde kommen getanzt!» Und da waren überall Pferde, ein Himmel voll tanzender Pferde, die sich dann in Tiere einer jeden Art verwandelten und in den vier Himmelsrichtungen verschwanden.

Die zwei Männer mit den Speeren gingen mit ihrem Schützling zu einer Wolke, die sich in ein Tipi verwandelte, und ein Regenbogen war die offene Tür, durch welche er die sechs Großväter in einer Reihe sitzen sehen konnte: wie Berge, wie Sterne – so alt. Sie waren die Mächte des Westens, des Nordens, des Ostens, des Südens, des Himmels und der Erde; und jeder schenkte, begleitet von vielen wunderbaren Zeichen, dem Jungen etwas Bedeutendes: einen Bogen (die Macht zu zerstören) und eine Wasserschale (die Macht, Leben zu gewähren), ein Kraut (die Macht wachsen zu lassen), eine Pfeife (die Macht, die der Frieden ist) und einen leuchtend roten Stock, der lebendig war und Zweige trieb, auf denen Vögel sangen. «Schau», sagte der Großvater des Südens, «die lebendige Mitte eines Volkes werde ich dir geben, und damit sollst du viele erretten.» Der Geist des Himmels breitete die Arme aus und verwandelte sich in einen schwebenden gefleckten Adler, während der Geist der Erde, der ihm irgendwie bekannt vorkam, sich ganz langsam veränderte und sich ins Jugendalter zurückentwickelte. Da erkannte der Junge, daß er selbst es war, mit all den Jahren, die ihm beschieden waren. «Mein Junge», sagte dieser Großvater, als er wieder alt war, «fasse Mut, denn meine Macht soll die deine sein, und du wirst sie nötig haben, denn dein Volk wird auf Erden viel Schweres erleiden. Komm!» Er stand auf und ging tatterig zur Regenbogentür hinaus, wohin ihm der Junge folgte.

Abermals ritt er den Braunen, und die achtundvierzig anderen, die nun alle beritten waren, kamen in Viererreihen hinter ihm. Sie ritten die schwarze Straße gen Osten (sie verläuft west-östlich, die rote Straße nord-südlich; siehe oben S. 103). Eine Reihe von magischen Abenteuern schloß sich an: Eine Dürre wurde mit Bogen und Schale überwunden, ein allgemeines Siechtum durch das einfache Vorbeireiten dieses Zuges geheilt, der blühende Stab in die Mitte des Stammeskreises gepflanzt, die heilige Pfeife kam geflogen, und eine mächtige Stimme erscholl: «Betrachte den Kreis des Volkes, denn er ist heilig, da er kein Ende hat; und also werden alle Kräfte nur eine Macht sein in dem Volk ohne Ende. Jetzt sollen sie das

Lager abbrechen und sich auf die rote Straße begeben, und euer Großvater wird mit ihnen ziehen.»

Ein feierlicher Zug formierte sich: die Rappenreiter mit der Schale voran, die Schimmelreiter mit dem Kraut, die Füchsereiter mit der Pfeife, die Falbenreiter mit dem blühenden Stab, dann alle Kinder, die Jungen und die Mädchen. Als nächstes kamen die vier Häuptlinge des Stammes mit jungen Begleitern, die vier Ratgeber mit den Leuten mittleren Alters, dann die alten Männer und die alten Frauen, an ihren Stöcken humpelnd und auf die Erde schauend. Ihnen allen folgte der Junge auf seinem Braunen, mit dem Bogen in der Hand und mit einem Geisterzug hinter sich, den Geistern der Ahnen, der sich nebelhaft dahinzog, so weit das Auge reichte. «Sieh», sagte die Stimme, «ein gutes Volk wandert auf heilige Weise durch ein gutes Land.»

Es lagen aber vier Anhöhen vor ihnen; das waren die kommenden Geschlechter, die Schwarzer Hirsch erleben sollte: Bei der ersten war das Land rundum grün; bei der zweiten war es noch grün, wurde aber allmählich steiler, die Blätter fielen vom Baum, und die Stimme mahnte: «Denke an das, was deine sechs Großväter dir gegeben haben, denn hinfort wird dein Volk in Beschwernis wandern: Die schwarze Straße liegt vor euch»; bei der vierten zerstreute sich alles Volk, alle Tiere und Vögel, «denn jedes schien seine eigene kleine Schauung zu haben, der es folgte, und sein eigenes Gesetz», und im ganzen Weltall stritten die Winde widereinander. Auf der Höhe dieses schwierigen Anstiegs zerbrach der Kreis des Volkes, und der nächste Anstieg sollte schrecklich werden, die Leute hungerten bereits...[66]

Und nun kommt jener Teil der Vision, den Schwarzer Hirsch in späteren Jahren als das Symbol des geistigen Auftrags ansah, der ihm von den Mächten zum Wohle seines Volkes aufgebürdet worden war. «Doch nun, da ich alles wie von einem hohen Berggipfel aus überblicken kann», sagte er als alter Mann zu seinem Freund, «weiß ich: es war die Geschichte eines ungeheuern Gesichts, das einem Menschen offenbart worden, der zu schwach war, um davon Gebrauch zu machen; eines heiligen Baumes, der mit Blüten und singenden Vögeln in eines Volkes Herz hätte gedeihen sollen, und der nun verdorrt ist; und Traum eines Volkes, der im blutigen Schnee gestorben.

Wenn aber dieses Gesicht, wie ich weiß, ein wahres und mächtiges gewesen, so ist es wahr und mächtig auch jetzt; denn solche Dinge sind aus dem Geist, und es liegt an der Finsternis ihrer Augen, daß die Menschen irregehen.»[67]

An dieser Stelle nun sah er an der Nordseite des Hungerlagers einen Mann stehen, der am ganzen Leib rot angemalt war. Er trug einen Speer und trat in die Mitte des Volkes, wo er sich niederlegte und sich wälzte, und als er wieder aufstand, war er ein fetter Bison. Dort, wo dieser stand, sproß ein heiliges Kraut hervor, dort, wo der Baum in der Mitte des Stammeskreises gestanden hatte. Das Kraut wuchs und trug vier Blüten: eine blaue (den Westen), eine weiße (den Norden), eine scharlachrote (den Osten) und eine gelbe (den Süden).

«Ich weiß nun, was das bedeutete», erzählte der alte Schwarze Hirsch seinem Freund, dem Dichter: «daß der Büffel die Gabe eines guten Geistes war und unsere Kraft, doch sollten wir sie verlieren; und durch denselben guten Geist mußten wir eine andere Kraft finden.»[68]

Viele wunderbare Begebenheiten folgten, deren Höhepunkt die Ankunft des Jungen, der immer noch auf seinem Braunen ritt, auf dem höchsten Berg der Welt, dem Harney Peak in den Black Hills, war: «Doch überall», sprach Schwarzer Hirsch, «ist die Mitte der Welt.»[69] Und dort «schaute (ich) auf heilige Weise die Gestalten aller Dinge im Geiste, und die Gestalt aller Gestalten, wie sie zusammen leben müssen, gleich wie *ein* Wesen. Da sah ich, daß der heilige Ring meines Volkes einer von vielen Ringen war, die einen Kreis bildeten, weit wie Tageslicht und wie Sternenlicht. In der Mitte aber wuchs ein üppig blühender Baum zum Schutze all der Kinder einer Mutter und eines Vaters.»[70]

Alsbald kehrten die zwei Speerträger, die dem Jungen anfangs erschienen waren, wieder und verwandelten sich in vier Gänseschwärme – über jeder Weltgegend kreiste einer. Das Wolkentipi tauchte wieder auf, und unter ihm waren alle Tiere und Menschen und freuten sich. Die sechs Großväter im Innern hießen ihn willkommen: «Er hat gesiegt!» riefen sie donnergleich, und wieder schenkte ihm jeder die Gabe, die er ihm zuvor geschenkt hatte. Das Tipi schwankte und verschwand: Das Antlitz des Erdentages schien auf. Die Sonne eilte empor, und beim Aufsteigen sang sie: «In sichtbarer Form erschein ich. Auf heilige Weise erschein ich . . .» Und als der Gesang verstummte, sah der Junge, der jetzt allein war und sich verloren fühlte, vor sich auf der Prärie das Dorf seines Volkes, sein eigenes Tipi und darinnen seine Mutter und seinen Vater über ein krankes Kind gebeugt, das er selbst war. Als er eintrat, sagte jemand: «Der Junge kommt wieder zu sich.»

Da richtete er sich auf.[71]

Die Elemente (die Backsteine) dieses wunderbaren Traumes – der Baum in der Weltenmitte, die zwei Straßen, die sich dort kreuzen, der Weltenring ⊕, der Weltenberg, die Führer, die Weltenwächter und ihre Zeichen, magischen Kräfte usw. – sind von der Art, wie sie in vielerlei Mythologien vorkommen. Dagegen die Landschaft und die dort befindlichen Tiere, die Farben und guten Eigenschaften der vier Himmelsrichtungen, die Einstellung zur Natur und zum Übernatürlichen, die große Bedeutung von Büffel und Pferd, die Friedenspfeife, der gefleckte Adler usw. – dies alles gehört zur Architektur der mythischen Welt des nordamerikanischen Prärieerbes. Die Intuition jedoch, die diese Vision im Geiste eines neunjährigen Jungen entstehen ließ, war persönlich: persönlich insofern, als niemand anders sie je gehabt hatte; und doch auch kollektiv: nicht nur insofern, als ihre Bilder archetypisch waren, sondern auch in dem Sinne, daß sie ein Schicksal prophezeite, welches über den Jungen hinaus sein ganzes Volk betraf. Sie war die unterschwellige Vorausahnung einer unmittelbar bevorstehenden Krise und zugleich eine Angabe der Weise, wie ihr zu begegnen sei.

Als er siebzehn Jahre alt war, setzte Schwarzer Hirsch einen Teil seines Traumes in ein Ritual um, in eine Zeremonie für sein Volk, die auch wirklich vollzogen wurde. «Ein Mensch, der ein Gesicht gehabt hat», erklärte er, «(ist) nicht imstande . . ., dessen Kraft anzuwenden, bevor er auf Erden das Gesicht für die Menschen sichtbar dargestellt hat.»[72] Auf solche Weise entstehen Mythologien und ihre Riten. Ein Ritual ist die Form, durch welche man an einem Mythos teilnimmt, seiner teilhaftig wird, sich ihm hingibt. Und der Mythos ist ein Gruppentraum, hervorgebracht aus der persönlich-kollektiven Vision eines Sehers: eines begnadeten Einzelnen.

So liegen die Dinge selbst in solchen entschieden antiindividualistischen mythologischen Traditionen wie denen des Alten Testaments und des Korans, wo die ursprünglichen Eingebungen keineswegs als Gruppenerfahrungen ausgegeben werden, sondern als Stimmen und Visionen, die von Einzelnen allein gehört und gesehen wurden: von Abraham, der die Stimme des Herrn hörte und ihr gehorchte (Genesis 12); von Jakob, der seinen großen Traum von der Himmelsleiter träumte (Genesis 28); von Moses aus dem brennenden Dornbusch und auf dem Berg Sinai (Exodus 3 und 19ff.); von Mohammed in der Berghöhle, wo er die erste Sure des Korans (Sure 96) empfing. Das gängige christliche Verständnis der »frohen Botschaft« Jesu dagegen besagt, daß ihr Überbringer – das Lamm Gottes – eine Inkarnation der heiligen Macht selbst war, die am Ende eines alten und am Anfang eines neuen Tages in die Welt gekommen war. Damit gleicht er der schönen heiligen Frau, die auf eine seltsame und wunderbare Weise sozusagen aus dem Nirgendwo mit der Gabe der heiligen Pfeife gekommen war – gerade als die Oglala im Begriff standen, von einer Lebensweise (der der Wälder) zu einer anderen (der der Prärie) überzugehen.

Die Vision des Schwarzen Hirsches war eine Vorausschau des Jahres 1873 auf den nächsten Wechsel, der seinem Volk bevorstand: von der Jagd zum Ackerbau (vom Büffel zum heiligen Kraut). Das ehrliche Versprechen seines Kultes jedoch wurde im Jahre des Herrn 1890 am Wounded Knee durch höhere Gewalt an der Wurzel gebrochen.

«Nichts, was ich je mit meinen Augen sah», erklärte er seinem Freund im Alter von achtundsechzig Jahren, «war so hell und so klar wie das, was mein Gesicht mir gezeigt hat; und keine Worte, die ich jemals mit meinen Ohren gehört, waren gleich den Worten, die ich vernommen. Ich brauchte mich auf diese Dinge nicht zu besinnen; sie haben sich während aller dieser Jahre ständig selbst in Erinnerung gebracht. In dem Maße, wie ich älter ward, trat für mich der Sinn dieser Bilder und Worte deutlicher hervor; aber auch jetzt noch weiß ich, daß mir mehr offenbart worden, als ich mitzuteilen vermag.»[73]

# V
# Das Symbol ohne Sinn*

ERSTER TEIL

## 1
### Die Auswirkungen der modernen Wissenschaft

Soweit ich mich erinnere, war es Bertrand Russell, der einmal einem New Yorker Publikum erklärte, daß alle Amerikaner glaubten, die Welt wäre im Jahre 1492 erschaffen und im Jahre 1776 erlöst worden. So mag die kulturelle Konditionierung zum Amerikaner die Begründung für die Geschichte und Theorie mythischer Symbole abgeben, die ich in diesem Kapitel vorlegen möchte. Da jedoch der beschränkte Charakter *alles* dessen, was wir gern als universell betrachten, eines meiner Hauptthemen ist, können wir diese Ausführungen selbst durchaus als ein Beispiel für ihre eigene These gelten lassen.

Ich kann nicht vergessen, daß viele Jahrhunderte lang die überwältigende Mehrheit der großen wie auch der kleineren Denker Europas glaubte, die Welt wäre um das Jahr 4004 v. Chr. erschaffen und im ersten Jahrhundert unserer Zeitrechnung erlöst worden; Kain, der älteste Sohn des ersten Menschenpaares, wäre der erste Landmann, der erste Mörder und der erste Städtebauer gewesen;

---

*  Zuerst erschienen unter dem Titel «The Symbol without Meaning» in *Eranos-Jahrbuch 1957*, Band XXVI: *Mensch und Sinn*, Hrsg. Olga Fröbe-Kapteyn, Rhein, Zürich 1958, S. 415–476.

der Schöpfer der Welt hätte einmal seine besondere Fürsorge einem bestimmten Stamm nahöstlicher Nomaden angedeihen lassen, für die er die Wasser des Roten Meeres teilte und denen er persönlich seinen Plan für das Menschengeschlecht mitteilte; und weil diese Leute ihn nicht erkannten, da er als Sohn einer ihrer Töchter leibhaftig unter ihnen weilte, hätte der Schöpfer der Welt seine Aufmerksamkeit auf die nördlichen Gestade des Mittelmeeres verlagert: auf Italien, Spanien und Frankreich, auf die Schweiz, Deutschland und England, auf Holland und Skandinavien und zeitweise auch auf die österreichisch-ungarische Monarchie.

Ich bin daher gern bereit zuzugeben, daß nach meinem Dafürhalten das mythische Zeitalter des europäischen Denkens den Todesstoß versetzt bekam und das moderne Zeitalter globalen Denkens, kühnen Experimentierens und empirischer Beweisführung eingeläutet wurde, als die Büge der drei wackeren Schiffchen des Kolumbus (die «Santa Maria» war ein Schiff von nur hundert Tonnen, die «Pinta» eine Karavelle von fünfzig und die «Niña» eine von bloß vierzig Tonnen – die reinsten Nußschalen also) den weltumringenden Uroboros, den Ozean, durchschnitten.

Kaum zwei Jahrhunderte zuvor hatte der heilige Thomas von Aquin durch Vernunftschluß zu beweisen versucht, daß der Paradiesgarten, aus dem Adam und Eva vertrieben worden waren, ein wirklich existierender Fleck auf dieser physischen Erde und durchaus noch irgendwo auffindbar sei. «Jener Ort», so hatte er geschrieben, «ist durch verschiedene Hindernisse gegen unsere Wohnstätte abgeschlossen, entweder durch Berge oder Meer oder einen heißen Landstrich, den wir nicht durchqueren können. Darum haben die Schriftsteller jenen Ort nicht erwähnt.»[1] Fünfeinhalb Jahrhunderte vor ihm hatte Beda Venerabilis voll Einsicht zu bedenken gegeben, das Paradies könne kein körperlicher Ort, sondern müsse ganz und gar geistiger Natur sein.[2] Augustinus jedoch hatte einen solchen Gedanken bereits verworfen und daran festgehalten, daß das Paradies geistiger *und* körperlicher Natur war und ist,[3] und dieser Augustinischen Auffassung leistete der Aquinate Schützenhilfe. «Denn was die Schrift über das Paradies sagt,» schrieb er, «wird wie ein geschichtlicher Bericht vorgelegt. In allem aber, was die Schrift auf diese Weise berichtet, ist die geschichtliche Wahrheit als Grundlage festzuhalten, und die geistige Auslegung muß auf ihr aufbauen.»[4]

Man wird sich erinnern, daß Dante das Paradies auf den Gipfel des Läuterungsberges verlegte, den sein Jahrhundert in der Mitte eines imaginären Ozeans ansiedelte, der die gesamte südliche Erdhalbkugel bedeckte; und Kolumbus teilte diese mythologische Vorstellung. Die Erde habe, so schrieb Kolumbus, die «Gestalt einer Birne, die allerdings rund ist, nur ausgenommen dort, wo der Stiel ansetzt, an welcher Stelle sie emporragt. Oder auch wie ein runder Ball, der an einer Stelle eine Emporwölbung ähnlich der Brustwarze einer Frau trägt.»[5] Diese Emporwölbung war, wie Kolumbus glaubte, im Süden zu finden; und als seine Schiffe auf seiner dritten Reise schneller nordwärts als südwärts segelten, meinte er, dies zeige, daß sie talwärts zu fahren begonnen hatten. Zumal die sich aus dem gewaltigen Orinoko ins Meer ergießenden Süßwassermassen, das «mächtige Getöse» am Ort des Zusammenpralls von Fluß- und Meerwasser und die Höhe der Wellen, die seine Schiffe fast zum Kentern brachten, hatten ihn einige Wochen zuvor am südlichsten Punkt seiner Reise, als er zwischen der Insel Trinidad und dem südamerikanischen Festland gesegelt war, noch mehr von seiner irrigen Auffassung überzeugt. Er war sich sicher, daß eine derart große Süßwassermenge nur von einem der vier Paradiesflüsse kommen könne und daß er daher zu guter Letzt am Stiel der Birne angelangt sei.[6] Indem er nordwärts segelte, ließ er also das Paradies hinter sich zurück.

Kolumbus starb, ohne zu wissen, daß er tatsächlich den ersten einer ganzen Reihe von Schlägen ausgeteilt hatte, die alsbald jedes Bild vom Paradies, nicht nur das eines irdischen, sondern sogar das eines himmlischen, austreiben sollten. Im Jahre 1497 umsegelte Vasco da Gama Südafrika und im Jahre 1520 Magellan Südamerika; der «heiße Landstrich» mitsamt den Meeren wurde durchquert und kein Paradies gefunden. Im Jahre 1543 veröffentlichte Kopernikus seinen Entwurf des heliozentrischen Universums, und etwa sechzig Jahre später begann Galilei seine Himmelsforschungen mit einem Fernrohr. Diese Forschungen führten, wie wir wissen, sogleich zur Verurteilung der neuen Kosmologie durch die heilige Inquisition. Also schrieben die heiligen Väter:

Da Ihr, Galileo, Sohn des verstorbenen Vincenzio Galilei aus Florenz, 70 Jahre alt, diesem Heiligen Amte im Jahre 1615 angezeigt wurdet, eine falsche Lehre, die von vielen vertreten wird, für wahr zu halten, daß nämlich die Sonne den unbeweglichen Mittelpunkt der Welt bilde, und daß sich die Erde bewege, und zwar auch in einer täglichen Umdrehung; des weiteren, daß Ihr Schüler habt, die Ihr die gleichen Ansichten lehrtet; auch daß Ihr über diesen Gegenstand mit einigen deutschen Mathematikern korrespondiertet; auch daß Ihr gewisse Briefe über die Sonnenflecken veröffentlicht habt, in denen Ihr die gleiche Lehre als wahr entwickeltet; auch deshalb, weil Ihr den Einwendungen, die Euch ständig unter Berufung auf die Heilige Schrift gemacht wurden, in der Form begegnetet, daß Ihr die besagten Schriften in Eurem Sinne auslegtet; und ferner deshalb, weil die Kopie einer Schrift, in Form eines Briefes, zugegebenermaßen von Euch an eine Person gerichtet, die früher Euer Schüler war, vorgelegt wurde, in der Ihr, der Hypothese des Kopernikus folgend, einige Sätze vertretet, die dem wahren Sinn und der Autorität der Heiligen Schrift zuwiderlaufen; deshalb wurden (da dieses Heilige Tribunal Vorsorge zu treffen wünscht gegen die Unordnung und das Unheil, die daraus entspringen und sich zum Schaden des Heiligen Glaubens vermehren) auf Verlangen Seiner Heiligkeit und der Höchstehrwürdigen Herren Kardinäle von dieser obersten und universellen Inquisition die zwei Sätze vom Stillstand der Sonne und der Bewegung der Erde durch die theologischen Beurteiler wie folgt qualifiziert:

1. Der Satz, daß die Sonne im Mittelpunkt der Welt und unbeweglich von ihrem Platze sei, ist sinnlos, philosophisch falsch und formell häretisch, weil er ausdrücklich der Heiligen Schrift widerspricht.

2. Der Satz, daß die Erde nicht der Mittelpunkt der Welt, nicht unbeweglich sei, sondern sich bewege, desgleichen mit einer täglichen Umdrehung, ist ebenfalls unsinnig, philosophisch falsch und theologisch betrachtet, zumindest irrig im Glauben. ...

Unter Anrufung der höchst heiligen Namen unseres Herrn Jesus Christus und seiner höchst glorreichen jungfräulichen Mutter Maria verkünden Wir diesen Unseren endgültigen Urteilsspruch . . . Wir verkünden, urteilen und erklären, daß Ihr, besagter Galileo, . . . Euch auf das schwerste dem Verdacht der Häresie ausgesetzt habet, nämlich geglaubt und die Lehre vertreten zu haben (die falsch ist und den Heiligen und Göttlichen Schriften widerspricht), daß die Sonne der Mittelpunkt der Welt sei, und daß sie sich nicht von Ost nach West bewege, und daß sich die Erde bewege und nicht der Mittelpunkt der Welt sei; auch daß eine Ansicht vertreten und für wahrscheinlich gehalten werden könne, die endgültig als der Heiligen Schrift widersprechend erklärt worden war, und daß Ihr Euch infolgedessen alle die Verweise und Strafen zugezogen habt, die in den heiligen Canones und anderen allgemeinen und besonderen Constitutiones eingeschärft und verkündet wurden gegen Delinquenten dieser Art. Es gereicht Uns zur Freude, daß Ihr davon absolviert werden könnt, vorausgesetzt, daß Ihr mit reinem Herzen und wahrem Glauben ohne Verstellung in Unserer Gegenwart die besagten Irrtümer und Häresien und jeden anderen Irrtum und jede andere Häresie, die der Katholischen und Apostolischen Kirche von Rom widerspricht, in der Euch jetzt gezeigten Form abschwört, verflucht und verabscheut.[7]

Drei kurze Jahrhunderte später, und sogar die Sonne (die nach den Worten des Kopernikus «auf dem königlichen Throne sitzend, die sie umkreisende Familie der Gestirne» lenkt[8]) war entthront. Die großen Teleskope in Amerika haben gezeigt, daß das Milchstraßensystem, von dem unser Sonnensystem nur ein Teil ist, eine linsenförmige Häufung von etwa 100 Milliarden Sternen darstellt, wobei unsere Sonne, ein kleinerer Stern, mehr am Rande liegt. Ihre Entfernung vom Mittelpunkt der Galaxie beträgt ungefähr 26 000 Lichtjahre (mit anderen Worten, eine Strecke, die zurückzulegen das Licht, das sich mit einer Geschwindigkeit von annähernd 9,5 Billionen Kilometern im Jahr fortbewegt, 26 000 Jahre bräuchte). Man hat außerdem entdeckt, daß sich unsere gesamte Galaxie mit einer Geschwindigkeit um ihren Mittelpunkt dreht, die unsere Sonne in annähernd 200 Millionen Jahren einen vollen Umlauf beschreiben ließe. Auch ist unsere Galaxie nicht die einzige, die es gibt. Von der Sternwarte Mount Wilson in Kalifornien aus aufgenommene Himmelsphotographien haben gezeigt, daß Galaxien sich im allgemeinen zu Gruppen von über tausend, zu Supergalaxien, zusammenschließen. Viele Supergalaxien sind bereits ausgemacht worden. Und diese Entdeckung hat manche zu der Annahme gebracht, daß unsere Galaxie ebenso ein Vorreiter in einer solchen Supergalaxie sein könnte, wie sich unsere Sonne, die einmal «auf dem königlichen Throne» saß, schon bald als ein Vorreiter der Milchstraße herausstellte.

Ich möchte diese Geschichte nicht weiter ausführen, sondern an dieser Stelle ganz einfach eine der Hauptfragen unseres Gegenstandes stellen: Wie sollte jemand, der dieses neue Bild des Universums vor sich sieht, die mythologische Kosmologie der Heiligen Schrift auf vernünftige Weise verstehen, deuten, einschätzen oder sonst irgendwie anwenden? Das gleiche gilt für die Kosmologie jeder anderen der vielen archaischen Traditionen, die in der modernen Welt noch immer ihre abergläubischen Rechte anmelden. Luther beschimpfte Kopernikus in seinen *Tischreden* und meinte: «So geht es jetzt, wer da will klug sein, der muß was Eigenes machen. Der Narr will die ganze Kunst Astronomiae umkehren. Aber wie die Heilige Schrift anzeigt, so hieß Josua die Sonne stillstehen und nicht das Erdreich.»[9] Unterdessen erklärten, wie wir gerade gesehen haben, Seine Heiligkeit der Papst und die höchst ehrwürdigen Kardinäle der universellen Inquisition, daß die wirkliche Gestalt und Beschaffenheit des Weltalls falsch und der Heiligen Schrift widersprechend sei. Ließe sich jetzt nicht in bezug auf die Worte dieser sachverständigen Doktoren behaupten, daß so wie das, was man für falsch, sich als wahr erwiesen hat, auch das, was man für wahr hielt, sich als falsch, unsinnig und philosophisch irrig erweist, weil es ausdrücklich den Tatsachen widerspricht?

Was soll der moderne Mensch mit dem frommen Glauben an die Himmelfahrt der heiligen Jungfrau Maria anfangen, der im Jahre 1950 zum Dogma erklärt und am 30. Juni 1968 in dem Credo von Papst Paul VI. erneut bestätigt wurde? In der *New York Times* vom 1. Juli 1968 lesen wir als «Text der Botschaft und des Credo von Papst Paul zum Ende des Glaubensjahres» auf Seite 23: «Die heilige Jungfrau, die Immaculata, wurde am Ende ihres Erdenlebens in

Vorwegnahme des künftigen Loses aller Gerechten mit Leib und Seele zu himmlischen Ehren erhoben und ihrem auferstandenen Sohne gleichgesetzt.»

Soll man sich etwa einen menschlichen Körper vorstellen, der von dieser Erde aufsteigt, über die Grenzen unseres Sonnensystems hinauseilt, dann über die Grenzen der Milchstraße, als nächstes über die Grenzen unserer Supergalaxie und schließlich sogar über die Grenzen dessen, was dahinter liegen mag? Wenn ja, mit welcher Geschwindigkeit bewegt sich dieser Körper dann bitte? Denn er muß sich ja nach wie vor im Flug befinden! Da sie erst vor weniger als zwei Jahrtausenden gestartet sind, wären sowohl der Körper unseres Herrn Jesus Christus (der mit seiner Auffahrt etwa fünfzehn Jahre früher begann) als auch der seiner höchst glorreichen jungfräulichen Mutter Maria, selbst wenn sie sich mit Lichtgeschwindigkeit fortbewegten (was für einen physischen Körper unmöglich ist), erst knapp zweitausend Lichtjahre entfernt, das heißt, noch nicht einmal über die Milchstraße hinaus. Die Vorstellung ist lachhaft. Wir müssen uns daher fragen, ob einem solchen Bild heute überhaupt irgendein Sinn, sei er geistig oder wie auch immer, innewohnen kann. Ein Bild dieser Art, wie es wohl ersonnen wurde, als man es sich noch buchstäblich vorstellen konnte, daß Josua die Sonne angehalten hatte und daß Gott in seinem Himmel sich nur ein kleines Stück hinter der Sphäre des Saturn befand, mutet dem modern denkenden Menschen ein Interpretationskunststück zu, das verwegener ist als alles, was dem Gläubigen des Mittelalters abverlangt wurde. Überdies ist es offensichtlich, daß dieses Problem nicht nur die katholische Christenheit angeht, sondern jede der großen Traditionen. Denn obwohl einige dieser Traditionen mittlerweile von denen, die sie bewahren wollen, symbolisch umgedeutet werden mögen (wodurch sehr neuer Wein in sehr alte Schläuche gegossen wird), läßt es sich nicht leugnen, daß sie zu der Zeit, da sie als Bilder der höchsten Wahrheit gestiftet wurden, stets sowohl wörtlich als auch symbolisch bzw., um mit Augustinus zu reden, sowohl körperlich als auch geistig verstanden wurden. Außerdem sicherten sie den daran Glaubenden immer eine geistige Überlegenheit über die anderen Völker der Erde – und wir dürfen mit Recht fragen, ob in unserer heutigen Welt solch ein gefährlicher Unfug noch am Platze ist.

Fragen wir also: Worin kann der Wert oder Sinn einer mythischen Vorstellung bestehen, die man im Lichte der modernen Wissenschaft als irrig, philosophisch falsch, unsinnig oder nachgerade sogar als verrückt bezeichnen muß? Die erste Antwort, die wir darauf zu hören bekommen, wird zweifellos die sein, welche im Laufe des letzten Jahrhunderts häufig von unseren führenden Denkern gegeben wurde. Der Wert muß nämlich in einer psychologischen und sozialen Funktion und nicht in einem widerlegten System positiver Wissenschaft gesucht werden, in bestimmten Wirkungen, die die Symbole auf den Charakter des Individuums und die Struktur der Gesellschaft ausüben, und nicht in ihrer offensichtlichen Unstimmigkeit als ein Bild des Kosmos. Ihr Wert ist mit anderen Worten nicht der einer Wissenschaft, sondern der von Kunst; und wie Kunst sich im psychologischen Sinne als symbolisch oder symptomatisch für die Anspannungen und Strukturen der Psyche betrachten läßt, so auch die Archetypen des Mythos, des Märchens, der archaischen Philosophie, der Kosmologie und der Metaphysik.

Dies ist der Standpunkt, den Rudolf Carnap in dem Kapitel «Die Zurückweisung der Metaphysik» seiner 1935 unter dem Titel *Philosophy and Logical Syntax* erschienen Vorlesungen an der Universität London vertreten hat. Dort äußert er, daß metaphysische Sätze «weder wahr noch falsch, sondern expressiv sind». Sie sind wie Musik oder wie lyrische Gedichte oder wie Lachen. Und doch, so erklärt er, *geben sie vor,* repräsentativ zu sein. Sie *geben vor,* theoretischen Wert zu besitzen – und damit wird nicht nur der Leser oder Zuhörer irregeführt, sondern auch der Metaphysiker selbst. «Der Metaphysiker meint», schrieb Carnap, «er hätte in seiner metaphysischen Abhandlung etwas festgestellt, und er wird dadurch verleitet, gegen die Sätze eines anderen Metaphysikers zu argumentieren und zu polemisieren. Ein Dichter jedoch behauptet nicht, daß die Verse eines anderen falsch oder irrig seien; er begnügt sich für gewöhnlich damit, sie schlecht zu nennen.»[10]

C. G. Jung hat an vielen Stellen eine Unterscheidung zwischen den Begriffen «Zeichen» und «Symbol», wie er sie gebrauchte, getroffen. Das erste, das Zeichen, bezieht sich auf einen eindeutig bekannten Gedanken oder Gegenstand; das zweite, das Symbol, ist die bestmögliche Form, womit sich etwas relativ Unbekanntes andeuten läßt. Das Symbol will weder eine Nachbildung sein, noch kann sein Sinn auf andere Weise genauer oder deutlicher wiedergegeben werden. Ja, wird ein Symbol allegorisch übertragen und der unbekannte Faktor, auf den es sich bezieht, unterschlagen, so ist es tot.[11]

Ich glaube, wir dürfen sagen, daß so gesehen die Symbole der Wissenschaft und der symbolischen Logik im großen und ganzen Zeichen und die Darstellungen der Kunst Symbole sind.

In der indischen Philosophie tauchen zwei Begriffe auf, die die Gegenstücke zu Zeichen und Symbol in der hier gegebenen Auslegung sind. Der erste, «pratyaksha» (von prati, «nach . . . hin, entgegen», und Aksha, «das Auge», also: «gegen das Auge, offenkundig»), bezieht sich auf das augenfällige, offensichtliche, unmittelbar vorliegende Feld, das den Sinnen wahrnehmbar ist. Dieses Feld wird als das des Wachbewußtseins beschrieben. Auf ihm sind Subjekt und Objekt voneinander getrennt und die beobachteten Erscheinungen sind «grobstofflicher Natur», während sich die Logik des Verhältnisses von Dingen und Gedanken zueinander weitgehend in Euklidischen oder Aristotelischen Begriffen ausdrücken läßt: A ist ungleich Nicht-A, zwei Objekte können nicht zur gleichen Zeit am gleichen Ort sein. In der modernen Physik haben diese einleuchtenden Regeln freilich an den Rändern zu verschwimmen begonnen, so daß wissenschaftliche und logische Formeln mittlerweile einige Eigenschaften der Kunst an den Tag legen. Aber die Bezugspunkte dieser modernen Formeln sind für das Auge unsichtbar und zudem nicht «grobstofflicher», sondern, wie die Inder sagen, «feinstofflicher Natur». Damit scheinen sie eigentlich auf das Feld des zweiten Begriffs zu gehören.

Dieser zweite Begriff, der das Gegenstück zu «symbolisch» im Jungschen Sinne wäre, lautet «paroksha», (wieder von Aksha, «Auge», nun aber mit dem Präfix paras, «jenseits, über . . . hinaus, weit entfernt, höher als», die Bedeutung also: «weiter als das Auge reicht»). Die Bezüge einer Paroksha-Sprache sind dem Wachbewußtsein nicht unmittelbar einsichtig. Sie sind, wie Platonische Ideen etwa, rein intelligibel, geistig bzw. esoterisch. Sie gelten als adhidaivata, «überaus göttlich» oder «engelhaft». Aber sie werden von Heiligen und Weisen in der Vision geschaut und gehören daher, wie es heißt, auf das Feld des «Träumens».

Die Phantasmagorien von Traum und Vision sind «feinstofflicher Natur». In ihrer extrem fließenden und quecksilbrigen Art werden sie nicht wie grobstoffliche Dinge von außen beleuchtet, sondern sind selbstleuchtend. Außerdem gehorchen sie einer Logik, die nicht die des Aristoteles ist. Im Traum sind, wie wir alle wissen, Subjekt und Objekt nicht voneinander getrennt – mag dies dem Träumer auch so scheinen –, sondern identisch, und zudem *können* zwei oder mehr Gegenstände nicht nur zur gleichen Zeit den gleichen Ort einnehmen, sondern tun dies stets. Das will sagen, daß die Bilder polysynthetisch und polysemantisch sind – und, wie ich hinzufügen möchte, vom Standpunkt des Wachbewußtseins aus analysiert, unerschöpflich. Das Gesetz dieser Sphäre wird von Levy-Bruhls Ausdruck «participation mystique», der häufig von Jung zitiert wird, gut auf den Begriff gebracht. Im Orient werden die Reiche der Götter und Dämonen, die Himmel, Fegefeuer und Höllen dieser Sphäre zugerechnet und sind feinstofflicher Natur. Sie sind die makrokosmischen Gegenstücke zu den mikrokosmischen Traumbildern. Aber da wir auf dieser Ebene nicht die klare Unterscheidung zwischen A und Nicht-A antreffen, wie sie dem Feld des Wachbewußtseins eigen ist, sind Mikro- und Makrokosmos hier auch nicht so verschieden, wie sie scheinen, und alle Götter, alle Mächte des Himmels und der Hölle sind daher in uns.

Anders als im Westen bezieht sich die religiöse Kunst im Orient fast immer nicht auf die Erscheinungswelt des Wachbewußtseins, sondern auf die des Traums. Daher bereiten die Erkenntnisse der modernen Wissenschaft dem Hinduismus und dem Buddhismus nicht so große Schwierigkeiten wie dem Christentum und dem Judentum, bei denen alle Symbole als Zeichen gelehrt und gedeutet werden. Dennoch herrscht sogar im Orient die Ansicht, daß eine reale und notwendige Entsprechung zwischen der Erscheinungswelt des Traum- und der des Wachbewußtseins besteht. Mikro- und Makrokosmos, die im Traum als identisch erlebt werden können, müssen, wenn wir wach sind, als anurūpam, «einander abbildend, entsprechend», erkannt werden.[12] Ja, man darf – dessen bin ich sicher – ohne Ausnahme behaupten, daß überall, wo ein System mythischer Symbole lebendig und voll wirksam ist, es alle Erscheinungen sowohl der körperlichen – «offensichtlichen» (pratyaksha) – Sphäre des Wachbewußtseins als auch der geistigen – metaphysischen, okkulten, rein intelligiblen (paroksha) – Sphäre des Traumes in einer einzigen, einheitlichen Ordnung zusammenfaßt. Daher ist eine ungenaue Vermischung von Zeichen und Symbol, Tatsache und Einbildung für das gesamte Spektrum und die ganze Geschichte der archaischen Kulturen kennzeichnend, und wir dürfen infolgedessen zu Recht sagen, daß eine der hauptsächlichen philosophischen Auswirkungen der Krise, für die mein Schlüsseldatum 1492 steht, darin bestand, diese vage mythologische Ordnung zu zerbrechen. Damit wurde ein deutlicher Trennungsstrich zwischen der Welt des Traum- und der des Wachbewußtseins gezogen, und ein radikaler Wandel trat für den wachen Verstand ein, für den nun die Logik des letzteren anstelle der des ersteren maßgebend wurde. Dies bezeichnen wir als die wissenschaftliche Revolution, und sie ist noch immer im Gange und läuft in der Tat auf die Schaffung einer neuen Welt bzw., um ein mythisches Bild heranzuziehen, auf eine Trennung von Himmel und Erde hinaus.

Mythische Kosmologien, das muß jetzt eingesehen werden, stimmen nicht mit der Welt der groben Tatsachen überein, sondern sind Funktionen von Traum und Vision. Daher darf der Sinn, der (wenn überhaupt) den Lehrsätzen von Theologie und Metaphysik innewohnt oder sich aus diesen ergibt, nicht am anderen Ende des Mikroskops oder Teleskops gesucht werden. Sie lassen sich durch keine naturwissenschaftliche Forschung verifizieren, sondern gehen vielmehr die Wissenschaft von der Psyche an – und in dieser hat, wie wir wissen, bereits ein beachtlicher Fortschritt in Richtung auf ein neues Verständnis ihrer Ausdrucksweisen stattgefunden.

Tatsächlich hat die jetzige psychologische anstelle der kosmologischen Interpretation dieser alten Weistümer auf manche den Eindruck gemacht, als wolle man damit den alten Religionen wieder ihren früheren Platz in der Mitte der Sphäre des menschlichen Geistes und als ihre äußersten Grenzen einräumen; als stellten diese nicht nur eine vorübergehende Phase in der Evolutionsgeschichte des Bewußtseins dar, sondern ein bleibendes geistiges Erbe, das die Struktur der Psyche selbst symbolisiert. Über die Himmelfahrt der Jungfrau wie auch ihres göttlichen Sohnes (der wahrer Gott und wahrer Mensch war und immerdar ist) darf man heute taktvollerweise auf eine Art hinweggehen, die uns vor drei Jahrhunderten alle noch auf den Scheiterhaufen gebracht hätte; und auf der Unterströmung dieser glücklichen Häresie (O felix culpa!) hebt das Schiff des «Gottesstaates» vom Felsgestade ab und wird mit Macht wieder flottgemacht.

Aber fragen wir uns nun in aller Ruhe, ganz objektiv und ehrlich: Stimmt es, daß diese in Verruf geratenen kosmologischen Dogmen, die heute als psychologische Symbole wieder zu uns zurückkommen, stimmt es, daß all diese archaischen Lehren, die als Darstellungen des Makrokosmos von Grund auf widerlegt wurden, jetzt wieder so ohne weiteres als eine universelle Offenbarung des Mikrokosmos von uns angenommen werden können? Sind diese Formen – diese heilige Mandalas, Ikonen und Yantras, diese Götter, die über der Welt thronen, ihre Moralgebote erlassen oder als Inkarnationen unter die Menschen kommen und wieder zurück gen Himmel fahren – sind sie tatsächlich die symbolischen Wächter einer Art natürlichen oder übernatürlichen Gesetzes, das des Menschen Sinn und Schicksal besiegelt, das ihn einschränkt, bindet und dabei doch zu seinem eigentlichen Zweck hinleitet? Haben sie also die Bedeutung mikrokosmischer Universalien und folglich letzten Endes vielleicht sogar auf irgendeine geheimnisvolle Weise die makrokosmischer Universalien? Oder müssen wir sie lediglich als Funktionen einer bestimmten Phase oder Form menschlicher Kultur beurteilen – nicht von universeller psychologischer Gültigkeit, sondern gesellschaftlich determiniert? In dieser letzten Hinsicht sind sie, wie der Panzer eines Krebses oder die Puppe eines Schmetterlings, die gesprengt, abgestreift und zurückgelassen wurde, ebenfalls gesprengt worden (denn sie wurden mit Sicherheit im Jahre 1492 gesprengt) und sollten jetzt zurückgelassen werden.

## 2
## Die mythischen Formen archaischer Kultur

Eine der interessantesten und wichtigsten der vielen bedeutsamen Entwicklungen, die in diesem Jahrhundert auf dem Gebiet der archäologischen Forschung stattgefunden haben, war der stetige Fortschritt der Ausgrabungen im Nahen Osten, die allmählich die Hauptzentren der Entstehung und die Hauptbahnen der Verbreitung der frühesten neolithischen Kulturformen deutlich herausschälen. Um das für unser gegenwärtiges Thema wesentliche Ergebnis ganz kurz zu umreißen, möchte ich zunächst klarstellen, daß allem Anschein nach Getreideanbau und Viehzucht, das heißt die Grundformen der Wirtschaft, auf denen alle Hochkulturen der Welt basieren, angefangen um 9000 v. Chr. im Nahen Osten entwickelt wurden und von diesem Zentrum aus in einem breiten Band ostwärts und westwärts vordrangen, wobei sie die früheren Jäger- und Sammlerkulturen, die sich mit der Verpflegung viel schwerer taten, verdrängten, bis sie um 3500 v. Chr. einerseits an die Pazifikküste Asiens und andererseits an die Atlantikküsten Europas und Afrikas gelangt waren. Unterdessen war in dem Kerngebiet, von dem diese Diffusion ausgegangen war, eine Weiterentwicklung gelungen, und sowohl die mythologischen als auch die technologischen Auswirkungen dieser anhaltenden Entwicklung wurden in der Folge auf den bereits gebahnten Wegen verbreitet – bis abermals die Küsten erreicht waren.

Das soll heißen: Der Übergang der Gesellschaft von einem sammelnden und jagenden Zusammenhalt zu einem ackernden, viehzüchtenden und erzeugenden fand einzig und allein in einem ganz bestimmten Gebiet des Erdballs und zu einer ganz bestimmten Zeit statt. Die Entwicklung, die von diesem Zentrum aller wesentlichen Kulturtechniken und Mythen ausging, läßt sich grob in vier großen Stadien zeichnen, nämlich wie folgt:

149

### a) Das Protoneolithikum: von ca. 9000 v. Chr. an

Zum Stadium eins, das wir als *Protoneolithikum* bezeichnen können, gehört eine Gruppe von Artefakten, die Mitte der zwanziger
Jahre von Dorothy Garrod in den sogenannten Karmelhöhlen Palä-
stinas entdeckt wurden.[13] Ähnliche Artefakte sind südlich davon
bis hinunter nach Heluan in Ägypten, nördlich bis nach Beirut und
Jabrud und östlich bis hinein ins kurdische Bergland im Irak gefunden worden. Die Industrie wird von der Archäologie als «Natufien»
bezeichnet und ist von den Wissenschaftlern auf so weit auseinan-
derliegende Zeitpunkte wie ca. 9000 v. Chr. und ca. 4500 v. Chr.
angesetzt worden.[14] Die Funde deuten auf ein konzentriertes Vorkommen von Jägerstämmen hin, die noch nicht in befestigten Dörfern lebten, aber ihren Speiseplan mit einer Art getreideähnlichem
Gras ergänzten; es sind nämlich Sichelklingen aus Stein unter den
Überbleibseln gefunden worden, und diese lassen auf eine Erntetä-
tigkeit schließen. Viele Knochen von Schweinen, Ziegen, Schafen,
Rindern und einer Einhuferart belehren uns zudem darüber, daß,
wenn die Natufier noch keine Tierhaltung kannten, sie jedenfalls
eben jene Tiere töteten, die später den grundlegenden Haustierbe-
stand aller höheren Kulturen bilden sollten. Ihre Lebensweise befand sich also im Übergang, und wir tun gut daran, uns das Datum
zu merken. Die Menschen hatten bereits seit fast zwei Millionen
Jahren auf diesem Planeten gewohnt, aber hier, vor noch nicht
zwölftausend Jahren, finden wir den ersten Hinweis auf die *Anfänge* einer Hinwendung zur Landwirtschaft.

### b) Das Vollneolithikum: ca. 7500–4500 v. Chr.

Das Stadium zwei in der Entwicklung des dörflichen Ackerbaus im
Nahen Osten, das ich in *The Masks of God* das *Vollneolithikum*
genannt und dort auf ca. 5500–4500 v. Chr. datiert habe, ist durch
die Archäologie der letzten zehn Jahre so sehr ausgeweitet worden,
daß es nunmehr auf die Zeit von ca. 7500–4500 v. Chr. angesetzt
werden muß, eine Spanne, in der man nicht weniger als drei deutli-
che Phasen unterschieden hat.

*Phase 1. Vorkeramisches Neolithikum: von ca. 7500 v. Chr. an.* Die
älteste dieser Phasen, das *vor- oder akeramische Neolithikum,* wurden erstmalig von Kathleen Kenyon in den untersten Schichten des
antiken Schutthügels von Jericho in Palästina ans Licht gebracht
und festgestellt; und James Mellaart hat seither auf der anatolischen Hochebene in der Südtürkei eine beachtliche Anzahl von
Stätten gleichen Alters entdeckt. Frau Kenyon zufolge waren die
frühesten Siedler an der großen Quelle von Jericho Natufier, die
dort eine Art Heiligtum errichteten, das zu einer späteren Zeit
abbrannte. Die verbliebene Holzkohleablagerung wurde mit der
Radiokarbonmethode auf 7800 v. Chr. ± 210 Jahre datiert. Die
leichten Hütten dieser protoneolithischen Jäger wurden schließlich
durch Häuser ersetzt, die mit plankonvexen Ziegeln (unten flach,
oben gewölbt) gebaut waren, wobei die kreisrunden oder länglich
runden Grundrisse der kleinen Gebäude die früheren Hütten nach-
ahmten. Mit der Zeit wurde diese Siedlung – bekannt als *vorkeramisch-neolithisch Jericho A* – von einer 3,60 Meter hohen und 1,95
Meter breiten steinernen Stadtmauer umgeben, zu der auch ein
steinerner Wachturm gehörte, der sich zu einer Höhe von mindestens 9 Meter erhob und darauf schließen läßt, daß irgendwo am
Horizont Feinde lauerten.

«Zwischen der städtischen Natufier-Siedlung Jericho und anderen Niederlassungen», schreibt Frau Kenyon, «. . . bestehen denk-
bar große Unterschiede. Wahrscheinlich muß man sich den Vorgang so vorstellen, daß sich die Gruppe aus dem Kulturkreis des
Unteren Natufium in Jericho ansiedelte, andere Gruppen an ähnlich gelegenen Plätzen. . . . Aber die ‹Vettern› der seßhaften Gruppen, die vornehmlich im Gebirge, also in für den Ackerbau weniger
geeigneten Gebieten, wohnten, haben an einer mesolithischen Lebensweise festgehalten und sind Jäger und Sammler geblieben. In
den Höhlen, in denen sie lebten, sind Geräte und Werkzeuge
gefunden worden, auf denen die Einteilung in ein Mittleres und
Oberes Natufium beruht.»[15] Dies erklärt auch die großen Abstände
der unterschiedlichen Daten, die von früheren Wissenschaftlern für
die Natufier angegeben wurden.

Irgendwann um 7000 v. Chr. wurde diese älteste Siedlung zu

Jericho aufgegeben und der Platz von Menschen einer anderen Kultur in Beschlag genommen, die Häuser von einem ganz anderen Typ bauten, dem man später den Namen *vorkeramisch-neolithisch Jericho B* gab. Vielleicht waren sie die erwarteten Feinde. Ihre Gebäude waren von anderer, höher entwickelter Art, und es ist, wie Frau Kenyon erklärt, bemerkenswert, «daß die Einwanderer diese Architektur bereits vollentwickelt mitbrachten».[16] Die Häuser waren nicht kreisförmig, sondern rechteckig, aus anders geformten Ziegeln gebaut und besaßen mehrere Stuben, deren Fußböden mit einer rötlichen oder cremefarbigen, auf Hochglanz polierten Stuckschicht überzogen waren. Fußböden und rechteckige Häuser von gleicher Art sind inzwischen in den anatolischen Ausgrabungsstätten Hacilar und Çatal Hüyük gefunden worden. Sie stammen aus einer früheren Zeit als die in Jericho. Und nicht nur die Architektur, sondern auch die Spuren der Religion bezeugen, wie der Grabungsleiter James Mellaart dargelegt hat, «eine unverkennbare Verbindung» zwischen den vorkeramischen Schichten in Hacilar (die er zwischen ca. 7000 v. Chr. und 6000 v. Chr. datiert) und der Phase vorkeramisch B in Jericho (die er auf ca. 6500–5500 v. Chr. ansetzt).[17]

Der gemeinsame religiöse Grundzug von Jericho und den anatolischen Fundstätten war ein unverkennbarer Schädelkult. In den vorkeramischen Schichten von Hacilar «deuten auf den Fußböden vieler Häuser und an den Ecken der Feuerstellen auf Steine gesetzte menschliche Schädel», Mellaart zufolge, «darauf hin, daß die Bewohner einen Ahnenkult pflegten und Köpfe zum Schutz der Häuser aufbewahrten».[18] Und im vorkeramischen Jericho B waren Schädel nicht nur in der gleichen Weise aufgestellt worden, sondern man fand auch etliche, die mit einer dünnen Lehmschicht überzogen waren, so daß der Eindruck menschlicher Gesichtszüge entstand, wobei in die Augenhöhlen Muscheln eingesetzt waren.[19]

*Phase 2. Keramisches Neolithikum: von ca. 6500 v. Chr. an.* Die zweite Phase trat in Çatal Hüyük plötzlich und zu einem erstaunlich frühen Zeitpunkt auf; man hat sie das *keramische Neolithikum* genannt. «In Çatal Hüyük», erklärt James Mellaart, «kann man . . .

152

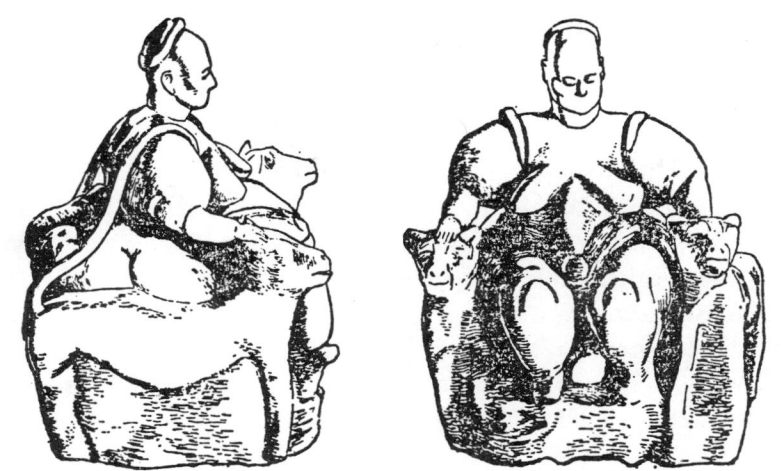

*Abb. 7.* Von Leoparden flankierte Göttin, die gerade ein Kind gebiert; Çatal Hüyük, Türkei, ca. 5800 v. Chr.

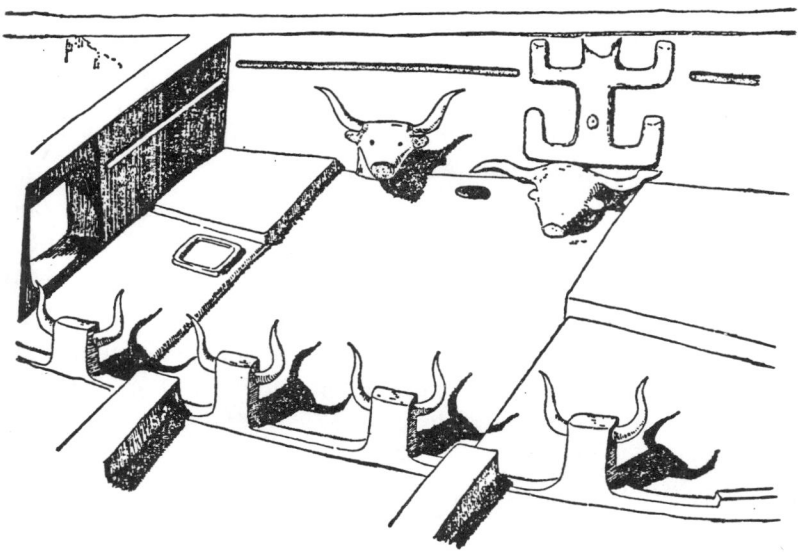

*Abb. 8.* Göttin, die gerade einen Stier gebiert; Westwand der Kultstätte VI B 8 in Çatal Hüyük, Türkei, ca. 5950 v. Chr.

den Übergang vom akeramischen Neolithikum mit Körben und Holzgefäßen zum keramischen Neolithikum mit den Anfängen der Töpferei studieren.»[20] Die tieferen Schichten dieser ausgedehnten und großzügigen Stadtanlage sind bislang noch nicht systematisch untersucht worden, aber eine Stichprobe in die Schicht XIII hat ergeben, daß bereits in dieser Tiefe, also grob um 6500 v. Chr., Töpferwaren vorhanden waren. Und mit den Töpferwaren sind zugleich die erstaunlichen religiösen Darstellungen der Wandmalereien, Statuetten von Muttergöttinnen, Bukranien usw. von etwa vierzig oder mehr reich geschmückten Heiligtümern ans Licht gekommen, die gut zweitausend Jahre älter sind, als unser Wissen um die Hintergründe der Mythen und Kulte, die sich im Altertum um die große Muttergöttin rankten, reicht.

Abbildung 7[21] zeigt ein Figürchen, das in der Schicht II (ca. 5800 v. Chr.) in einem Getreidebehälter gefunden wurde; auf ihr ist die von Leoparden flankierte, eben gebärende Göttin zu sehen, während sie auf Abbildung 8[22] aus einem Heiligtum der Schicht VI (ca. 5950 v. Chr.) bei der Geburt eines Stieres dargestellt wird. Man erinnert sich, daß Osiris, Tammuz, Dionysos und viele andere große Götter, die eine Wiedergeburt nach dem Tode symbolisierten, in späteren Jahrhunderten mit dem Mondstier gleichgesetzt wurden, der sowohl Kind als auch Gatte der kosmischen Göttin war. Der Pharao, der im Tode mit Osiris gleichgesetzt wurde, hieß beispielsweise «der Stier seiner eigenen Mutter».[23] Indem ihn die Allmutter im Tode wieder zu sich nahm, wurde er sozusagen zum Keim seiner eigenen Wiedergeburt: wie der Mond, der jeden Monat in der Sonne stirbt, um nach drei Tagen wiedergeboren zu werden. «Das männliche Prinzip», erklärt Mellaart angesichts einer in Çatal Hüyük gefundenen Reliefplatte, «ist einmal in der Gestalt des Gatten und dann wieder in der des Sohnes vertreten.»[24] In der Tat zeigt diese Darstellung aus der Schicht VI eine interessante Doppelfigur, nämlich die Göttin Rücken an Rücken mit sich selbst: einmal in der Umarmung eines Mannes und das andere Mal mit einem Kind auf dem Arm.

Abbildung 9[25] stellt eine rekonstruierte Ansicht dreier Wände – der West-, Nord- und Ostwand – des sogenannten zweiten Geier-

Abb. 9. Rekonstruktion des «zweiten Geierheiligtums» mit menschlichen Schädeln in vorgefundener Lage. *Oben:* West- und Nordwand. *Unten:* Nord- und Ostwand. Çatal Hüyük, Türkei, ca. 6200 v. Chr.

heiligtums der Schicht VII von ca. 6200 v. Chr. dar, und im Lichte dessen, was wir über den Schädelkult der vorkeramischen Zeit erfahren haben, sind die vier zeremoniell hingelegten menschlichen Schädel von größtem Interesse. Einer lag unter dem mächtigen Bukranion an der Westwand, zwei lagen auf der Plattform in der Nordostecke unter einer stilisierten weiblichen Brust, und ein weiterer lag unter einer Gruppe von drei Widderköpfen, einem Bukranion und sechs stilisierten weiblichen Brüsten in einer Reihe. Die gesamte Nordwand ist mit Gemälden von Geiern, die kopflose menschliche Körper angreifen, geschmückt, während sich in der südlichsten Nische der langen Ostwand nach Mellaarts Beschreibung «der Kopf eines mächtigen Widders, der ein echtes Gehörn trägt und mit einem feinen Mäandermuster bemalt ist, unter einem kühn ausladenden tönernen Horn (befindet), aus welchem eine einzelne Brust hervortritt. Aus ihrer Öffnung ragt der Unterkiefer eines riesigen Keilers mit entsetzlichen Hauern.»[26] Zudem ist dies keineswegs das einzige Heiligtum dieser Stätte, in dem die Unterkiefer wilder Eber in den Nachbildungen weiblicher Brüste enthalten sind.[27] Auch Fuchs- und Wieselschädel sind in dieser Weise verwandt worden. Und es gibt ein Heiligtum in der Schicht VI, wo die Köpfe zweier Gänsegeier von einem Brüstepaar umschlossen sind, so daß die Schnäbel aus den offenen, rotgefärbten Brustwarzen hervorstehen.[28]. Der darin zum Ausdruck kommende Gedanke scheint der einer Mutter zu sein, die das von ihr genährte Leben wieder verschlingt: die Mutter, der die Toten zur Wiedergeburt zurückgegeben werden. «Konstrastierende Symbole von Leben und Tod», erklärt James Mellaart, «sind ein durchgehender Zug Çatal Hüyüks.»[29]

*Phase 3. Frühchalkolithikum: von ca. 5500 v. Chr. an.* Die dritte und letzte Phase des Vollneolithikums, wie sie aus den Schutthügeln der anatolischen Hochebene ans Licht gebracht wurde, wird (für dieses Gebiet) das *Frühchalkolithikum* genannt, da es unter den Fundstücken einige Metallgegenstände gab. Die Anfänge der Metallurgie, vornehmlich das Schmelzen und Bearbeiten von Kupfer und Blei zu Perlen, Röhren und anderem Schmuck, sind in Çatal Hüyük bereits seit Schicht IX, ca. 6400 v. Chr., bezeugt.[30] (Dies ist der früheste Zeitpunkt einer Kenntnis von Metallen, der auf der Erde überhaupt festgestellt wurde.) Es dauerte allerdings noch ein weiteres Jahrtausend, bis ca. 5500 v. Chr., bis Metallwerkzeuge (obwohl noch immer relativ unbedeutend) zahlreich genug wurden, daß man zu Recht von einer chalkolithischen («Kupfer und Stein») Phase des Vollneolithikums sprechen konnte. James Mellaart war in der Lage, einen graduellen Übergang vom keramischen Neolithikum zum Frühchalkolithikum im einzelnen besonders gut in Hacilar auszumachen, wo, wie er erklärt, «die ersten Kupfergerätschaften und mit ihnen bemalte Töpferwaren in Massen auftreten». Und er fährt fort: «Die wirklich hervorragenden Töpferwaren dieser Periode gingen aus dem Spätneolithikum hervor, manche noch monochrom, aber die meisten lebhaft rot oder cremefarben bemalt. Geometrische Muster, die oft von Stoffen oder Webmatten übernommen wurden, waren in den Frühphasen dieser Periode vorherrschend; später [ca. 5200–5000 v. Chr.] erlaubten sich die Muster kühne Bögen, und es entstand der sogenannte phantastische Stil.»[31]

Auch eine etwas überraschende Beobachtung zu den Kunststilen der neolithischen Frauenfigürchen läßt sich an dieser Stelle machen. Denn während die des früheren keramischen Neolithikums naturalistisch und lebensecht gewesen waren und uns, wie Mellaart meint, «zum erstenmal in der Vorgeschichte des Nahen Ostens ein verläßliches Bild davon geben, wie die spätneolithische Frau aussah»,[32] sind diejenigen dieser frühchalkolithischen Periode (ca. 5500–4500 v. Chr.) «konventionell gehaltene Fruchtbarkeitssymbole». Und im Zuge der Zeit werden die Figürchen immer stilisierter und lebensfremder.

### c) Das Hochneolithikum: ca. 4500–3500 v. Chr.
### (Mittel- und Spätchalkolithikum)

Wir kommen damit zum nächsten großen Stadium in der Entwicklung der Kultur, das ich in *The Masks of God* als *Hochneolithikum*, ca. 4500–3500 v. Chr., bezeichnet habe: die Zeit der schönen, geometrisch bemalten Töpferwaren von Halaf, Samarra und Obeid, die man auch das Mittel- und Spätchalkolithikum genannt hat. Frau Kenyon führt aus:

Die Schwierigkeit, den Übergang vom Neolithikum zum Chalkolithikum zu fixieren, spiegelt sich in der zur Zeit in der Terminologie herrschenden Konfusion. Verwandte Gruppen werden bald so, bald anders bezeichnet. In Wirklichkeit hat sich der Übergang allmählich vollzogen. Die neue Ära tritt nicht in der Form auf den Plan, daß

157

plötzlich an einer Ortsanlage Kupfergeräte auftauchen, sondern gibt sich durch den allmählichen Abbau lokaler Isolierungen und die sich daraus ergebende Verbreitung von Kulturen und Ideen über beträchtliche Räume zu erkennen. In Palästina scheint Metall, soweit uns Befunde vorliegen, überhaupt erst verhältnismäßig spät, nicht vor dem Ende des 3. Jahrtausends, eine wirkliche Rolle gespielt zu haben. Trotzdem läßt sich der Wandel in der Gesinnung an dem allmählichen Anwachsen ausgedehnter Kulturkreise und der schrittweisen Einschmelzung isolierter Gruppen in einen großen kulturellen Zusammenhang ablesen.

Im Nordteil des Fruchtbaren Halbmondes wird diese Stufe durch eine weitverbreitete Kultur, das Halafium, markiert, das zuerst in *tell ḥalaf* im nördlichen Irak auftauchte und sich von Mesopotamien bis herüber zur Mittelmeerküste nachweisen läßt. Eine Ortsanlage nach der anderen hat gezeigt, daß auf die Stufe der neolithischen Dörfer, für die eine starke Unterschiedlichkeit in der Lebensweise typisch ist, bemerkenswerte Ähnlichkeiten in der Wirtschafts- und Lebensform folgten. Leittyp dieser Kultur ist eine bestimmte Keramik mit geometrischem Dekor in Rot auf hellem Grund. Diese Ware wird im allgemeinen in das späte 5. Jahrtausend datiert.[33]

Die Handwerkskünste der Zimmerei und des Hausbaus, der Weberei, Töpferei und sogar der Metallurgie sind zu den sonstigen Fertigkeiten der Menschen hinzugekommen. Eine eindrucksvolle Mythologie – sie sollte bis in die Gegenwart in allen folgenden hohen Traditionen nachhallen – ist in einem Zusammenspiel weit entwikkelter ikonographischer Künste, die bei der Wiedergabe bestimmter Motive bereits an Unmittelbarkeit verloren und sich in Abstraktionen verstiegen haben, zum Ausdruck gebracht worden. Das seßhafte Dorfleben auf der Grundlage einer kleinbäuerlichen Wirtschaftsweise ist mittlerweile im ganzen Kerngebiet des Nahen Ostens eine feste Einrichtung, zu der als hauptsächliche Getreidesorten Weizen und Gerste sowie als Haustiere das Schwein, die Ziege, das Schaf und das Rind gehören (der Hund hatte sich bereits um 15 000 v. Chr. als Helfer und Gefährte der jungpaläolithischen Jäger dem Menschenverband angeschlossen). Auch hat sich die Gesellschaft offenbar schon unterteilt: Spezialisierte Handwerker stellen Luxusgegenstände her, es gibt eine eigene Priesterschaft und möglicherweise auch eine herrschende Obrigkeit. Bereits für die Schicht vorkeramisch A in Jericho bemerkt Frau Kenyon: «Für das Vorhandensein einer wirksamen Kommunalverwaltung sprechen die großen Befestigungsanlagen»[34] – die große Mauer und der Turm aus Stein.

Dann wird plötzlich – sehr plötzlich – an den hochstilisierten bemalten Töpferwaren der hochneolithischen (mittel- und spätchalkolithischen) Städte von ca. 4500 v. Chr. eine völlig neue Kunstauffassung in den schönen, streng symmetrischen, kreisrunden Anordnungen abstrakter ästhetischer Formen sichtbar, die zur Verzierung von Gefäßen aller Art verwandt werden.

In der älteren paläolithischen Kunst der großen Höhlen Südfrankreichs und Nordspaniens, die jetzt auf ca. 30 000–9000 v. Chr. datiert wird,[35] finden wir *keine* Hinweise auf einen Begriff von *geometrischer* Ordnung. André Leroi-Gourhan hat gezeigt, daß die Plazierung der auf die Höhlenwände geritzten und gemalten Figuren keineswegs zufällig erfolgte, sondern streng durch eine Mythologie vorgeschrieben war, bei der die Form der Höhle selbst eine Rolle spielte. «Aufgrund der Rohergebnisse der topographischen Analyse», schreibt er, «erscheint die Höhle als eine wirklich organisierte Welt.»[36] Er vergleicht die Ordnung mit der einer Kathedrale. Welche Bilder befinden sich normalerweise am Eingang? Welche in der Mitte des Hauptschiffes? Welche in der Apsis, welche in der Marienkapelle? Was und wo ist der Hochaltar? Und so weiter. Das will sagen, daß die Ordnung mythologisch und dreidimensional, gewissermaßen architektonisch ist; und die Figuren sind in den meisten Fällen wunderbar lebendig. Nirgendwo finden wir in dieser Höhlenkunst ästhetisch aufgefaßte Zeichen und Abstraktionen, die auf einem abgeschlossenen, geometrisch aufgebauten, *zwei*dimensionalen ästhetischen Feld symmetrisch angeordnet wären – keine Mandalas oder irgend etwas dergleichen (Abb. 2 und 10). Die bemalten oder verkratzten Oberflächen der Höhlenwände werden sogar sowenig als eigene Felder von ästhetischem Interesse angesehen, daß sich die Tiere häufig in großen Knäueln überlappen.[37]

Genauso wenig finden wir so etwas wie eine ästhetische Feldeinteilung in den Werken, die von den späteren Endstadien des Paläolithikums auf uns überkommen sind, wo viele der Felszeichnungen die frühere impressionistische Schönheit und Genauigkeit verloren haben und manche sogar zu bloßen geometrischen Kritzeleien und Abstraktionen entartet sind. Auf bestimmten flachen, bemalten Kieseln, die in mutmaßlichen religiösen Kultstätten gefunden wurden, tauchen geometrische Symbole auf: das Kreuz, der Kreis mit einem Punkt in der Mitte, eine Linie mit je einem Punkt zu beiden Seiten, Streifen, Mäander und eine Form, die an den Buchstaben E erinnert.[38] Aber nicht einmal in dieser Spätphase der Jägerzeit finden wir irgend etwas, das sich als geometrische Ordnung bezeichnen ließe – das auf den Gedanken eines klar umrissenen Feldes, auf dem eine Anzahl ungleichartiger Elemente durch einen Rhythmus der Schönheit vereinigt und zu einem einzigen ästhetischen Ganzen verschmolzen wird, hinweisen würde. Dagegen fallen einem in der Periode der hochneolithischen Städte plötzlich in etlichen Zentren die höchst anmutig und geschmackvoll aufgebauten Mandalas ins Auge, und zwar auf den bemalten Töpferwaren der sogenannten Halaf- und Samarrastile.[39]

Wenn wir nun auf den Gedankengang im ersten Abschnitt dieses Kapitels zurückkommen, so müssen wir uns fragen, ob man zu Recht davon sprechen kann, daß diese geometrischen Formen, die zu den Gemeinplätzen unserer modernen psychologischen Erörterung archetypischer Symbole geworden sind, tatsächlich Grundstrukturen der menschlichen Psyche darstellen, oder ob sie nicht vielmehr nur Funktionen einer bestimmten Form oder Phase gesellschaftlicher Entwicklung sind, die zur Geschichte eines begrenzten Teiles der Menschheit gehört.

Die Frage ist von großer Tragweite, denn von ihr hängt es ab, ob und inwieweit wir uns mit unser psychologischen Ausdrucksweise auf Sachverhalte beziehen dürfen, die «paroksha» sind: geistig, göttlich, esoterisch oder mystisch. Und doch ist sie, soviel ich weiß, bisher nicht systematisch angegangen worden. Ich möchte daher eine vorläufige Hypothese unterbreiten, eine Idee, die mir vor einigen Jahren während einer Untersuchung der Mythen und der

Kunst gewisser noch lebender Jägervölker im Vergleich zu denen des archaischen Nahen Ostens in den Sinn kam.

## d) Der Gegensatz Neolithikum – Paläolithikum

Ich möchte eingangs die Aufmerksamkeit auf die Tatsache lenken, daß bei Jägervölkern der erwachsene junge Mann oder selbst schon der normale Junge von zehn oder zwölf Jahren ein mehr oder weniger fähiger Meister des gesamten technischen Erbes seiner Kultur ist. Géza Róheim wies darauf bei den Wildbeuterstämmen Australiens hin. In einer seiner letzten Veröffentlichungen schrieb er:

> Niemals werde ich die Pitschentara-Kinder vergessen, die im Alter von acht oder zehn Jahren in der Wüste umherstreiften und praktisch selbständig waren. Ein Junge kann mit seinen scharfen Augen und seinem Speer das bißchen Essen, das er braucht, erlegen und dabei von morgens bis abends auf den Beinen sein. Selbst ein ausgewachsener Mann kann es nicht viel besser machen. Das herausragende Merkmal der primitiven Wirtschaftsweise ist das Fehlen einer echten Arbeitsteilung. Es mag eine keimhafte oder rudimentäre Arbeitsteilung nach Geschlecht oder Alter geben, und es mag eine keimhafte und zeitweise Spezialisierung in Sachen Ritual und Magie geben. Aber eine echte Spezialisierung kommt nicht vor. Dies heißt, daß jedes Individuum technisch ein Meister der ganzen Kultur bzw., wo gewisse bescheidene Qualifikationen erforderlich sind, fast der ganzen Kultur ist. Mit anderen Worten, jedes Individuum ist wirklich auf sich selbst gestellt und erwachsen.
>
> Wir jedoch wachsen nicht derart umstandslos auf. Wenn die Anthropologie für irgend etwas Zeugnis ablegt, so dafür, daß der primitive Mensch im Vergleich zum mittelalterlichen oder modernen Menschen frei, ungebunden und wahrhaft selbständig ist.[40]

Diese Bemerkung Róheims war es, die mir den Schlüssel dazu zu bieten schien, daß es nach dem Ende des Jäger- und mit der Entwicklung des Ackerbauzeitalters zu einem plötzlichen Auftreten

*Abb. 10.* Polychrome Keramikmuster; Halafware, Irak, ca. 4000 v. Chr.

des Mandalas und anderer geometrischer Organisationen geschlossener Felder kam. Denn während das Gemeinwesen in den Lagern der Jäger aus einer Gruppe praktisch gleichwertiger Einzelner bestand, von denen jeder das gesamte Erbe hinreichend beherrschte, hieß Erwachsensein in den größeren und differenzierteren Gemeinschaften, die sich entwickelten, als Ackerbau und Viehzucht eine fest gegründete, reicher ausgeformte Gesellschaftsstruktur herbeigeführt hatten, daß man sich zunächst einmal ein bestimmtes Wissen und Können erwarb und daraufhin lernte, die daraus folgende Spannung psychischer und sozialer Art auszuhalten, nämlich

zwischen einem selbst (als einem bloßen Teil eines größeren Ganzen) und anderen mit völlig anderer Ausbildung, anderen Fähigkeiten und Idealen, die die übrigen notwendigen Organe des Gesellschaftskörpers bildeten.

Das Problem, als ein bloßer Bruchteil anstatt als ein Ganzes zu existieren, belastet die Seele auf eine Weise, wie es kein Jäger jemals zu erdulden hatte, und folglich waren die Symbole, die dem urtümlichen Jäger in der Entwicklung seines seelischen Gleichgewichts ordnend und stützend halfen, vollkommen anders als jene, die im Voll- und Hochneolithikum in den Dörfern der Seßhaften entstanden und die seit damals von allen Hochkulturen der Welt geerbt und bis in die Gegenwart weiterüberliefert wurden. Außerdem sind heute die weitaus meisten der sogenannten primitiven Völker in ihrer Kultur gar nicht wirklich primitiv, das heißt urtümlich, sondern regrediert: regredierte neolithische, regredierte bronzezeitliche und sogar regredierte eisenzeitliche Kulturinseln. Beispielsweise lassen sich nicht einmal die zwergwüchsigen Negritos von den Andamanen, die gewiß zu den primitivsten derzeit auf der Erde lebenden Völkern zählen, so einfach als Primitive einordnen; denn es finden sich – etwa unter ihren Küchenabfällen, die sich seit Jahrtausenden häufen, oder in ihren Mythen und Gebräuchen – reichlich Zeugnisse wichtiger Kultureinflüsse, die, angefangen vor vielleicht drei- oder viertausend Jahren, vom südostasiatischen Festland kamen und ihnen nicht nur die Töpferei und das Schwein brachten, sondern auch eine neue Art zu kochen und sogar die Sitte des Pfeifenrauchens. Daneben besitzen sie einen Bogen von sehr schöner Bauart, der keineswegs eine primitive, sondern eine Waffe ist, die erst im Mesolithikum erscheint – also in der Kulturperiode, die den Anfängen des Nahrungspflanzenanbaus unmittelbar vorausgeht.[41]

Es ist wohl überflüssig, darauf hinzuweisen, daß sich Schlußfolgerungen über die Typik und Archetypik der menschlichen Psyche im allgemeinen nicht mit Sicherheit ziehen lassen, wenn das Faktenmaterial, wie reichlich es auch sein mag, fast ausschließlich aus einem – wenn auch sehr großen – Gebiet zusammengetragen wurde, jenem Gebiet nämlich, das von den Nahrung produzierenden und beständig besiedelten Dörfern und Städten des vergleichsweise kurzen neolithischen und postneolithischen Zeitalters der Menschheit eingenommen bzw. beeinflußt wurde. Wenn man sich daran erinnert, daß, wie bereits erwähnt, die ältesten Spuren des Menschen auf dieser Welt aus einer Zeit vor annähernd zwei Millionen Jahren stammen und daß die Periode, in welcher er ein Bauer war, nicht mehr als zehntausend Jahre umspannt (das ist ein Ausschnitt von weniger als einem halben Prozent des uns bekannten Kreisbogens), und wenn man darüber hinaus bedenkt, daß unser physischer Leib, von dem unsere Seele eine Funktion ist, sich nicht unter den Bedingungen des Ackerbaus, sondern denen der Jagd ausbildete – dann darf man vielleicht fragen, ob diese ganze Geschichte und Mythologie des erdverwurzelten, von Mauern umgebenen Ortes oder Dorfes mit seinem Tempelturm in der Mitte, welcher die Göttin Erde der göttlichen Vereinigung mit dem Allvater des allüberspannenden befruchtenden Himmels entgegenhebt, nicht etwa nur ein hochspezialisiertes Schema darstellt, das für die seelische Verfassung der Gattung Mensch keineswegs normal, sondern vielmehr eine Folge der in einer Gesellschaft auf landwirtschaftlicher Grundlage erzeugten Spannungen, Ängste und Erwartungen ist. Wir dürfen uns dann auch fragen, ob heute, da diese Wirtschaftsweise einer industriellen weicht und das mit einem bäurischen Horizont einhergehende kosmologische Bild ein für allemal für uns zerschlagen ist – ob also heute in dieser nächsten großen Übergangzeit die in jener früheren Krisenperiode hervorgebrachten Bilder noch irgendeinen Gebrauchswert besitzen und wenn ja, für wen und warum.

Nun stammen die ältesten jener neolithischen Figürchen der Muttergöttin, die überall auf der Welt das Aufkommen einer Gattung von Mythen und Riten anzeigen, welche sich besonders auf die fruchtbaren und nährenden «weiblichen» Kräfte der gepflügten Erde beziehen, aus der Phase 2 des Vollneolithikums, jener inzwischen als keramisches Neolithikum bezeichneten Phase, die für Çatal Hüyük auf ca. 6500 v. Chr. angesetzt wurde. Es gibt aber noch eine viel ältere Gruppe nackter Figürchen vom Typ der paläolithischen Venus von Willendorf aus jener Periode, in der auch die Kunst der Jäger in den großen französischen und spanischen Höhlen entstand. Und mit der Geschichte dieser Figürchen ist ein überaus verblüffendes Problem verbunden, denn es ist festgestellt worden, daß, obwohl ihr Kult sich von den Pyrenäen bis hin zum Baikalsee in Sibirien erstreckt zu haben scheint, ihre Blütezeit vergleichsweise kurz war. Als sich die Malkunst entwickelte und die schönen Tiergestalten von den Wänden der großen Höhlen Besitz ergriffen, wurde das Schnitzen der Figürchen nicht fortgeführt. Außerdem stellen die menschlichen Gestalten, die unter den gemalten Tieren auftauchen, stets männliche Schamanen dar, während die Abbildung von Frauen praktisch aufhörte. Wir müssen also begreifen, daß es zwei ganz unterschiedliche Kulturgattungen gab, in denen weibliche Figuren in der Symbolik von Magie und Religion überwogen, und daß diese allem Anschein nach durch eine Spanne von wenigstens zehntausend Jahren voneinander getrennt waren.

In den Zentren der hochneolithischen Mandalas finden wir bestimmte Symbole, die bis in die Gegenwart hinein für solche Anordnungen charakteristisch geblieben sind. Auf der Samarraware zum Beispiel entdecken wir die älteste bekannte Verbindung des Hakenkreuzes mit dem Mandala – ja, es gibt, soweit bekannt, überhaupt nur ein früheres Vorkommen des Hakenkreuzes, und zwar auf den ausgebreiteten Flügeln eines aus Mammutelfenbein geschnitzten Vogels (Abb. 11), der an einer jungpaläolithischen Ausgrabungsstätte unweit von Kiew gefunden wurde. Er ist eines von sechs aus Mammutelfenbein geschnitztes Vogelfigürchen, die in der Nähe des Dorfes Mezin am rechten Ufer der Desna, auf halbem Wege zwischen Brjansk und Kiew, ausgegraben und von Franz Hančar folgendermaßen beschrieben wurden: «Ein keilförmiger Vorsprung deutet den Kopf an. Der Rücken läuft vollkommen flach in den langen Schwanz über, während die Brust und der Bauch sich übertrieben bauschig herauswölben und mit scharfem Knick in den Hinterleib übergehen. Die Schwänze sind lang und verbreitern sich gegen das Ende hin etwas. Eine reiche, flächendeckende, geometrische Musterung entfernt die Wiedergabe der Vögel noch mehr vom natürlichen Vorbild. In lebhafter Abwechslung finden wir auf den einzelnen, durch den sonderbaren Körperbau sich bietenden, abgegrenzten Schmuckfeldern Winkel- und Zickzackbänder, Parallelschraffen, Dreiecke und Mäander. Es ist besonders erwähnenswert, daß Gorodcov auf der Bauchseite eines Vogelfigürchens ein prachtvoll gearbeitetes Hakenkreuz, zusammengestellt aus vier Mäandereinzelmotiven, gefunden hat. . . . Wir haben in diesem Vogelfigürchen aus Mezin», so fährt Hančar fort, «das älteste Hakenkreuz, wobei interessant ist, daß es sich hier in Verbindung mit dem Vogel zeigt, worin Gorodcov einen genetischen Zusammenhang zwischen Symbol und Urbild insofern sehen will,

*Abb. 11.* Hakenkreuz auf jungpaläolithischem Vogelfigürchen aus Mammutelfenbein; ältestes bekanntes Hakenkreuz, Mezin, Ukraine, ca. 10 000 v. Chr.

als er auf die von C. von den Steinen und von A. A. Bobrinskoj
entwickelte Deutung des Hakenkreuzes als stilisiertes Bild des
fliegenden Vogels, vor allem des Storches, des Vertilgers der
Schlangen und damit des siegreichen Vertreters des Guten, des
Frühlings, der Wärme und des Lichtes zurückgreift.»[42]

Auf der Samarraware taucht das Hakenkreuz oft in seiner unheilvollen Form auf, bei der die Arme nach links abgewinkelt sind,
was ein bedeutsamer Umstand sein kann oder auch nicht. Wir finden
auch das Malteserkreuz in den Zentren dieser frühen Mandalas –
gelegentlich zu stilisierten Tierformen abgewandelt, als ob die
Tiere aus den kreisenden Armen hervorträten (siehe oben S. 110,
Abb. 1). In mehreren Fällen tauchen stilisierte Frauengestalten
auf, deren Füße oder Köpfe in der Mitte des Mandalas zusammen-
streben, so daß sie einen Stern bilden. Die Muster solcher Mandalas sind für gewöhnlich viergeteilt, mitunter aber auch fünf-, sechs-

oder achtgeteilt. Oder es sind etwa vier Gazellen zu sehen, die einen Baum umkreisen. Manche Motive zeigen schöne im Wasser stehende Vögel, die Fische fangen.[43]

Die archäologische Fundstätte, nach der diese herrliche Gruppe schmuckvoll bemalter Gefäße benannt wurde – Samarra –, liegt im Irak am Tigris, gute 30 Kilometer oberhalb von Bagdad; und das Verbreitungsgebiet der Ware erstreckt sich im Norden bis Ninive, im Süden bis zur Spitze des Persischen Golfs und im Osten über den Iran bis hin zur afghanischen Grenze. Die Halafware dagegen fand man verstreut über eine nordwestlich davon gelegene Gegend, deren Hauptzentrum sich in Nordsyrien befindet, etwas südlich des sogenannten Taurus, des Stiergebirges von Anatolien (an dessen Rande auch Çatal Hüyük und Hacilar liegen), dort, wo sich der Euphrat und seine Nebenflüsse von den Gebirgsausläufern hinab in die Ebene ergießen. Am bemerkenswertesten an diesen schön dekorierten Stücken ist das häufige Vorkommen des Stierkopfes (des Bukranion, wie in Çatal Hüyük), von vorn gesehen und mit großen, geschwungenen Hörnern. Die Form ist sowohl naturalistisch als auch in verschiedenen stilisierten, aber sehr ansprechenden Ausführungen dargestellt. Ein weiteres hervorragendes Motiv in dieser Gruppe ist die Doppelaxt, die in der späteren kretischen Kunst das Zeichen und die Waffe der Göttin ist. Auch hier finden wir, wie in Samarra, das Malteserkreuz, aber, bezeichnenderweise vielleicht, weder das Hakenkreuz noch jene anmutigen Gazellenmuster. Außer den weiblichen Statuetten (die in diesem Zusammenhang sehr zahlreich sind) stoßen wir überdies auf Tonfiguren der Taube wie auch von Schwein, Kuh, Buckelrind, Schaf und Ziege.[44] Auf einem sehr hübschen Tonfragment ist die Göttin zwischen zwei aufgerichteten Ziegen stehend zu sehen – zu ihrer Linken ein Bock und gegenüber eine Geiß, die ein kleines Kitz säugt.[45] Alle diese Symbole stehen im halafischen Kulturkomplex mit dem sogenannten Bienenkorbgrab in Zusammenhang.

Genau dies ist nun der Komplex, der nicht nur ein Jahrtausend später auf Kreta auftauchte,[46] sondern auch von dort übers Meer, vorbei an den Säulen des Herkules, nordwärts zu den Britischen Inseln und südwärts zur Goldküste, nach Nigeria und in den Kongo gebracht wurde. Es ist auch der Grundkomplex der mykenischen Kultur, von der die Griechen und damit wir selbst so viele Symbole übernommen haben. Und als der Kult des toten und wieder auferstandenen Mondgottes im vierten oder dritten Jahrtausend v. Chr. von Syrien aus ins Nildelta getragen wurde, da gingen diese Symbole mit. Ich glaube in der Tat, wir dürfen mit ziemlicher Sicherheit behaupten, daß wir es in dieser halafischen Symbolik des Stieres und der Göttin, der Taube und der Doppelaxt mit einer Fortsetzung der mythologischen Tradition zu tun haben, die sich bereits zweitausend Jahre zuvor in den Kultstätten von Çatal Hüyük gezeigt hatte, und zwar mit einer Zwischenstufe dieser fortdauernden Tradition auf dem Wege zu ihrem Höhepunkt in den großen historischen Religionen von Ischtar und Tammuz, Isis und Osiris, Venus und Adonis, Maria und Jesus. Vom Taurusgebirge aus – den Bergen des Stiergottes, der bereits mit dem gehörnten Mond, welcher stirbt und wieder aufersteht, gleichgesetzt worden sein muß – breitete sich der Kult zusammen mit der Kenntnis der Rinderzucht praktisch bis zu den Enden der Erde aus; und als eine Verheißung auch unseres ewigen Lebens feiern wir das Geheimnis dieses Mythos von Tod und Auferstehung bis auf den heutigen Tag. Der Sinn dieses archaischen Mysterienspiels läge also in seinem Hindeuten auf die Immanenz der Ewigkeit in den Zeitläufen. Was aber ist Ewigkeit und was Zeit? Und warum im Bilde des Stieres oder des Mondes?

*e) Der hieratische Stadtstaat: ca. 3500–2500 v. Chr.*

Stadium vier in der Entwicklung der Ackerbaukultur im Nahen Osten, von der alle Hochkulturen der Welt herstammen, setzte um 3500 v. Chr. ein. Ein halbes Jahrtausend zuvor, ca. 4000 v. Chr. (dem Zeitpunkt der Erschaffung der Welt nach dem Buch Genesis), hatten sich etliche neolithische Dörfer zur Größe und Funktion von Marktflecken aufgeschwungen, und es hatte darüber hinaus eine Ausweitung des chalkolithischen Kulturraumes nach Süden in das Schlammgebiet des Zweistromlandes stattgefunden. Dies war die Zeit, in der das wahrhaft große und noch immer geheimnisvolle

Volk der Sumerer erstmals die Bühne der Geschichte betrat und in den heißen Flachlanden des Tigris- und Euphratdeltas jene Orte gründete, die um 3500 v. Chr. zu den königlichen Städten Ur, Kisch, Lagasch, Eridu, Sippar, Schuruppak, Nippur und Erech werden sollten. Die einzigen natürlichen Ressourcen dieses Landes waren Schlamm und Schilf. Holz und Stein mußten aus dem Norden eingeführt werden. Aber der Schlamm war fruchtbar, und die Fruchtbarkeit erneuerte sich alljährlich. Außerdem ließ sich der Schlamm zu sonnengetrockneten Ziegeln verarbeiten, die zum Tempelbau verwandt werden konnten. Damit treten zum erstenmal in der Weltgeschichte Tempel auf, Tempel, welche die Form der Zikkurat auf ihrer frühesten Stufe haben: eine kleine, künstlich geschaffene Erhöhung, die einen Kultraum für das Ritual der welterzeugenden Vereinigung der Erdgöttin mit einem Himmelsgott trägt. Und wenn wir nach den Zeugnissen der folgenden Jahrhunderte urteilen dürfen, so wurde in jener frühesten Zeit die Königin oder Fürstin jeder Stadt mit der Göttin und der König, ihr Gemahl, mit dem Gott gleichgesetzt.

Im Laufe des vierten Jahrtausends v. Chr. nahmen die Tempel in diesen flußnah gelegenen Städten an Größe und Bedeutung zu und wurden sowohl zu den wirtschaftlichen als auch den religiösen und politischen Zentren der anwachsenden Gemeinwesen. Zu einem Zeitpunkt, der sich inzwischen ziemlich genau auf 3200 v. Chr. (der Periode, die der Uruk B genannten archäologischen Schicht entspricht) festsetzen läßt, trat dann in diesem kleinen sumerischen Schlammgarten das ganze Kultursyndrom zutage, das seitdem für die Hochkulturen der Welt die Grundlage abgegeben hat: Es war, als ob die Blumen dieses Gartens, seine kleinen Städte, plötzlich zu blühen anfingen. Diese vierte und krönende Stufe jener Entwicklung, die ich hier nachzeichne, können wir die des *hieratischen Stadtstaates* nennen.

Halten wir inne und rekapitulieren wir: Wir haben die protoneolithische Periode der Natufier von ca. 9000 v. Chr. an aufgeführt, als die ersten Anzeichen eines beginnenden Getreideanbaus auftauchen; das Vollneolithikum der vorkeramischen, keramischen und frühchalkolithischen Dörfer von ca. 7500–4500 v. Chr., als die

Muttergöttin einer bereits fest ansässigen Bauernschaft ihren ersten dramatischen Auftritt hat; dann das Hochneolithikum (Mittel- und Spätchalkolithikum) der bemalten Halaf- und Samarrawaren von ca. 4500 v. Chr. an, als der abstrakte Begriff eines geometrisch geordneten, ästhetischen Feldes erstmals aufkommt und die spätneolithischen Marktflecken Tempeltürme aufzustocken beginnen; und schließlich sind wir nun bei der epochemachenden Zeit um 3200 v. Chr. angelangt, als plötzlich an genau der geographischen Stelle, wo die Flüsse Tigris und Euphrat ins Gebiet des Persischen Golfs eintreten, die wunderbare Kulturblüte des hieratischen Stadtstaates aufgeht.[47]

Jetzt wird die ganze Stadt (nicht nur der Tempelbezirk) als ein irdisches Abbild der himmlischen Ordnung entworfen, als eine gesellschaftliche Mittelwelt, ein Mesokosmos zwischen dem Makrokosmos des Alls und dem Mikrokosmos des Einzelmenschen, wodurch deren Wesensgestalt sichtbar gemacht wird: Der König steht (gemäß dem jeweiligen Kult als Sonne oder Mond) in der Mitte, und die von Mauern umgebene Stadt ist nach Art eines Mandalas um das zentrale Heiligtum des Palastes und der Zikkurat angelegt. S. H. Langdon schreibt hierzu: «Die Vergötterung von Königen und ihre Verehrung während ihrer Herrschaft waren für die sumerische Religion zur Zeit der letzten Dynastie von Ur und der anschließenden Dynastien von Isin und Ellasar charakteristisch.»[48] Es ist noch nicht geklärt, wann sich in Mesopotamien der Übergang von diesem Bild des Königs als eines Gottes zu dem des Königs als bloß eines vom Himmel ernannten Hohenpriesters oder eines «Gutsverwalters» des Gottes vollzog. Die sogenannten «Königsgräber» von Ur (die einige Sachverständige inzwischen auf nicht früher als 2500 v. Chr. datieren)[49] haben die Sache gründlich durcheinandergebracht. «Für mich», schrieb ihr Entdecker, «sind die Grabkammern von Ur die örtlicher Könige, die Vasallen der Könige der ersten Dynastie von Erech waren, und sie lebten in der zweiten Hälfte des vierten Jahrtausends v. Chr.»[50] Für Frankfort dagegen sind die in diesen Gräbern gefundenen Hauptpersonen niemals Könige oder Königinnen gewesen, sondern ihre männlichen und weiblichen Stellvertreter in einem rituellen Schauspiel von Tod und Auferstehung. «Die Hauptakteure wären demnach ... der Priester, der in dem tödlichen Ritual für den König den Gott spielte, sowie die göttliche Braut.»[51] In Ägypten, Indien, China und Japan hielt sich die Vorstellung vom König als Gott bzw. als Sohn Gottes bis in die neuere Zeit.[52]

Zu dieser eigentümlichen Stellung des Königs kommt noch ein mathematisch geordneter Kalender hinzu, der die zeitlichen Rhythmen des Lebens der Stadt gemäß dem Gang von Sonne und Mond durch die Sterne zu regeln hat, wie auch ein hochentwickeltes System ritueller Künste, zu denen auch die Kunst zählt, die Harmonie der sichtbaren Himmelssphären menschlichen Ohren hörbar zu machen. An diesem Punkt erscheint zum erstenmal auf der Welt die Schreibkunst und beginnt die schriftlich festgehaltene Geschichte. Das Rad erscheint. Auch besitzen wir Zeugnisse dafür, daß die zwei Zahlensysteme, die noch immer in der ganzen zivilisierten Welt gebräuchlich sind, nämlich das Dezimal- und das Sexagesimalsystem, damals gerade entwickelt worden waren. Das erstere wurde für Geschäftsabrechnungen in den Verwaltungen der Tempelanlagen, wo das als Steuer eingetriebene Getreide gelagert wurde, und das letztere für das rituelle Messen von Raum und Zeit benutzt: Noch immer wird der Kreisumfang, das heißt das Mandala des Raumes, in dreihundertundsechzig Grade unterteilt, während dreihundertundsechzig Tage plus fünf den Kreislauf des Jahres, das Zeitmandala, messen. Diese fünf eingeschalteten Tage im zeitlichen Mandala – die die Öffnung darstellen, durch welche geistige Energie aus dem Pleroma der Ewigkeit in die Sphäre der Zeit fließt, und die folglich Fest- und Feiertage sind – entsprechen dem mystischen Punkt in der Mitte des räumlichen Mandalas, der das Allerheiligste des Tempels ist, wo sich die irdischen und die himmlischen Kräfte vereinen. Die vier Seiten des Tempelturmes, die nach den vier Hauptpunkten der Windrose ausgerichtet sind, streben in diesem fünften Punkt zusammen, wo die Energie des Pleromas in die Zeit eintritt – und damit sehen wir, wie abermals die Zahl Fünf den dreihundertundsechzig hinzugezählt wird, um das Geheimnis der Immanenz der Ewigkeit in der Zeit zu symbolisieren.

Dieser Tempelturm und die ihn umgebende, hieratisch geordnete kleine Stadt, in der jeder seine Rolle nach einem vom Himmel empfangenen göttlichen Plan spielt, ist natürlich auch das Vorbild des Paradieses, das wir nicht nur in dem hinduistisch-buddhistischen Bild vom Berg Sumeru, im griechischen Olymp und in den aztekischen Sonnentempeln wiederfinden, sondern auch in Dantes Erdenparadies, nach dem sich Kolumbus auf die Suche begab, und im biblischen Bild vom Garten Eden, aus dem sich die mittelalterliche Paradiesvorstellung entwickelte und der nach dem Datum, das man in den Randglossen mancher alten Bibel findet – ziemlich genau zur Zeit der Gründung der ersten sumerischen Städte erschaffen wurde: 4004 v. Chr.

Alles in allem scheint ziemlich unzweifelhaft bewiesen zu sein, daß die Idee des hieratischen Stadtstaates als eines Mesokosmos bzw. eines gesellschaftlichen Abbilds der Himmelsordnung erstmalig um 3200 v. Chr. in den kleinen Städten von Sumer als ein Paradigma auftauchte und dann auf den im älteren Neolithikum bereits gebahnten Pfaden nach Westen und Osten ausgestreut wurde. Die versammelten wunderbaren, lebensordnenden Ideen und Prinzipien, darunter die Schreibkunst, die Mathematik und die kalendarische Astronomie, gelangten ca. 2800 v. Chr. zum Nil und inspirierten die Kultur der ersten Dynastie Ägyptens. Um 2600 v. Chr. erreichten sie Kreta und in der entgegengesetzten Richtung das Industal, um 1500 v. Chr. das China der Shangdynastie und wahrscheinlich bereits um 1000 v. Chr. – etwa von China aus über den Pazifik? – schließlich Peru und Mittelamerika.[53] Wir müssen daher die wohl belegte und erwiesene Tatsache anerkennen, daß alle Hochkulturen der Welt letztlich nur Abwandlungen und Weiterentwicklungen einer einzigen, wunderbaren Monade mythischer Inspiration sind – und daß diese Monade vor kaum mehr als fünftausend Jahren in den Schlamm- und Schilfgebieten Mesopotamiens Form und Leben erhielt, während sich doch die Geschichte und Vorgeschichte der Menschheit über einen Zeitraum von gut einer Million siebenhundertundfünfzigtausend Jahren erstreckt.

Wollten wir nun versuchen, Sinn oder Bedeutung dieser Monade in Worte zu fassen, Sinn oder Wesen jener Erkenntnis, die dieses Bild von der Bestimmtheit des Menschen als eines Organs im

Gesamtorganismus des Weltalls so nachdrücklich heraufbeschworen zu haben scheint, so könnten wir sagen, daß die bereits genannte psychische Forderung nach einem Prinzip harmonischen Zusammenwirkens, welches die Teile eines differenzierten Gesellschaftskörpers in geordnete Beziehungen zueinander setzt und zugleich durch sie alle hin das Spiel einer höheren, alldurchdringenden, allerfüllenden Energie ahnen läßt – daß diese tief empfundene psychische wie auch soziale Forderung irgendwann im vierten Jahrtausend v. Chr. mit der Einsicht in den geordneten Reigen der fünf sichtbaren Planeten und von Sonne und Mond durch die Konstellationen des Tierkreises eingelöst worden sein muß. Diese Himmelsordnung sollte für alle Kulturen und Philosophen der Welt zur vorbildlichen Offenbarung der menschlichen Bestimmung werden. Mit Platons Worten: «Die Bewegungen aber, die Verwandtschaft mit dem Göttlichen in uns zu haben, sind die Gedanken und die Umläufe des Alls. Diesen also muß ein jeder Gefolgschaft leisten; die Kreisläufe, die sich in unserem Kopf befinden und die durch unsere Entstehung gestört sind, müssen wir in der Weise wieder in Ordnung bringen, daß wir zur Erkenntnis der Harmonien und der Umläufe des Alls gelangen und so das Denken mit dem Gegenstande des Denkens in Übereinstimmung bringen, entsprechend seinem ursprünglichen Wesen, und daß wir, wenn das geschehen ist, die Vollendung jenes Lebens erreichen, das den Menschen von den Göttern für die Gegenwart und für die zukünftige Zeit als Bestes vorgesetzt ist.»[54] Der ägyptische Name für diese Ordnung lautete Ma'at, in Indien heißt sie Dharma und in China Tao. Und wenn wir nun versuchen wollten, Sinn oder Bedeutung aller Mythen und Rituale, die dieser Vorstellung von einer Weltenordnung entsprungen sind, auf den Begriff zu bringen, dann könnten wir sagen, daß jene der Formung dieser dienen und dahin wirken, die menschliche Ordnung mit der himmlischen in Einklang zu bringen. «Dein Wille geschehe, wie im Himmel, also auch auf Erden.» Die Mythen und Riten vereinigen sich zu einem Mesokosmos, einer mittleren und mittelnden Welt, über die der Mikrokosmos des Einzelmenschen in Beziehung zum Makrokosmos des Alls gebracht wird. Dieser Mesokosmos ist der Gesamtrahmen des Gesellschaftskörpers, der somit eine Art lebendiger Dichtung, Hymne oder Ikone aus Schlamm und Schilf, aus Fleisch und Blut und aus Träumen ist, gebildet zur Kunstform des hieratischen Stadtstaates. Das Leben auf der Erde soll mit dem Grad an Vollkommenheit, wie er menschlichen Körpern möglich ist, die fast verborgene, nun aber entdeckte Ordnung des prächtigen Schauspiels der Sphären widerspiegeln. Dieses Schauspiel ist es, was den Mesokosmos, die mittlere, soziale Welt der Stadt geformt hat; und die Strukturen dieses Mesokosmos sind es, was die Seele geformt hat. Kunst und Brauchtum formen die Seele: als Ritual gelebte Kunst.

## 3
## Das Problem des entstehenden neuen Symbols

Die Seele jedoch, dieser einer vorgestellten Ordnung des Makrokosmos nachgebildete Mikrokosmos, muß ein Engramm sein, etwas Eingeprägtes, Eingeschriebenes, und nichts Angeborenes. Wie bereits oben (S. 63–66) bemerkt, ist der Mensch bei der Geburt noch nicht ganz Mensch, und er wird auch nicht durch eine bloß physische, biologische Entwicklung zum Menschen. Das Kind wächst und entwickelt sich, wie gesagt, über eine Spanne von Jahren, die bei den meisten Säugetieren ein ganzes Leben ausmacht, und wird in seinem Wachstum während dieser Zeit von der jeweiligen Gesellschaftsordnung geformt. Um die Worte von Adolf Portmann zu wiederholen: «Der Mensch ist das unvollendete Wesen, dessen Lebensform die durch Tradition bestimmte Geschichtlichkeit ist.»[55] Somit ist jeder von uns nur ein Teil, ein Bruchstück oder eine Nuance dessen, was er hätte sein können. Im Lichte dieser Wahrheit verstehen wir auch die Frage des Zenmeisters an den Schüler, der Befreiung von dem System eingeprägter Ideen, das ihm zur Seele geworden war, erlangen wollte: «Welches ist dein ursprüngliches Gesicht, das du schon vor deiner Geburt hattest?»[56] Oder die Frage des Hindu-Gurus: «Wo bist du zwischen zwei Gedanken?»[57]

C. G. Jung hat in einer seiner zahlreichen Ausführungen über moderne Mandalas darauf hingewiesen, daß, während die zentrale Gestalt in den traditionellen, jetzt aber veralteten Formen ein Gott war, «der Gefangene oder der wohlbeschützte Bewohner des Mandalas ... kein Gott zu sein (scheint), insofern die benutzten Symbole, zum Beispiel Sterne, Kreuze, Kugeln usw., keinen Gott meinen, sondern eher einen offensichtlich wichtigen Teil der menschlichen Persönlichkeit. Man könnte sagen, daß der Mensch selbst, oder seine innerste Seele, der Gefangene oder der beschützte Bewohner des Mandalas sei.» Überdies, so fährt er fort, «ist es evident, daß im modernen Mandala gewissermaßen der Mensch, das heißt der tiefe Grund des Selbst, die Gottheit nicht ersetzt, sondern versinnbildlicht hat. Es ist eine bemerkenswerte Tatsache, daß dieses Sinnbild ein natürliches und spontanes Vorkommnis darstellt, und daß es immer ausgesprochen eine dem Unbewußten entspringende Schöpfung ist.»[58] Und abermals: «Ein modernes Mandala ist ein unwillkürliches Bekenntnis eines besonderen geistigen Zustandes. Es ist keine Gottheit in dem Mandala, und es ist auch keine Unterwerfung oder Versöhnung mit einer Gottheit angedeutet. Der Platz der Gottheit scheint durch die Ganzheit des Menschen eingenommen zu werden.»[59]

Unwillkürlich fallen einem die Worte des Paracelsus ein: »dan niemants ist ausgenommen, der nit under dem ampt gottes lebe: ich under dem herren, der herr under mir, ich under im außerhalb meins ampts und er under mir außerhalb seines ampts. also ist ie einer under des andern ampt und in solcher lieb ie einer dem andern underworfen.»[60]

Denn das große Wort und Thema der Renaissance, Humanitas, scheint, wenigstens in unseren Tagen, den himmlischen Zauber, der die Menschen sechstausend Jahre lang in seinen Bann geschlagen hatte, gebrochen zu haben und nunmehr ein neues A und O anzubieten: ein neues Bild, ein neues Engramm für die Mitte unseres Mandalas. Bevor wir uns jedoch diesem neuen Bild mit Haut und Haar verschreiben – wie davor dem Bilde Gottes –, wollen wir innehalten und uns (in diesem kostbaren Moment zwischen zwei Engrammen!) fragen, ob es nicht möglich sei, zu jener Leere «zwischen zwei Gedanken», aus der die Symbole kommen, durchzudringen und damit eine Art Unabhängigkeit von der Setzung dieses Jahrhunderts zu gewinnen. Denn wir dürfen die von Jung vorgenommene Unterscheidung zwischen Zeichen und Symbol nicht vergessen: Das Zeichen ist ein Verweis auf etwas Bekanntes, das Symbol ist eine Figur, durch die auf ein Unbekanntes angespielt wird. Ins Unbekannte also, über das Gottes- wie auch das Menschenbild hinaus, müssen wir vorstoßen, wenn wir den letzten Grund all dieser lenkenden und schützenden, erbauenden und doch fesselnden Namen und Formen finden wollen.

Wir wollen daher unter dem geometrisch angelegten Fußboden der befestigten neolithischen Stadt graben und das Geheimnis der paläolithischen Höhle erkunden, in der der Mensch, nach der Beobachtung von Géza Róheim zu schließen, frei, ungebunden, wahrhaft selbständig und erwachsen war.

## ZWEITER TEIL

### 4
### Der Schamane und der Priester

Einen guten Zugang zu diesem Problem bietet, wie ich meine, eine Sage aus jenem Teil der Vereinigten Staaten, der noch immer das «Indianerland» genannt wird. Dort kann man noch einstige Jägerstämme besuchen, die erst in jüngerer Zeit unter den Einfluß der aus Mexiko und Zentralamerika stammenden neolithischen Maiskultur geraten sind.

In Nordamerika zeigen sich je nachdem, ob die Stämme Jäger oder Pflanzer sind, stark voneinander abweichende Gewohnheiten. Die Jäger legen in ihrem religiösen Leben Wert auf das Fasten, das der Einzelne unternimmt, um Visionen zu erlangen. Der Junge von zwölf oder dreizehn Jahren wird von seinem Vater mit einem kleinen Feuer, das die Tiere fernhalten soll, an einem einsamen Ort zurückgelassen, und dort fastet und betet er vier oder mehr Tage lang, bis ihn ein Geist in Menschen- oder Tiergestalt im Traum aufsucht, um zu ihm zu sprechen und ihm Kraft zu geben. Sein späterer Lebensgang wird von dieser Vision bestimmt sein, denn sein Schutzgeist kann ihm die Kraft, als Schamane Menschen zu heilen, Tiere anzulocken und zu töten oder ein großer Krieger zu werden, übertragen. Reicht die erlangte Gunst dem jungen Mann in seinem Streben nicht aus, so kann er aufs neue fasten, so oft er will. Ein alter Indianer vom Stamm der Krähen (Crow) namens Eine blaue Perle (One Blue Bead) berichtete von solch einem Fasten. «Als ich ein Junge war», erzählte er, «war ich arm. Ich sah die Kriegstrupps mit ihren Führern an der Spitze heimkehren und eine Prozession abhalten. Ich beneidete sie und nahm mir vor, zu fasten und zu werden wie sie. Als ich die Vision hatte, bekam ich, wonach ich mich gesehnt hatte. Ich tötete acht Feinde.»[61] Hat ein Mann Pech, so weiß er, daß die ihm zuteil gewordene Gabe übernatürlicher Kraft nicht ausreicht, während andererseits die großen Schamanen und Kriegshäuptlinge durch ihr mehrmaliges Visionsfasten Kraft im Überfluß erworben haben. Vielleicht haben sie sich Fingerglieder abgehackt und diese geopfert. Solche Opfer waren unter den Prärieindianern üblich, und an den alten Händen von so manchem waren gerade noch genug Finger und Fingerglieder dran, um einen Pfeil einlegen und den Bogen spannen zu können.

Dagegen dreht sich das Leben bei den Pflanzerstämmen – den Hopi, den Zuñi und anderen Pueblobewohnern – um die reichen und komplexen Zeremonien ihrer maskierten Götter. Es sind ausgefeilte Riten unter Beteiligung der gesamten Gemeinschaft, die nach einem religiösen Kalender festgesetzt und von Bünden geschulter Priester geleitet werden. Wie Ruth Benedict in ihrem Buch *Patterns of Culture* bemerkte: «Kein anderer Wirkungskreis kann dem des Rituals den ersten Platz im Leben der Zuñi streitig machen. Wahrscheinlich verwenden die meisten Männer der westlichen Puebloindianer den größten Teil der nicht mit Schlafen zugebrachten Zeit ihres Lebens in seinem Dienst. Er fordert das Auswendiglernen eines umfangreichen, bis auf das einzelne Wort festgelegten Rituals, vor dem unser nur wenig darin geübter Geist zurückschrecken würde, und die Ausführung genauest vorgeschriebener Zeremonien, welche kalendarisch fixiert sind und in verwirrender Fülle all die verschiedenen Kulthandlungen mit dem Verwaltungskörper des Dorfes in endlosem, in starrste Formen gepreßtem Zeremoniell unlösbar miteinander verschränken.»[62] In einer solchen Gesellschaft gibt es für den Einzelnen nur wenig Spielraum. Ein starres Verhältnis besteht nicht nur zwischen ihm und seinen Stammesgenossen, sondern auch zwischen dem Dorfleben und dem Kalenderzyklus, denn die Pflanzer sind sich über ihre Abhängigkeit von den Göttern der Elemente völlig im klaren. Eine kurze Periode von zuviel oder zuwenig Regen im entscheidenden Moment, und der Lohn der Arbeit eines ganzen Jahres ist Hunger. Was den Jäger angeht... – Jagdglück ist eine ganz andere Sache.

Wir können diesen Gegensatz noch deutlicher hervorheben, wenn wir den Priester und den Schamanen vergleichen. Der Priester ist das gesellschaftlich initiierte, zeremoniell eingesetzte Mitglied einer anerkannten religiösen Ordnung, in der er als Träger eines Amtes, das andere vor ihm bekleidet haben, einen bestimmten Rang und bestimmte Aufgaben hat, während der Schamane ein Mensch ist, der sich infolge einer persönlichen seelischen Krise eine gewisse eigene Macht erworben hat. Die Geister, die ihm in der Vision erschienen, waren nie zuvor von irgend jemand anderem gesehen worden, sie waren seine besonderen Schutzgeister. Die maskierten Götter der Puebloindianer dagegen, die Maisgötter und die Wolkengötter, deren Dienst von streng gegliederten Bünden ordentlicher Priester versehen wird, sind die allbekannten Schirmherren des gesamten Dorfes und sind seit unvordenklicher Zeit angebetet und in den zeremoniellen Tänzen dargestellt worden.

Die Sage, die ich erzählen möchte, ist die Ursprungssage der Jicarilla-Apache in New Mexico. Ursprünglich ein Jägervolk, drangen sie im vierzehnten Jahrhundert n. Chr. in das Gebiet der maisanbauenden Puebloindianer ein und machten sich das dortige neolithische Zeremonialwesen zu eigen.[63] Die Sage ist lang, aber ich werde sie gerafft wiedergeben und schnell zum Wesentlichen kommen.

«Am Anfang», so heißt es,[64] «gab es hier, wo jetzt die Welt steht, nichts: keine Erde – nichts als Finsternis, Wasser und Wirbelstürme. Keine Menschenseele war am Leben. Es gab nur die Hactcin. Es war ein einsamer Ort.»

Die Hactcin, die bei den Apache das Gegenstück zu den maskierten Göttern der Pueblos sind, personifizieren jene Mächte, die das Schauspiel der Natur aufführen. Sie schufen zuerst die Erdmutter und den Himmelsvater, dann die Tiere und Vögel und zum Schluß Mann und Frau. Die ersten Zeitalter über war es finster, aber dann brachten die Hactcin Sonne und Mond hervor, die daraufhin von Norden nach Süden zogen.

Aber, so fährt die Sage fort, «es gab alle Arten von Schamanen unter den Leuten: Männer und Frauen, die behaupteten, mit der Kraft aller möglichen Dinge begabt zu sein. Diese Schamanen sahen die Sonne von Norden nach Süden ziehen und besprachen sich untereinander. Einer sagte: ‹Ich habe die Sonne gemacht.› Ein anderer: ‹Nein, ich.› Sie gerieten in Streit, und die Hactcin befahlen ihnen, nicht solche Reden zu führen. Aber sie gaben weiter an und zankten sich. Einer sagte: ‹Ich denke, ich halte mal die Sonne dort oben an, damit es keine Nacht gibt. Oder nein, ich lasse sie doch lieber ziehen. Wir brauchen etwas Zeit zum Ausruhen und Schlafen.› Ein anderer meinte: ‹Vielleicht schaffe ich den Mond ab. Wir brauchen doch nachts wirklich kein Licht.› Aber die Sonne ging am zweiten Tage auf, und die Vögel und Tiere freuten sich. Am folgenden Tag war es genauso. Als jedoch der Mittag des vierten Tages kam und die Schamanen trotz der Weisung der Hactcin immer noch ihre Reden führten, trat eine Sonnenfinsternis ein. Die Sonne schlüpfte oben durch ein Loch, und der Mond folgte ihr. Daher kommt es, daß wir heutzutage Sonnenfinsternisse haben.

Einer der Hactcin sagte: ‹Na schön, ihr Leute, ihr sagt, ihr hättet Kräfte. Jetzt holt einmal die Sonne zurück.›

Sie stellten sich alle auf: In einer Reihe standen die Schamanen und in einer anderen alle Vögel und Tiere. Die Schamanen fingen mit ihren Kunststücken an. Sie zeigten alles, was sie konnten. Manche saßen da und sangen und verschwanden dabei im Erdboden, so daß nur noch ihre Augen herausschauten; dann kamen sie wieder empor. Doch damit brachten sie die Sonne nicht zurück. Sie zeigten damit nur, daß sie Kräfte besaßen. Manche verschluckten

Pfeile, die ihnen am Bauch wieder aus dem Fleisch traten. Manche verschluckten Federn; manche verschluckten ganze Tannenbäume und spuckten sie wieder aus. Aber noch immer waren sie ohne Sonne und Mond.

Der Hactcin sagte: ‹Ihr macht das alle ganz wacker, aber ich glaube nicht, daß ihr die Sonne zurückbringt. Eure Zeit ist um.› Er wandte sich an die Vögel und Tiere. ‹Gut›, sagte er, ‹jetzt seid ihr an der Reihe.›

Alle begannen, höflich miteinander zu reden, als ob sie Schwäger wären, aber der Hactcin sagte: ‹Ihr müßt schon etwas mehr tun, als derart höflich miteinander zu reden. Steht auf, und fangt etwas mit eurer Kraft an! Holt die Sonne zurück!›

Der Grashüpfer versuchte es als erster. Er streckte seine Hand in die vier Himmelsrichtungen aus, und als er sie zurückzog, hielt er Brot darin. Der Hirsch streckte seine Hand in die vier Himmelsrichtungen aus, und als er sie zurückzog, hielt er die Yuccafrucht darin. Auf die gleiche Weise holte der Bär Würgkirschen, das Murmeltier Beeren, das Eichhörnchen Erdbeeren, der Truthahn Mais, und so machten es alle. Aber obwohl die Hactcin sich mit diesen Gaben zufrieden zeigten, waren die Leute immer noch ohne Sonne und Mond.

Darauf nahmen die Hactcin die Sache selbst in die Hand. Sie hießen Donner von viererlei Farbe aus den vier Himmelsrichtungen kommen, und diese Donner brachten Wolken von viererlei Farbe, aus denen es regnete. Dann hießen sie den Regenbogen kommen, denn es sollte während der Pflanzung der Samen, die die Leute hervorgebracht hatten, schön sein, und sie machten eine Sandmalerei mit vier bunten Häufchen in einer Reihe, in die sie die Samen steckten. Die Vögel und Tiere sangen, und alsbald begannen die Häufchen zu wachsen, die Samen begannen zu keimen, und die vier Haufen bunter Erde vermengten sich und wurden zu einem Berg, der unablässig in die Höhe stieg.

Dann wählten die Hactcin zwölf Schamanen aus, deren Zauberkunststücke besonders eindrucksvoll gewesen waren, malten sechs von ihnen, die die Sommerszeit verkörpern sollten, ganz blau an und sechs, die den Winter verkörpern sollten, ganz weiß und nannten sie Tsanati: Das war der Ursprung des Tsanati-Tanzbundes bei den Jicarilla-Apache. Danach schufen die Hactcin sechs Clowns, die sie weiß mit vier schwarzen, waagrechten Streifen anmalten: einen über das Gesicht, einen über die Brust, einen über die Oberschenkel und einen über die Unterschenkel. Die Tsanati und die Clowns schlossen sich dann den Leuten in ihrem Tanz an, auf daß der Berg wachse.»[65]

Man sieht, was mit den Schamanen geschehen ist. Sie sind mit ihrem individualistischen Zaubergebaren paläolithischen Stils unglaubwürdig gemacht worden und haben einen Platz im sozialen Mandala einer samenpflanzenden, fruchtanbauenden Gemeinschaft erhalten, zu welchem größeren Ganzen sie nun ihren Teil beitragen können. Die Episode stellt den Sieg eines gesellschaftlich gesalbten Priestertums über die äußerst gefährliche und unvorhersehbare Kraft individueller Begabung dar. Und der Erzähler dieser Jicarilla-Apachegeschichte erläuterte selbst die Notwendigkeit, die Schamanen in die Zeremonialordnung mit einzubeziehen. «Diese Leute», sagte er, «hatten ihre eigenen Zeremonien, die sie aus unterschiedlichen Quellen bezogen, von Tieren, vom Feuer, vom Truthahn, von Fröschen und von anderen Wesen. Man konnte sie nicht übergehen. Sie hatten Kräfte und mußten ebenfalls mithelfen.»[66]

Ich kenne keinen einzigen Mythos, der deutlicher als dieser die Krise ausdrückt, welche die Gesellschaften der Alten Welt heimgesucht haben muß, als die neolithische Ordnung ihre Macht fühlbar werden ließ und allmählich die wohnlichsten Gebiete der Erde eroberte. Die Lage in New Mexico und Arizona zur Zeit der Entdeckung Amerikas war kulturell der sehr ähnlich, die im Nahen und Mittleren Osten und in Europa vom vierten bis zum zweiten Jahrtausend v. Chr. geherrscht haben muß, als Völkern, die an die Freiheit und die Wechselfälle der Jagd gewöhnt waren, die starren Formen eines geordneten seßhaften Daseins aufgezwungen wurden. Dabei gilt es auch, die wichtige Parallele zu beachten, die zwischen dem Gegensatz von wilden, streitsüchtigen, gefährlichen Schamanen und den Leuten, die höflich wie Schwäger miteinander umgingen, und dem Gegensatz zwischen Titanen und Göttern,

Teufeln und Engeln, Asuras und Devas in den zahlreichen bäurischen Traditionen Asiens und Europas besteht. In den Purānas der Hindus gibt es einen bekannten Mythos, in dem die Götter und Dämonen unter der Aufsicht der zwei höchsten Gottheiten, Vishnu und Shiva, zusammenarbeiten, um das Milchmeer zu Butter zu quirlen. Sie nahmen den Weltenberg als Quirlstock und wickelten die Weltenschlange als Quirlstrick darum. Dann packten die Götter am Kopfende der Schlange an und die Dämonen am Schwanz, und während Vishnu den Weltenberg trug, quirlten sie tausend Jahre lang und brachten zu guter Letzt die Butter der Unsterblichkeit hervor.[67] Es ist fast ausgeschlossen, nicht an diesen Mythos zu denken, wenn man von den Bemühungen der streitsüchtigen Schamanen und der ordentlichen Leute liest, den Weltenberg unter der Aufsicht der Apache-Hactcin zum Wachsen zu bringen, damit er sie zur Welt des Lichtes emportrage.

Die Tsanati und die Clowns, so heißt es, schlossen sich den Leuten in ihrem Tanz an, und der Berg wuchs und wuchs, bis seine Spitze fast an das Loch reichte, durch welches die Sonne und der Mond verschwunden waren. Man brauchte dann bloß noch aus den vier Farben vier Lichtleitern zu bauen, auf denen die Leute zur Oberfläche dieser unserer heutigen Erde aufsteigen konnten. Die sechs Clowns gingen mit magischen Peitschen voran, um Krankheiten zu vertreiben, und ihnen folgten die Hactcin, dann kamen die Tsanati und nach diesen die Menschen und die Tiere. «Und als sie auf diese Erde emporkamen», erklärte der Erzähler der Geschichte, «war es genauso, wie wenn ein Kind aus der Mutter geboren wird. Der Ort der Heraufkunft ist der Mutterschoß der Erde.»[68]

# 5
## Die Wildgans

Das oberste Anliegen sämtlicher Mythologien, Zeremonien, Moralsysteme und Sozialordnungen von Ackerbaugesellschaften ist es von jeher gewesen, die Äußerungen des Individualismus zu unterdrücken. Im allgemeinen wurde dies dadurch bewerkstelligt, daß man die Leute zwang oder überredete, sich nicht mit ihren eigenen Interessen, Intuitionen oder Erfahrungsweisen zu identifizieren, sondern mit Verhaltensarchetypen und Gefühlsordnungen, die im öffentlichen Bereich entwickelt und aufrechterhalten wurden. In Indien beispielsweise besteht das Ideal des Dharma in einer bedingungslosen Unterwerfung unter die Archetypen der Kasten, also unter Funktionen der Gesellschaftsordnung, die dem Einzelnen durch eine Theorie stufenweiser Inkarnationen über viele Lebzeiten hin, von Kaste zu Kaste, einsichtig gemacht werden. Am härtesten kommt dieses Ideal in dem Wort «satī» zum Ausdruck, dem weiblichen Partizip Präsens der Verbalwurzel sat, «sein». Eine Satī ist eine Frau, die etwas *ist:* nämlich eine archetypische Gattin. Sie hat jeden Drang danach, ein unabhängiges Individuum zu werden, unterdrückt, und dies sogar bis hin zur letzten Selbstaufgabe, wenn sie sich auf den Scheiterhaufen ihres gestorbenen Gatten wirft. Im archaischen Orient ist jede recht getane Handlung satī: ein Ausbrennen, Ausmerzen des Ich.

Auch im Abendland ist das Ich als die Domäne des Teufels angesehen worden. Die Titanen, die von den Olympiern bezwungen wurden, waren ebenso Verkörperungen dieses Prinzips wie die Dämonen in Indien – und wir wissen, wie sie tief im Berg angekettet und gefangengehalten wurden. Ein ähnliches Los fiel in der germanischen Überlieferung den Riesen und Zwergen, dem Fenriswolf, der Midgardschlange und dem Hund Garm zu. Jedoch, so werden wir gewarnt, der Tag wird kommen, an dem ihre Ketten abfallen, und dies wird der Schicksalstag der Götter sein: Ragnarök. Dann wird nichts als Furcht im Himmel und auf Erden herrschen.[69]

Doch dieser Tag ist bereits gekommen – und das seit 1492, als das Mandala zerbrach, das sechstausend Jahre zuvor in der Zeit der Halaf- und Samarraschalen geschaffen worden war. In seinem *Gefesselten Prometheus* stellte Aischylos den Geist des Titanen dar, der jetzt ausgebrochen ist:

Mit einem Wort, ganz hass' ich all und jeden Gott,
So viel, zum Dank für Gutes, Übel tun an mir! . . .

Es komme niemals dir zu Sinn, daß ich in Angst
Vor Zeus' Belieben Weibersinnes werden könnt'
Und schmeichelnd flehen, ihn, den ich so mächtig hass',
Mit hocherhobnen Händen, Weibern nachgeahmt,
Aus diesen Banden mich zu lösen. Nimmermehr![70]

Es ist kein Zufall, daß Prometheus der Held der humanistischen Aufklärung wurde und daß wir heute, da der Mythos des Mandalas in voller Auflösung begriffen ist, feststellen, daß ein Symbol der menschlichen Ganzheit dem dunklen Schlund des Unbewußten entsteigt, wo es sechstausend Jahre lang angekettet war. Wird das Mandala diesen entfesselten Prometheus noch fassen können?

Es sind unter den amerikanischen Stämmen Hunderte von volkstümlichen Erzählungen gesammelt worden, die in mannigfachen Abwandlungen den Feuerbringer, den titanischen Trickster der paläolithischen Jäger schildern. Bei den Prärieindianern nahm er die Gestalt einer Schakalart, des Coyoten, an, bei den Waldbewohnern war er der Große Hase (dessen Abenteuer manchmal von den Negern in Amerika einem afrikanischen Hasenhelden zugeschrieben wurden, dem wir in den Geschichten vom Bruder Hasen, Br'er Rabbit, begegnen), bei den Stämmen der Nordwestküste war er der Rabe. Sein nächster Verwandter in den Mythen Europas wäre der Unheilstifter Loki, der zum Zeitpunkt der Ragnarök Führer der Scharen von Hel sein wird. Coyote, der Rabe, der Große Hase – oder der Alte, wie man ihn nennt, wenn er in einer ganz menschlichen Gestalt erscheint – ist ebensosehr ein geiler Tölpel wie ein überaus gewitzter und grausamer Betrüger; er ist aber auch der Schöpfer der Menschen und der Bildner der Welt. Es ist kaum angebracht, eine solche Figur einen Gott zu nennen oder sie auch nur für übernatürlich zu halten. Er ist ein Meisterschamane. Wir finden seinesgleichen in Mythen und Sagen auf der ganzen Welt – überall dort, wo der Schamanismus seine Spur hinterlassen hat: in Ozeanien und Afrika so gut wie in Sibirien und Europa.

Die Gelehrten streiten sich über die Zeit, in der die ersten Einwanderungen des paläolithischen Menschen in Nordamerika stattgefunden haben. Während der Eiszeiten erstreckte sich eine

Landbrücke von der Breite Frankreichs von Sibirien nach Alaska, und über diese zogen weidende Tiere (Herden von Pferden, Rindern, Elefanten, Kamelen), mitunter gefolgt von den Jägern. Wie bereits oben (S. 114) angemerkt, kamen die ersten Menschenscharen womöglich bereits um 30 000 bis 40 000 v. Chr. herüber. Jedoch die Mehrheit, wenn nicht gar die Gesamtheit unserer heutigen Indianerrassen geht auf viel spätere Einwanderungswellen zurück, die sogar bis ins erste Jahrtausend n. Chr. hineinreichen und nicht rein paläolithisch waren. Anscheinend stammten diese Einwanderer großenteils von einem jungpaläolithisch-mesolithischen Kulturplateau in der Nähe des Baikalsees in Sibirien, wo heute die Jakuten und die Tungusen, die Wogulen und die Ostjaken leben.[71] Es ist in der Tat bemerkt worden, daß sich die Rasse, der die Wogulen und Ostjaken im Einzugsgebiet des Jenissei angehören, als amerikanid klassifizieren läßt.[72]

Ich habe bereits kurz von den paläolithischen Höhlen gesprochen. Als die Kunst dieser eindrucksvollen unterirdischen Tempel noch in den Anfängen steckte, tauchten die berühmten paläolithischen Frauenstatuetten auf – gute zwanzigtausend Jahre etwa vor ihren neolithischen Gegenstücken, in einem Zeitraum gegen Ende der letzten Eiszeit, der nicht viel, wenn überhaupt, früher lag als die erste Ankunft von Jägern in der Neuen Welt. Es sind keine paläolithischen Statuetten in Spanien oder sonst irgendwo südlich der Pyrenäen gefunden worden. Ihr Vorkommen beschränkt sich auf das Jagdgebiet der Ebenen, das nördlich der Pyrenäen anfing und sich ostwärts bis zu den Grenzen Chinas erstreckte. In der Umgebung des Baikalsees, an einem Ort namens Mal'ta, etwa 58 Kilometer nordwestlich von Irkutsk, gab es eine besonders bedeutende paläolithische Jagdstation, wo nicht weniger als zwanzig dieser Statuetten zusammen mit einer Anzahl von Figuren fliegender Gänse gefunden wurden – alle aus Mammutelfenbein geschnitzt (bzw., wie ein Sachverständiger meint, aus Knochen).[73]

Allem Anschein nach gab es also in der letzten großen Periode der paläolithischen Jagd ein kulturelles Kontinuum, das sich von den Pyrenäen bis zum Baikalsee erstreckte, und diesem entstammten viele der Kultur- und manche der Rassemerkmale der Jägerstämme, die in den unmittelbar auf das Paläolithikum folgenden Jahrtausenden nach Nordamerika zogen. Das heißt, daß anscheinend eine wichtige Verbindung hergestellt wurde, die zeitlich und räumlich vom Jungpaläolithikum in Europa bis zum endgültigen Untergang der Großen Jagd auf der nordamerikanischen Prärie reichte. In ihren verschiedenen Verbreitungsgebieten nahm diese Tradition Einflüsse der jeweiligen Landschaft wie auch von benachbarten neolithischen und postneolithischen Kulturen in sich auf. Dennoch gibt es ein durchgängiges Syndrom von Motiven, die sich überall ohne weiteres ausmachen lassen, und dieses Syndrom ist eindeutig das einer Jägergesellschaft und nicht etwa das seßhafter Pflanzer. Einer der durchgängigsten Züge ist die Verbindung der schamanischen Trance mit dem Vogelflug. Falke und Adler, Wildgans und Ente scheinen über den ganzen Raum verbreitet zu sein, aber manchenorts tauchen auch andere Vögel auf: Eule und Geier zum Beispiel, Rabe, Elster oder Specht – der letztgenannte deshalb, weil ihn der rote Fleck auf dem Kopf häufig zum Haupthelden des Feuerdiebstahls macht.

Wie Mircea Eliade in einer erschöpfenden Untersuchung dieses Gegenstandes gezeigt hat,[74] besteht die wesentliche Fähigkeit des Schamanen darin, daß er sich willentlich in Trance begeben kann. Man stellt sich die Rhythmen der Schamanentrommel, ähnlich den Rhythmen der indoarischen vedischen Hymnen, als Schwingen vor, die Schwingen geistiger Entrückung: Sie erheben den Geist des Schamanen und rufen zugleich seine Schutzgeister herbei. Während er sich in dieser Trance befindet, vollbringt er seine Wundertaten. Er fliegt in der Trance als Vogel in die Oberwelt oder steigt als Rentier, Stier oder Bär in die Unterwelt hinab. Bei den Burjaten werden Tier oder Vogel, die den Schamanen schützen, «Chubilgan» genannt, was «Verwandlung» heißt und von dem Verb «chubilku», «sich verwandeln, eine andere Gestalt annehmen», kommt.[75] Die frühen russischen Missionare und Reisenden in Sibirien in der ersten Hälfte des achtzehnten Jahrhunderts bemerkten, daß die Schamanen zu ihren Geistern mit einer eigenartigen, quiekenden Stimme sprachen.[76] Sie fanden bei den Stämmen auch zahlreiche Darstellungen von Gänsen mit ausgebreiteten Flügeln, mitunter aus Bronze.[77] Dies erinnert uns daran, daß man in Mal'ta, der paläolithischen Jagdstation, wo nicht weniger als zwanzig weibliche Figürchen entdeckt wurden, auch etliche fliegende Gänse oder Enten fand, die wie die anderen Figürchen aus Mammutelfenbein geschnitzt worden waren. Fliegende Vögel sind in der Tat in vielen paläolithischen Stationen gefunden worden, und auf den Unterflügeln eines Exemplars ist, wie bereits oben (S. 166 f.) erwähnt, das älteste uns vorliegende Hakenkreuz zu sehen. Wie die Hakenkreuze auf der viel späteren Samarraware des Hochneolithikums erscheint es in der unheilvollen Form nach links drehend, der Form, die nach C. G. Jungs Ansicht normalerweise einen regressiven Vorgang symbolisiert, wie ihn womöglich der Schamanenflug darstellt. Auch müssen wir uns daran erinnern, daß in der paläolithischen Höhle von Lascaux ein in Trance liegender Schamane abgebildet ist, der eine Vogelmaske trägt und neben dem die Figur eines auf einem Stab hockenden Vogels zu sehen ist (siehe oben S. 117, Abb. 6). Die sibirischen Schamanen tragen solche Vogelkostüme bis auf den heutigen Tag, und von vielen geht die Sage, daß sie von ihren Müttern durch die Herabkunft eines Vogels empfangen wurden.

In vielen Ländern ist die Seele als Vogel dargestellt worden, und Vögel treten häufig als Geistesboten auf. Aber der Vogel des Schamanen ist von besonderer Art und Kraft, denn er verleiht diesem die Fähigkeit, in der Trance über alle Grenzen des Lebens hinauszufliegen und dennoch wiederzukehren. «Oben (im Himmel?) steht ein besonderer Baum», berichtete ein Tungusenschamane, der im Juni 1925 in seiner Behausung an der Unteren Tunguska befragt wurde, «wo die Seelen der Schamanen, ehe sie ihr Vermögen erlangt haben, erzogen werden. Auf diesem Baume befinden sich Nester in den Ästen, in denen die Seelen liegen und aufgezogen werden. Dieser Baum heißt ‹Tuuru›. Je höher auf diesem Baume ein Nest angebracht ist, umso stärker wird der in ihm erzogene Schamane, umso mehr weiß er und umso weiter sieht er.»[78] Der Schamane ist demnach nicht nur ein ortskundiger Bewohner, sondern sogar der begünstigte Sproß jener Reiche der Macht, die für unser normales Wachbewußtsein unsichtbar sind und die jeder in einer Vision kurz besuchen kann, aber die der Schamane als ein Meister durchstreift.

Wir haben festgestellt, daß die in Mal'ta und in anderen paläolithischen Stationen gefundenen Vögel Wasservögel sind, Enten und Wildgänse, und ich habe versucht, darüber hinaus etwas von den vielfältigen Verbindungen der Vogelfigur zum Geistesflug des Schamanen anklingen zu lassen wie auch von denen der Gestalt des Tricksters, des titanischen Feuerbringers und dämonischen Widersachers der Götter zum paläolithischen Umfeld des Schamanismus. Ich möchte noch hinzufügen, daß die Meisteryogis der Hindus, die in ihren Trancezuständen alle Schranken des Denkens hinter sich lassen, als «Hamsas» und «Paramahamsas» bezeichnet werden: «Wildgänse» und «höchste Wildgänse». In der Bilderwelt des traditionellen Hinduismus symbolisiert die Wildgans Brahman-Ātman, den höchsten, transzendenten und doch immanenten Grund allen Seins, mit dem der Yogi sein Bewußtsein zu identifizieren vermag. Dadurch steigt er von der Sphäre des Wachbewußtseins, wo A ungleich Nicht-A ist, steigt sogar über den Traum hinaus, wo alle Dinge in ihrem eigenen Glanz erstrahlen, zu dem durch nichts bedingten, unentzweiten Zustand «zwischen zwei Gedanken» auf, wo der Gegensatz Subjekt–Objekt vollkommen überwunden und selbst die Trennung zwischen Leben und Tod hinfällig ist.

Aber bevor wir die Entfaltung dieses Fluges verfolgen, müssen wir einen Moment innehalten, um uns noch einmal unser Problem, worin das Wesen und die Funktion des Symbols besteht, vor Augen zu führen.

# 6
## Mythologien der Bindung und der Entbindung

Zwei gegensätzliche Funktionen des religiösen Symbols lassen sich jetzt unterscheiden. Die erste bedeutet Beziehung und Bindung, die zweite Entbindung, Entrückung und Verwandlung. Die erste wird veranschaulicht durch das soziale Mandala des hieratischen Stadtstaates, das jedes Mitglied, indem es als Teil auf ein Ganzes bezogen wird, in einen Rahmen erlebter Sinnhaftigkeit einbindet.

Ein entsprechendes Beispiel wäre das mittelalterliche Mandala der streitbaren, wartenden und siegreichen Kirche. Die Bedeutung oder der letzte Grund solch eines Symbols steht außer Frage. Wie ein gelungenes Kunstwerk ist es ein Selbstzweck, der dem es betrachtenden Gemüt ein Gefühl von Glückseligkeit und dem darin gebundenen Leben ein Gefühl von Sinn vermittelt. Wie C. G. Jung es ausgedrückt hat, ist das Symbol im Gegensatz zum Zeichen «die bestmögliche Bezeichnung oder Formel für einen relativ unbekannten, jedoch als vorhanden erkannten oder geforderten Tatbestand».[79] Wenn also das Symbol Bindung bewirkt, wird das Erkenntnisvermögen vom Symbol selbst gebannt und daran gebunden und dadurch sowohl vom Unbekannten durchdrungen als auch davor bewahrt. Wenn aber das Symbol auf Entbindung, Entrückung und Verwandlung hinwirkt, wird es zu einem Katapult, den es hinter sich zu lassen gilt. Es gibt in der *Mundaka-Upanishad* ein erhellendes Bild für das in diesem Sinne wirkende Symbol:

Die Silbe OM ist der Bogen, der Pfeil ist das Selbst,
Brahman wird das Ziel genannt.
Ohne Verwirrung sollst du es treffen,
so wie der Pfeil werde eins mit Ihm.[80]

Der Rhythmus der Schamanentrommel ist die Silbe OM, die Trance des Schamanen ist der Vogelflug des gefiederten Pfeiles. Sein Geist, dem Schutz des Symbols entrissen, muß das Mysterium tremendum des Unbekannten unmittelbar erfahren.

Das Unbekannte jedoch ist von zweierlei Grad. Es gibt 1. das relativ Unbekannte und 2. das absolut Unerkennbare. Vom relativ Unbekannten darf man behaupten, daß es psychologisch den Inhalten des Unbewußten, soziologisch den Triebkräften der Geschichte und kosmologisch den Kräften des Weltalls entspricht. Dies ist das Unbekannte, auf das sich der oben (S. 145 f.) besprochene Begriff paroksha bezieht, der «weiter oder höher, als das Auge reicht», bedeutet. Die Bezüge einer Paroksha-Sprache sind dem Wachbewußtsein nicht unmittelbar einsichtig. Man hat ihnen nachgesagt, sie seien «adhidaivata», überaus engelhaft oder göttlich. Sie werden von Heiligen und Weisen in der Vision geschaut und betreffen, wie man sagt, das Feld des «Träumens». Wir aber in der modernen Welt reden und denken über solche Dinge inzwischen ganz anders als die Weisen der Vergangenheit. Der Aquinate hatte recht, als er darauf bestand, daß die Schrift sowohl auf körperlicher als auch auf geistiger Ebene zu gelten habe. Zur Zeit ihrer Abfassung hielt man sie für leibhaftig wahr, und ihre geistige Wahrheit wohnte der von ihr ausgemalten körperlichen Welt inne. Heute ist diese körperliche Welt verschwunden und eine andere an ihre Stelle getreten; im Zuge dessen ist auch diese geistige Welt verschwunden, und eine andere ist an ihre Stelle getreten oder ist im Begriff, es zu tun. Aber kein lebendiges, auf Bindung hinwirkendes Symbolsystem kann überleben, wenn es den Kontakt mit den wirklichen bewußten und unbewußten Welten seiner Gesellschaft verloren hat – wenn die Art und Weise, wie es sich auf das Feld des Wachbewußtseins bezieht, widerlegt ist und seine Versuche, die Motivation anzustacheln, nicht mehr empfunden werden. Wie die Zeichen, die sich auf das Bekannte beziehen, so sind die Symbole, die sich auf das relativ Unbekannte beziehen, Funktionen des Wissens ihrer Zeit.

Es gibt aber noch einen anderen Grad des Unbekannten, eine andere Kategorie, von der man annimmt, sie läge sogar noch jenseits des Höchsten, worauf eine mystische, esoterische, «überaus geistige» oder «engelhafte» Paroksha-Sprache Bezug nimmt. «Der Name, der nennbar, ist nicht der beständige Name», schrieb Lao-tzu zu Eingang seines *Tao-te ching*;[81] «denn nur dann», meinte auch Thomas von Aquin, «erkennen wir Gott wahrhaft, wenn wir zugleich glauben, daß er noch viel erhabener ist als alles, was sich der Mensch von Gott denken kann.»[82] Und wir haben die Worte der *Kena-Upanishad* vernommen:

Es ist anders als das Gewußte
und auch jenseits des Unbewußten.[83]

Damit ist die Kategorie bzw. der Grad des Unbekannten gemeint, auf den sämtliche Hochmythologien und Hochreligionen letztlich zielen. Er wird jedoch als absolut unaussprechlich betrachtet, als in ihrer Finsternis unerschöpfliche Fülle der Unerkennbarkeit. Zwei Haltungen sind ihr gegenüber eingenommen worden. Die erste ist die absoluter Furcht, Unterwerfung oder, wie wir es nennen, Frömmigkeit. Man sucht nicht, darin einzudringen, denn das wäre Hybris; man hält sich an das Symbol als einzig mögliches Mittel einer Beziehung. So liegt der Fall bei der wartenden, streitbaren und siegreichen Kirche. Die zweite Haltung jedoch ist die des Mystikers, dessen Seele zum Pfeil wird, und in diesem Falle wirkt das Symbol allein auf eine Entbindung hin. Der Sanskritausdruck dafür ist Moksha, «Befreiung». Und während das auf Bindung hinwirkende Symbol auf den Ebenen körperlicher und geistiger Bedeutung überzeugend bleiben mußte, braucht sich das auf Entbindung hinwirkende auf keine von beiden zu beziehen. Seine Funktion besteht einfach darin, die Seele voranzutreiben.

«Bis zu dem Augenblick, wo ich anfing zu schamanisieren», erzählte der alte Tungusenschamane, den ich schon einmal zitiert habe, «war ich ein ganzes Jahr lang krank. Ich wurde mit 15 Jahren Schamane. Die Krankheit, die mich zwang, Schamane zu werden, äußerte sich darin, daß mein Leib aufschwoll und häufige Ohnmachten eintraten. Wenn ich anfing zu singen, dann verging die Krankheit gewöhnlich.» Ähnliche Symptome traten bei dem Indianerjungen Schwarzer Hirsch vor und während seiner Erfahrung des «großen Gesichts» auf (siehe oben S. 129).[84] Der Tungusenschamane berichtete dann von den Visionen, die er in der Zeit seiner Krankheit gehabt hatte. «Danach schamanisieren meine Vorfahren. Sie stellen mich wie einen Klotz auf und schießen mit ihren Bögen auf mich, bis ich das Bewußtsein verliere. Sie zerschneiden mein Fleisch. Sie teilen meine Knochen ab und zählen sie. Mein Fleisch essen sie roh. Als sie meine Knochen zählten, stellten sie fest, daß einer zuviel dabei war. Hätten die Knochen nicht gereicht, so hätte ich nicht Schamane werden können. Als sie diesen ganzen Ritus ausgeführt hatten, aß und trank ich den ganzen Sommer hindurch nichts. Zum Schluß trinken die Schamanengeister das Blut eines Rentieres und geben auch mir zu trinken. Nach diesen Vorgängen hat der Schamane weniger Blut und sieht blaß aus. Dasselbe geschieht mit jedem tungusischen Schamanen», fuhr der Alte fort. «Erst wenn die Schamanen-Vorfahren in der erwähnten Art seinen Körper zerschnitten und seine Knochen zerlegt haben, kann er zu schamanisieren beginnen.»[85]

Der Bogen des Tungusenschamanen besaß durchaus nicht die Kraft desjenigen aus der *Mundaka-Upanishad,* denn er sandte den Pfeil der Schamanenseele nur bis zur Sphäre seiner Ahnen im Unbewußten, dem *relativ* Unbekannten. Bemerkenswert an diesem phantastischen Bild ist jedoch der paläolithische Zug, der individuellen Vision keinerlei allgemeine, kosmische Bedeutung beizulegen. Die geistigen Mächte, auf die der Schamane traf, waren lediglich seine Vorfahren, und das Ganze bezog sich auf ihn.

Wie wir aber in dem Mythos der Jicarilla-Apache gesehen haben, wurde diese stark individuelle Ausrichtung dann, als die neolithische Ordnung der Welt um ein Machtzentrum herum erst einmal vollzogen war, archaisch und zersetzend, titanisch und dämonisch. Wir müssen daher jetzt versuchen, uns eine Ansicht von dem auf Entbindung hinwirkenden Symbol unter der Auflage dieser Beschränkung zu bilden, das heißt innerhalb der Grenzen des Mandalas selbst. Ich möchte dies so tun, daß ich von der Entwicklung der Ideale des asiatischen Yogis und seiner Einstellung gegenüber der Gesellschaft einen kurzen, notgedrungen schematischen Abriß gebe.


# 7
## Der Flug zwischen zwei Gedanken

Dieses Beispiel ist keineswegs willkürlich gewählt, sondern durch eine Reihe von Überlegungen gerechtfertigt. Die erste und, wie ich meine, wichtigste ist die, daß es im Orient von der Zeit der ältesten indischen Upanishaden an, das heißt seit dem achten Jahrhundert v. Chr., eine reich dokumentierte Geschichte geistiger Entbindung gibt. Überdies, so die zweite Überlegung, blieben die Yogatechniken und -erfahrungen während dieser langen Geschichte ihren Wurzeln in der Tradition schamanischer Trance so stark verhaftet, daß der Buddhismus bei seinem Zug nordwärts nach Tibet und in

die Mongolei ohne weiteres mit den dortigen Bon-Religionen ver-
schmolz, in denen schamanische Magie eine zentrale Rolle spielte.
Ja, das Wort «Schamane» selbst, das der Sprache der sibirischen
Tungusen entlehnt ist, stammt nach Ansicht mancher Fachleute
von sanskrit Shramana, was «Mönch», «Yogi» oder «Asket» bedeutet.[86] Die sagenhafte Biographie Milarepas, des tibetischen Weisen
aus dem elften Jahrhundert, liefert ausreichend Belege für den
engen Zusammenhang;[87] während in gewissen buddhistischen Sekten Japans schamanische Magie bis auf den heutigen Tag als ein
Zweig der Religion ausgeübt wird. Vergessen wir außerdem nicht,
daß sich im Fernen Osten das gegen den Uhrzeigersinn gehende
Hakenkreuz oft auf der Brust des meditierenden Buddha eingra-
viert findet (Abb. 12) und daß dieses Hakenkreuz, wie wir gesehen
haben, erstmalig auf den ausgebreiteten Flügeln einer paläolithischen Vogelfigur auftauchte (Abb. 11, siehe oben S. 167). Ich
glaube, man darf mit Bestimmtheit sagen, daß in einem Land,
welches für Einflüsse aus den klassischen Zentren des jungpaläolithischen Schamanismus so offen lag wie das mittelalterliche China,
die Bedeutung dieses Zeichens nicht grundlegend geändert worden
sein kann.

Mein dritter Grund für die Wahl dieses Rahmens zur Veranschaulichung der Reaktion des Titanengeistes auf die Zwänge und
Archetypen des hieratischen Staates ist schließlich der, daß in
Asien diese Zwänge niemals gelockert wurden. Die Macht der
Ideale des archaischen Kastensystems beispielsweise ist in Indien
bis heute nach wie vor ungeheuer. Somit haben wir es hier mit einer
unabgeschwächten und unnachgiebigen Fortsetzung jener heftigen
Auseinandersetzung zu tun, die seit Jahrtausenden zwischen den
priesterlichen Wächtern der sozialen Archetypik und den furchtlo-
sen Meistern der «Befreiung», Moksha, geführt worden ist.

Im Verlauf dieser großen Auseinandersetzung lassen sich vier
deutlich unterschiedene Stufen in der Wandlung des Charakters des
schamanischen Titanen verzeichnen. Die erste war, wie wir bereits
gesehen haben, die des Schamanen als Titan und Dämon, als Stür-
zer der Götter. Die großen indischen Asuras sind Figuren dieser
Art. Sie ergehen sich im Wald in asketischen Übungen, aber ihr

*Abb. 12.* Amida, der «Buddha des unermeßlichen Glanzes», im Meditationssitz mit einem Hakenkreuz auf der Brust; Japan, 13. Jahrhundert.

Ziel ist nicht, Erleuchtung zu erlangen. Magische Kräfte wollen sie
gewinnen und diese dann dazu verwenden, ihre eigenen irdischen
Ziele durchzusetzen. In den mythischen Geschichten Indiens werden sie gezeigt, wie sie sich den härtest möglichen Prüfungen unterziehen und dadurch sogar die höchsten Götter zwingen, ihrem
Willen Folge zu leisten. Aber zum Glück für die kosmische Ordnung haben die höchsten Götter immer einen Trick oder zwei in der
Hinterhand, so daß am Ende die Titanen betrogen und gestürzt
werden.

Es ist klar, daß wir es hier, mythisch verbrämt, im wesentlichen
mit der gleichen Auffassung vom Verhältnis des individuellen Wil-
lens zu den Kontrollen der sozialen und kosmischen Ordnung zu
tun haben, wie wir sie in der griechischen Tradition finden, wo sie
jedoch für gewöhnlich vom menschlichen Standpunkt aus darge-

stellt wird. Der Gedanke der Hybris, des individuellen Übermuts, und der Notwendigkeit, die das Schicksal sogar den Göttern auferlegt, zieht sich durch das philosophische wie auch das religiöse Denken aller Hochkulturen. Es gibt ein moralisches Gesetz, und ihm muß gehorcht werden. Im Fernen Osten erscheint die Idee in Form des Tao, des Weges, des offenbaren Laufs oder Sinns der Welt: jene Manifestation unerbittlicher Gesetze, durch welche wir alle als unterschiedlich funktionierende Organe eines einzigen mächtigen Organismus miteinander verbunden sind. In Indien heißt dieses bindende Prinzip Dharma. Das Wort kommt von der Wurzel dhri, «stützen», denn Dharma, das Gesetz, ist die Stütze des Weltalls, und wer sein eigenes Dharma (Svadharma) kennt und ohne Widerstreben den Pflichten nachkommt, die ihm durch die Umstände seiner Geburt auferlegt sind, wird selbst eine Stütze, ein wohlfunktionierendes Organ des universellen Seins. Auch die biblische Geschichte vom Sündenfall handelt von der Hybris und vom Sturz des Titanen Mensch, der seinem eigenen Willen zu folgen wagte und damit dem Gesetz zuwider handelte, das ihm in diesem Falle nicht von der Weltenordnung, sondern vom Schöpfer der Welt, Gottvater, auferlegt war. Der Mensch erscheint hier als Kind, ein ungezogenes Kind, das von seinem jähzornigen Vater vor die Tür gesetzt wird, damit es einmal Kälte und Entbehrung kennenlernt. Und wir wissen, daß selbst noch zur Zeit der Renaissance, als sich Europa nach Erreichen des Jugendalters und mit der Bereitschaft, dieses Kindermärchen der Vergangenheit anheimzugeben, den Ausdruck «Humanitas» zu Herzen nahm und das große Abenteuer wagte, den Vater hinter sich zu lassen – daß also in dieser großen und kühnen Zeit sogar solch ein aufrühriger Titan wie Michelangelo davor zurückschreckte, der Wahrheit seines Tuns ins Auge zu blicken. Am Ende, im Angesicht des Jüngsten Gerichts, dem «Hafen Aller», wie es (in Rilkes Übertragung) heißt, «wo die Wiederkehr nicht Einem harte Rechenschaft erspart», schrieb er:

Da seh ich nun die Phantasie, die oft
als Abgott thronte durch der Künste Gnaden,
wie falsch sie war, von Irrtum überladen... [88]

Auch wissen wir wohl, wie die wilden Titanen aus Shakespeares gewaltigen Visionen allesamt an den Felsen, die die Welt umringen, zerschellten.

Das Schema wurde in dem ganzen bäurisch-neolithischen Kulturbereich übernommen, in dem die menschliche Psyche durch das von der kosmischen Schlange umfangene Mandala geprägt wurde – jener Schlange, die den Menschen zuerst in Versuchung führt und ihn dann kreuzigt, wenn er ihr erliegt. In dieser Phase seiner Geschichte ist der Titan vollständig der Gefangene des Mandalas, dessen Symbole innerlich wie äußerlich nach ihrer eigenen Logik auf ihn einwirken. Da sie noch einen Sinn für ihn haben, bedrängen sie ihn von allen Seiten, bis er zerbricht.

Die zweite Stufe oder Phase in der Wandlung des Titanen sieht so aus, daß er diesen Druck für sich selbst abschüttelt und zunichte macht, aber für niemanden sonst. Dies ist der in Indien durch die Waldphilosophen verkörperte Sieg; diese verwarfen und verachteten nicht nur die Leiden und Freuden der Erde, sondern gleichermaßen die von Hölle und Himmel. Als Grundvoraussetzung des Yoga bzw. als Mittel zur Brahmanerkenntnis wird in einer Schrift nach der anderen «das Verzichten auf den Genuss der Früchte (der Werke) in diesem und in einem andern Leben» angegeben.[89] Dem klassischen Werk über dieses Thema, dem Yoga-Sūtra des Patañjali, entnehmen wir, daß, wenn der Yogi in seiner weltentsagenden, weltüberwindenden Askese Fortschritte zu machen begonnen hat, die «Hochgestellten» (also die Götter) darauf aus sind, ihn von seinem Vorhaben abzubringen, indem sie ihn mit den Freuden des Himmels locken. «Herr», werden sie sagen, «mögt Ihr nicht hierbleiben? Mögt Ihr Euch nicht hier zur Ruhe setzen?»

«Derart angeredet», warnt der Kommentator, «soll der Yogi über die schlechten Seiten der Lust nachsinnen: ‹Auf den gräßlichen Kohlen im Kreislauf der Wiedergeburten bratend und mich in der Finsternis von Geburt und Tod windend, habe ich erst in diesem Augenblick die Leuchte des Yoga gefunden, die die Schatten der «Bedrückungen» (Kleshas) endgültig vertreibt. Der aus Begierde geborene Geschmack an Sinnendingen ist der Feind dieser Leuchte. Wie sollte es da geschehen, daß ich, der ich dieses Licht erblickt habe, mich von diesen sinnlichen Erscheinungen, diesem bloßen Trugbild, irreführen lasse und mich abermals zum Brennstoff für dasselbe alte Feuer im Kreislauf der Wiedergeburten mache, ja es neu entfache? Fahrt dahin, o ihr Sinnendinge, trügerisch wie Träume, denn nur die Schändlichen begehren euch!›

In seinem Ziel derart gefestigt», fährt der Kommentator fort, «soll sich der Yogi der Sammlung befleißigen. Möge er, da er sich aller Verhaftungen entledigt, nicht einmal in Gedanken sich damit brüsten, daß er es sei, der da derart dringend von den Göttern selbst begehrt wird.»[90]

Für diejenigen, welche für das große Wagnis noch nicht bereit sind, umschließen die Götter die Welt und wachen über sie. Von den Gereiften hingegen werden diese selben Götter in Traum und Vision als bloße Namen und Formen (Nāmarūpam) erfahren, nicht mehr und nicht weniger wirklich als die dem Wachbewußtsein geläufigen Namen und Formen. Aber im Tiefschlaf werden beide Welten – die des Wachbewußtseins und die von Traum und Vision – aufgelöst. Wäre es demnach nicht möglich, in die Sphäre des Tiefschlafs einzugehen, ohne das Bewußtsein zu verlieren, und dort zu *sehen,* wie sich die Welten – Götter und Träume und alles – auflösen? Dies ist der Sieg des Yoga. Danach kann man die Welt nicht mehr mit irgend welchen Ängsten und Frömmigkeiten der braven Bürger im Mandala anschauen, denn diese haben noch nicht mit angesehen, wie Gott selbst samt seinem ganzen Weltall wie Tau in der Morgensonne verdunstet. So lesen wir in einer berühmten buddhistischen Schrift:

Die Sterne, Finsternis, ein Licht, ein Trug, Tau, eine Wasserblase,
Ein Traum, ein Blitzstrahl und eine Wolke –
So soll man das Gewirkte betrachten.[91]

Hier wird die Entbindung auf die Spitze getrieben. Das gesamte Mandala des Meso-Mikro-Makrokosmos wird aufgelöst, und der Einzelne, der die sogenannten «Bedrückungen» (Kleshas) bzw., wie wir auch sagen könnten, die «Engramme» seines kulturell und biologisch konditionierten persönlichen Charakters innerlich ausgebrannt hat, erlebt jetzt durch einen vollständigen Rückzug die Ganzheit eines absolut ungebundenen Bewußtseins in dem ursprünglichen Zustand, der Kaivalyam heißt, die «Einzigkeit». Die Welt ist als eine bedeutungslose Täuschung verworfen worden, die sich über das Trugbild ihres eigenen Horizonts hinaus auf nichts bezieht, und es ist jener transzendente Zustand erreicht, den Schopenhauer im Schlußsatz des vierten Buches seines Magnum opus pries, als er schrieb: «Denen, in welchen sich der Wille gewendet und verneint hat, (ist) diese unsere so sehr reale Welt mit allen ihren Sonnen und Milchstraßen – Nichts.»[92]

Der *Māndūkya-Upanishad* zufolge muß die Welt des Wachbewußtseins mit dem Buchstaben A der Silbe AUM (OM) gleichgesetzt werden, die des Traumbewußtseins (das heißt Himmel und Hölle) mit dem Buchstaben U und der Tiefschlaf mit M.[93] Dieser letztere ist der Zustand der mystischen Vereinigung von Erkennendem und Erkanntem, Gott und seiner Welt, worin die Keime und Kräfte der Schöpfung bebrütet werden – derselbe Zustand, der symbolisch als Mittelpunkt des Mandalas dargestellt wird. Die Seele wird von dieser Silbe AUM in die sie umgebende und übersteigende Stille hinausgetragen, in jene Stille, aus der die Silbe hervorgeht und in die sie wieder eingeht, wenn sie langsam und rhythmisch ausgesprochen wird: AUM – AUM – AUM.

In dieser Stille befinden wir uns zwischen zwei Gedanken.

Die Welt, das ganze Universum, sein Gott und alles sind ein Symbol geworden – das nichts bedeutet: ein Symbol ohne Sinn. Denn irgendeinem seiner Bestandteile einen Sinn beizumessen, hieße, seine Kraft als Bogen zu mindern, und der Pfeil der Seele würde dann bloß in der Sphäre des Sinns hängenbleiben, wie die Seele des Schamanen bei seinen Vorfahren oder die des Christen bei den Heiligen und Engeln. Damit der Bogen als Bogen dienen kann und nicht als Schlinge, darf ihm oder einem seiner Teile keinerlei Sinn zukommen außer dem, ein Mittel der Entbindung – von ihm selbst – zu sein; nicht mehr Sinn als dem Hämmerchen des Arztes, mit dem er einem gegen das Knie klopft und ein Zucken bewirkt.

Ein Symbol – und damit möchte ich eine Definition vorschlagen

– ist ein energieauslösendes und -lenkendes Instrument. Wenn es einen Sinn, ob körperlich oder geistig, erhält, so bewirkt es die Bindung der Energie an sich selbst – und dies mag man mit dem Einlegen des Pfeiles auf die Sehne und dem Spannen des Bogens vergleichen. Wenn jedoch aller Sinn getilgt wird, so bewirkt das Symbol eine Entbindung und die Energie wird freigegeben – frei ihrem eigenen Ziel, das sich nicht anhand der Bestandteile des Bogens bestimmen läßt. In einer der Schriften, die die Entrückung durch Yoga preisen, lesen wir:

> Nicht Himmel und nicht Hölle,
> Noch auch Erlösung bei währendem Leben, –
> Wozu viele Worte? – für den Blick des Yogin
> Gibt es nicht irgend was.[94]

Es läßt sich unmöglich sagen, wann diese absolute Aufgabe von allem, was die Welt, Gott oder die Menschen zu bieten haben könnten, den indischen Geist erstmals in ihren Bann schlug. Aber bereits in der Periode der Industalkultur zwischen 2500 und 1500 v. Chr. stoßen wir auf die Gestalt einer dreigesichtigen Gottheit, die in Yogahaltung dasitzt und von Tieren umgeben ist (Abb. 13). Es ist die Ansicht geäußert worden, daß es sich dabei um eine Frühform von Shiva als Pashupati handeln müsse, als Herr der Tiere, der Archetyp des waldeinsiedelnden Yogi: mit Asche beschmiert, um sein Erstorbensein für diese Welt zu bekunden, und mit lebendigen Schlangen als Armbänder, um seine Erhabenheit über die weltumschließende Schlange zu zeigen, die wohl andere als ihn binden mag, aber die er einfach als Schmuck trägt und nach Belieben abwerfen kann. Das Ideal scheint also fast so früh wie das Mandala selbst nach Indien gekommen sein und war unter Umständen in seinen frühesten Phasen von einer derart durch und durch unbeugsamen Art, daß das Ziel des Yogi in nichts Geringerem als dem leiblichen Tod bestand. Dieser sollte in genau dem Moment eintreten, da die völlige Ausmerzung jeglicher Angst und Hoffnung aus dem Herzen vollbracht worden war. In diesem Augenblick, da alle inneren Vorgänge vollständig zum Stillstand gebracht

200

*Abb. 13.* «Der Herr der Tiere»; Industalkultur, ca. 2000 v. Chr.

waren und der Titan völlig ausgeglichen in der Haltung, die das Ablegen des Leibes heißt, dasaß – legte er tatsächlich den Leib ab, und mit ihm das ganze Mandala samt allen seinen Priesterkönigen und Königspriestern, Himmeln und Höllen, Tugenden und Lastern, Teufeln und Göttern.

Etwas von dieser Ideologie ist noch bei den stoischen Philosophen der Antike und im Nahen Osten bei den verschiedenen gnostischen und apokalyptischen Bewegungen zur Zeit Christi zu spüren. Ja, in den Worten und Taten Christi selbst ist der Geist eben dieser Weltverachtung zu stark, um den Gedanken zuzulassen, er wäre von einem derartigen Titanismus unberührt geblieben. «Laß die Toten ihre Toten begraben!» (Lukas 9,60), bringt sicherlich das typische Urteil des Yogi über die Welt trefflich auf den Begriff. «Verkaufe alles, was du hast, und ... folge mir nach!» (Lukas 18,22), ist die erste Forderung, die der Guru an den nach Befreiung Strebenden stellt. Aber zumindest in der Christus*legende* findet sich ein Zug, der auf etwas sehr viel Sanfteres als reine titanische Verachtung hinzudeuten scheint; und dies bringt uns zur nächsten Wandlung des titanischen Prinzips in der Sphäre der Ackerbaukulturen.

In der Zeit der frühen Upanishaden, dem achten und siebten Jahrhundert v. Chr., begann es einigen der indischen Titanen aufzugehen, daß das, was ihre Genossen in der Abgeschiedenheit suchten, überall zu finden ist; daß das Zentrum der vollkommenen inneren Ruhe, zu dem die Waldeinsiedler durch ihre Abkehr von der Welt gelangten, tatsächlich in der Welt wohnt und gar den Grund ihrer Wirklichkeit ausmacht. Selbst durch das Ertönen von AUM und in seinem Klingen läßt sich das Erstimmen der Stille hören. Ein Wechsel der Blickrichtung ist daher vonnöten, und dieser wird nicht durch Weglaufen vollbracht. Weglaufen impliziert die Anerkennung von zwei grundverschiedenen Zuständen: dem der Gebundenheit und dem der Freiheit. Was der Yogi jedoch erkennen muß, ist, daß sämtliche Unterschiede – und sogar dieser, der bei Yogis sehr beliebt ist – dem Bereich der rationalen Logik angehören, in welchem A ungleich Nicht-A ist. Die Welt, die Götter, die Menschen und alle Dinge und Wesen müssen nur mit einem neuen Blick angeschaut werden – aber auch *angeschaut* und nicht verdrängt.

Dieser in allen Wesen verborgene Ātman
ist nicht sichtbar –
er wird nur geschaut von den subtilen Sehern
durch ihren vorzüglichen Geist.

Wie das eine Feuer in die Schöpfung eingeht
und jeder Form entsprechend Gestalt annimmt,
ebenso nimmt der Eine, der innere Ātman aller Wesen,
jeder Form entsprechend Gestalt an und bleibt doch jenseits.

Der eine Herr, der innere Ātman aller Wesen,
der seine eine Form vervielfacht –
die Weisen, die ihn im eigenen Selbst erfahren,
ihnen wird ewige Freude zuteil, nicht den anderen.[95]

Der titanische Aspekt eines Wissens *dieser* Art wird in dem Moment deutlich, da alles als eine Epiphanie der einen heiligen Macht erlebt wird und man erkennt, daß es keinen solch fundamentalen Unterschied zwischen Gut und Böse, Heiligkeit und Laster, Gott und Teufel geben kann, wie es uns die Herren und Wächter des Mandalas glauben machen wollen. Ja (und dies sollte einmal einer der Grundsätze des sogenannten «Linke-Hand-Weges» werden), einer solchen Ansicht Glauben zu schenken, heißt, in jenem bruchstückhaften Zustand zu verharren, der charakteristisch ist für Menschen, die in der großen Falle von Vernunft, Rechtschaffenheit und Gesetz gefangen sind. Jener tantrische Erleuchtungsweg, auf dem die fünf verbotenen Dinge zu den fünf guten Dingen werden, zu Sprossen auf der Erleuchtungsleiter, und desgleichen die freien Bilddarstellungen erotischer Orgien, die sich in Hülle und Fülle auf vielen Tempeln des indischen Mittelalters finden, geben uns zu verstehen, daß, wenn alles göttlich ist, alles bejaht wird. Und sie tun dies mit einer Nachdrücklichkeit, die für das sozial verwurzelte, leicht zu schockierende, antimystische Bewußtsein nicht minder beängstigend ist als die unbeugsame Weltverneinung der früheren «Ableger des Leibes».

Somit haben wir es hier abermals mit einem Weg der Entbindung zu tun, diesmal allerdings nicht verfolgt durch eine Abkehr von den Zeichen und Symbolen, die für andere Bindung implizieren, sondern lediglich durch eine Abkehr von ihren Bedeutungen. Während der ganzen Lebensdauer, während der ganzen Dauer des Aufenthalts in der Sphäre des Zeitlichen ist man von nun an der Bogensehne auf immer ledig. «Bhoga ist Yoga!» erscholl der Ruf: «Genuß ist Religion!» Oder auch: «Es ist hier! Es ist hier!» Während für die Waldphilosophen jeder Sinnenkitzel eine Gefahr war, eine Ablenkung des Geistes von jener Sammlung, durch die der unbewegte Zustand zu erlangen war, und während die erste Übung eines jeden Schulungsweges Dama sein mußte, «Kontrolle», «Beherrschung der äußeren Organe», ist nunmehr im Gegenteil die *Identität* der zeitlichen Erfahrung und der ewigen Erkenntnis, Samsāra und Nirvāna, zum obersten Grundsatz sowohl der Philosophie als auch des Übens geworden. Ob in den Wogen der Leidenschaft oder in der Öde der Langweile – die Honiglehre der Allgegenwart muß auf ihre Wahrheit hin erprobt und diese Wahrheit im Handeln erfahren werden. «Hier ist das Meer Brahmans», so lesen wir, «voll endloser Freude. Wie kann ich irgend etwas annehmen oder abweisen? Gibt es denn etwas außerhalb oder getrennt von Brahman?»[96] Im Abendland lebte ein Titanismus dieses Schlages vielleicht in manchen der frühen gnostischen Kulte auf, die die konventionellen Römer offenbar so sehr schockierten, daß das Christentum unter ihnen stark in Verruf geriet. «Spaltet ein (Stück) Holz», sagt Jesus im gnostischen *Evangelium nach Thomas*, «ich bin da.»[97] Doch die Erinnerungen an solche Glaubenslehren sind ziemlich gründlich aus dem Gedächtnis der abendländischen Überlieferung getilgt worden. In der Zeit der Renaissance jedoch regten sich solche Möglichkeiten aufs neue. Das Gefühl für die immanente Gegenwart Gottes in allen Dingen, welches das neue Leben wie auch die in jener Zeit sprießende Kunst oft beflügelte, förderte eine Kühnheit des Experiments, welche die Bande nicht nur der astronomischen und geographischen, sondern auch der moralischen Ordnung zu brechen drohte. «Sündige wacker!» sagte Luther: «Fortiter pecca!» Und er war nicht der einzige Mann seiner Zeit, der den geistigen Sinn einer solchen Aufforderung erkannte.

Aber wir sitzen noch in der Falle, denn wir haften noch an etwas. Wir sind der Idee der Erleuchtung, der Befreiung vom Bogen, der Entbindung verhaftet. Diesem Schulungsweg voller Mühen, innerem Aufruhr und Ekstase zufolge hat es immer noch den Anschein, als gäbe es einen beträchtlichen Unterschied zwischen «den subtilen Sehern» mit ihrem «vorzüglichen Geist», die «wissen», und denjenigen unter uns, die nicht so weise sind. Das Prinzip der Nichtdualität, das heißt der Identität von A und Nicht-A, muß erst noch in seiner vollen Tragweite erkannt werden. Damit werden wir zu einer vierten und letzten Stufe in der Entwicklung des titanischen Prinzips innerhalb des Kreises des sozialen Mandalas gebracht.

Was es jetzt einzusehen gilt, treibt das eben als das der Stufe drei beschriebene Prinzip einfach noch einen Schritt weiter. Denn wenn Bhoga Yoga, Samsāra Nirvāna ist, dann ist Illusion Erleuchtung, Bindung Entbindung und Knechtschaft Freiheit. Es gibt nichts zu tun, keine Anstrengung zu unternehmen, denn in unserer Knechtschaft sind wir frei und in unserem Streben nach Erlösung verstrikken wir uns immer tiefer in Knechtschaft – die ja bereits Freiheit ist.

Ich glaube, ein moderner Physiker würde in dem, womit wir es hier zu tun haben, ein System von «Anschauungspaaren» bzw. das Wirken des Komplementaritätsprinzips erblicken. Die eine Erfahrungsweise oder Anschauung besagt, daß alles – wir selbst eingeschlossen – in einen Rahmen raum-zeitlicher Determinanten einbezogen und gebunden ist; und doch besagt unsere andere Erfahrungsweise (die sich unmöglich mit der ersten vereinbaren läßt), daß sich alles – wir selbst eingeschlossen – zugleich fortwährend selbst aus freien Stücken erschafft, von selbst entsteht. Max Knoll erörterte diesen Zwist der Anschauungen in seinem Eranos-Vortrag von 1951, in dem er die dynamische und die strukturelle, die energetische und die raum-zeitliche Beschreibungsweise in der Physik und der Psychologie einander gegenüberstellte.[98] In dem Mahāyāna, das Große Fahrzeug, genannten Buddhismus wird diese selbe Einsicht im Begriff und Ideal des Bodhisattva ausgedrückt: jenes großen Erlösers, dessen «Wesen» (Sattva) «Erleuchtung» (Bodhi) ist und der noch nicht im Nirvāna entschwunden, sondern aus Liebe und Mitleid für die Wesen der Welt in ihr, die ja bereits Nirvāna ist, verblieben ist. Das Bedeutsame an dieser zutiefst paradoxen Lehre bzw. diesem Ideal ist, daß wir alle dieser Bodhisattva sind, gebunden und zugleich frei, in einen Rahmen raum-zeitlicher Determinanten eingespannt und doch von selbst entstehend – daß in der Tat alles dieser Bodhisattva ist. Ich will daher diese Stufe in der Entwicklung des titanischen Prinzips die der Einsicht in das allgemeine Erlösertum nennen. «Schauet die Lilien auf dem Felde, wie sie wachsen: sie arbeiten nicht, auch spinnen sie nicht.» (Matthäus 6,28.)

Erlösung, Entbindung, Befreiung (Moksha) bedeutet nicht länger «Flucht»; vielmehr bezeichnet der Begriff mittlerweile eine Weise oder Anschauung unseres gegenwärtigen Daseins und Daseinsgefühls. Bodhisattvatum ist genau – und lediglich – jene Nichtdualität, die überall durch ein «Anschauungspaar» erfahren wird und von der man doch sofort weiß, daß sie nicht dual ist, obwohl sie im allgemeinen dafür gehalten und erklärt wird. Wir wollen für einen Augenblick dieses Ideal dem des Prometheus gegenüberstellen; dieser widersetzt sich Zeus, der einen unversöhnlichen Widerspruch zwischen dem Prinzip des freien Individuums und dem der sozialen und kosmischen Ordnung behauptet. Die Einsicht des Bodhisattva geht dahin, daß jedes derartige Empfinden eines grundsätzlichen Widerspruchs einfach eine Folge systematischen Denkens ist. Gemäß dem Komplementaritätsprinzip sollten wir vielmehr sagen, Prometheus und Zeus, ich und der Vater sind eins.

Aber wie können wir diese Einsicht erlangen, die wir bereits irgendwo in unserem Wesen besitzen?

Es gibt eine Legende vom Buddha, die davon berichtet, wie dieser zu solchen, die Ohren hatten, zu hören, sprach und sie lehrte, und wie er dabei eine Lotosblume hochhielt. Der einzige, der Augen hatte, zu sehen, war der Weise Kāshyapa, der den Lotos erkannte, da er reif für die Erleuchtung war. Als religiöser oder lehrhafter Fingerzeig hätte sich die vom Buddha hochgehaltene Lotosblume allegorisch als Lotos der Welt auslegen lassen, das heißt als unser Fahrzeug zur Erlösung. Denn wie uns das bekannte buddhistische Gebet und Mantra «Das Juwel in der Lotosblume» (OM MANI PADME HUM) lehrt, ruht das Juwel des Nirvāna im Lotos des Lebens. Das will sagen: Da nach dem Zeugnis jener Erleuchteten, die die dualistischen Täuschungen der Sinne und des logischen Denkens überwunden haben, Knechtschaft und Freiheit dasselbe sind, muß diese Welt selbst mit allen ihren Schmerzen und Unvollkommenheiten als die goldene Lotoswelt der vollkommenen Reinheit und Freude erkannt werden. Man hätte sicherlich annehmen können, daß die vom Buddha in der Hand gehaltene Lotosblume eine Anspielung auf einen solchen Gedanken wäre, und in dieser Anspielung hätte dann der Sinn des Symbols bestanden. Aber daraufhin hätten wir uns als gute moderne Logiker, denen es um die Exaktheit der Wissenschaft zu tun ist, natürlich fragen müssen, ob diese These sich entweder durch direkte oder durch indirekte Überprüfung hätte beweisen lassen. Wäre die Prüfung negativ ausgefallen, hätten wir die These entweder als widerlegte Hypothese ablehnen oder sie – wie ein Gedicht, ein Schrei oder ein Musikstück – in die Kategorie des bloßen Ausdrucks einordnen müssen: als eine nette Bekundung der Gefühle des Buddha über die Welt, seiner Stimmung oder seines Wesens, seiner Nähe zur Natur, seines persönlichen Charmes oder was weiß ich. Jedoch mit all diesen Bedeutungsabwägungen, logischen Thesen, psychologischen Intuitionen und einer hohen Meinung von unserer eigenen Exaktheit hätten wir noch nicht eimal einen Versuch unternommen, zu verstehen oder uns vorzustellen, was Kāshyapa eigentlich gesehen hatte, als er genau – *diese* Lotosblume sah.

In seinem Büchlein *The Doors of Perception (Die Pforten der Wahrnehmung)* beschreibt Aldous Huxley die Eindrücke, die er im Laufe eines Tages hatte, nachdem er vier Zehntelgramm Meskalin in einem halben Glas Wasser aufgelöst geschluckt hatte. Er berichtet von einem Liegestuhl, den er in einem Garten sah.

Dieser Liegestuhl – werde ich ihn je vergessen? An den Stellen, wo die Schatten auf seine Leinenbespannung fielen, entstanden wechselweise Streifen von einem tiefen, aber glühenden Indigoblau und helle leuchtende Streifen, so daß es schwer fiel, zu glauben, sie könnten nicht aus blauem Feuer sein. Es kam mir vor, als blickte ich eine unendlich lange Zeit darauf, ohne zu wissen, ja sogar ohne wissen zu wollen, was sich da mir gegenüber befand. Zu jeder anderen Zeit hätte ich einen abwechselnd von Licht und Schatten gestreiften Liegestuhl gesehen. Heute aber hatte der Wahrnehmungsinhalt den Begriffsinhalt in sich aufgenommen. Ich war vom Betrachten derartig in Anspruch genommen, so sehr vom Donner gerührt von dem, was ich tatsächlich sah, daß nichts anderes meinem Bewußtsein zugänglich war. Gartenmöbel, Lattenstäbe, Sonnenlicht, Schatten – das waren bloß Namen und Begriffe, lediglich Verbalisierungen des Ereignisses für nützliche oder wissenschaftliche Zwecke. Das Ereignis war diese Aufeinanderfolge azurblauer Schmelzofentüren, die durch Klüfte eines unergründlichen Enzianblaus voneinander getrennt waren. Es war unaussprechlich wundervoll, fast in erschreckendem Grad wundervoll. Und plötzlich hatte ich eine Ahnung davon, was für ein Gefühl es sein muß, wahnsinnig zu sein.[99]

Ich stelle mir vor, daß Kāshyapa die Lotosblume in der Hand des Buddha auf ähnliche Weise sah – wenn auch ohne solche innere Erregung. Das Ganze war keine Anspielung auf irgendeine mit der Figur des Lotos verbundene Lehre und kein Ausdruck von Wesen, Stimmung, Meinung oder Gefühlen des Buddha. Ebenso wenig war es ein Hinweis auf die botanische Gattung Lotos. Es war einfach *diese* Lotosblume, so wie sie war und nichts anderes: ein Mysterium tremendum – wie wir alle. Aber wir alle sind voneinander durch die Bedeutungen abgeschirmt, die wir ständig herstellen, durch die Engramme jener kosmischen Systeme, nach denen wir erzogen wurden und nach denen unser Denken die Sinneseindrücke auf der Stelle einordnet. Diesen Bedeutungen gehorchend lassen wir es zu, daß der Begriffsinhalt den Wahrnehmungsinhalt verschluckt, und kehren damit den Vorgang einer Offenbarung um, schotten uns selbst gegen die Erfahrung ab. Und doch strebt jedes Wesen, jeder Mensch, alles ringsum immerfort mit aller Kraft danach, eine Erfahrung seiner selbst zu vermitteln, beharrt ein jedes darauf, daß es das ist, was es ist, und nichts anderes.

Manche Hirne brauchen Meskalin, um innerlich diese Bedeutungen aufzulösen, andere werden vielleicht vom hypnotischen Schlag einer Trommel oder dem rhythmischen Aufbau eines Kunstwerks gebannt. (Wer von uns hat beispielsweise jemals wirklich ein altes Paar Schuhe angeschaut, bevor sie uns von Van Gogh gezeigt wurden?) Bestimmte religiöse Übungen, zu denen die Wiederholung sinnloser oder fast sinnloser Silben, die Versenkung in ein Muster oder Bild oder das anhaltende Nachdenken über metaphysische Rätsel bis zu dem Punkt, wo das Denken ausrastet, gehören, könnten auf ein ähnliches Ergebnis abgestellt sein: das geschäftige Gehirn einzulullen, zu hynotisieren oder auszuschalten und die Sinne freizumachen. Die Traumerscheinungen beeindrucken uns in der Regel einfach deshalb stärker als die des Wachlebens, weil das Gehirn im Schlaf nicht auf dem Posten ist. Gelänge es uns, es einmal im Wachen von seinem Posten abzuziehen, so würde diese «offenbare» (pratyaksha) Welt, ihrer Sinnverkleidung beraubt, von selbst erstrahlen. Unsere Erfahrung wäre dann paramārtha pratyaksha: «im höchsten Sinne augenfällig, unmittelbar, ungetrübt, vollkommen direkt».

Diese Art von Erfahrung ist uns von den Zenmeistern Chinas und Japans auf eine Weise, die uns ein wenig befremdlich und rätselhaft vorkommen mag, als «die Lehre vom Nichtdenken» beschrieben worden. Würde man sie jedoch in Begriffen ausdrücken, die unserer eigenen Tradition näherkommen, so ließe sich erkennen, daß wir diese Erfahrung selbst schon gelegentlich hatten. Am einfachsten könnten wir es wohl so ausdrücken, daß wir dann eine derartige Erfahrung machen, wenn eine Situation oder ein Phänomen in uns ein *Gefühl von Dasein* wachruft (anstelle der möglichen *Versicherung eines Sinns*). Das wachgerufene Daseinsgefühl kann oberflächlich oder tief sein, mehr oder weniger intensiv, je nach unserer Fähigkeit oder Bereitschaft; aber selbst ein kurzer Schock (etwa wenn wir plötzlich den Mond über den Dächern der Stadt erblicken oder in der Nacht einen schrillen Vogelschrei hören) kann uns eine Erfahrung von der Art des Nichtdenkens verschaffen, das heißt von der Art der Dichtung, der Art der Kunst. Wenn dies geschieht, wird unsere eigene Wirklichkeit jenseits des Sinns erweckt (oder besser: *wir* werden zu unserer Wirklichkeit jenseits des Sinns erweckt), und wir erleben eine Gemütsbewegung, die weder Gedanke noch Gefühl ist, sondern ein innerer Anstoß. Das kosmischen Bezügen entbundene Phänomen hat jetzt uns entbunden, und zwar durch jenes in der Magie wohlbekannte Prinzip, wodurch Gleiches Gleiches heraufbeschwört. Beide: die Magie der Kunst und die Kunst der Magie stammen aus Erfahrungen dieser Art und zielen darauf. Daher die Macht der sinnlosen Silben, des Hokuspokus der Magie und der sinnlosen Äußerungen der Metaphysik, der lyrischen Dichtung und der Kunstdarbietung. Sie wirken beschwörend, nicht bezeichnend; wie der Schlag einer Schamanentrommel, nicht wie eine Formel von Einstein. Einen Augenblick später haben wir die Erfahrung schon eingeordnet und verfügen vielleicht über aussagbare Gedanken und beschreibbare Gefühle dazu – Gedanken und Gefühle, die sich im öffentlichen Bereich bewegen, und je nach unserer Erziehung werden diese entweder rührselig oder tiefgründig sein. Was aber unser Leben angeht, so empfanden wir blitzartig ein Gefühl von Dasein, hatten wir einen Augenblick unbewerteten, ungehemmten, lyrischen Lebens vor jeglichem Gedanken und Gefühl. Ein solcher Augenblick kann niemals in Form empirisch nachprüfbarer Aussagen mitgeteilt, sondern nur von der Kunst angedeutet werden.

Damit glaube ich so weit zu sein, zwei oder drei abschließende Anregungen geben zu können.

Die erste: Da sich diese Überlegungen nicht um eine Erfahrung des relativ Unbekannten, sondern um eine des absolut Unerkennbaren drehen, läßt sich diese nicht als «Wissen» im üblichen abendländischen Sinne des Wortes bezeichnen. Es stimmt, daß die Sanskritbegriffe Bodhi, Vidyā und Prajñā, die sich auf diesen Erfahrungsbereich beziehen, in der Regel mit solchen Ausdrücken wie «Wissen, höchste Erkenntnis, Erleuchtung oder Weisheit» übersetzt werden, aber die Geschichte dieser Ausdrücke in unserer Tradition macht es ihnen unmöglich, die beabsichtigten Bedeutungen zu tragen. Nach dem orientalischen Sprachgebrauch gilt alles, worauf sich diese unsere Ausdrücke beziehen, als A-vidyā, «Nichterkennen, fehlende Erleuchtung, Unwissenheit, Wahn, Trug». Akzeptieren wir diese Auffassung und begreifen wir also, daß das, was die Kunst, die Metaphysik, der magische Hokuspokus und die mystische Religion bezwecken, kein Wissen von irgend etwas ist, kein Wahres, Gutes oder Schönes, sondern die Weckung eines Gefühls für das absolut Unerkennbare. Die Wissenschaft dagegen wird ihr Augenmerk auf das richten, was sich wissen läßt.

Kunst und Wissenschaft stellen also ein «Anschauungspaar» dar (und hierbei fasse ich im Einklang mit der eingangs zitierten Bemerkung von Rudolf Carnap die ganze Ausdrucksweise von Metaphysik und Religion unter den Oberbegriff «Kunst»). Die Funktion der Kunst ist es, ein *Gefühl von Dasein* zu geben und nicht die *Versicherung irgendeines Sinns*. Wer es nötig hat, eines Sinns versichert zu werden, oder wer sich seiner selbst unsicher und erschüttert fühlt, wenn ihm aufgeht, daß das Sinngefüge, welches seinem Leben Halt verlieh, zerschlagen wurde, der gehört ganz bestimmt zu denjenigen, die dieses Gefühl von Dasein noch nicht tief, anhaltend und überzeugend genug erfahren haben – dieses sich von selbst und zwanglos einstellende Gefühl, welches das erste und grundlegendste Merkmal des Daseins und das zu erwecken die Aufgabe der Kunst ist.

Was für einen Sinn, so frage ich, hat eine Blume? Und hat sie keinen, sollte sie dann etwa nicht sein?

Wir können also jetzt im Hinblick auf unser Problem des Symbols sagen, daß ein Symbol wie alles andere auch einen Doppelaspekt aufweist. Wir müssen daher zwischen dem «Gefühl» für ein Symbol und seiner «Bedeutung», seinem «Sinn» unterscheiden. Es scheint mir völlig klar zu sein, daß alle großen und kleinen Symbolsysteme der Vergangenheit gleichzeitig auf drei Ebenen wirkten: der körperlichen des Wachbewußtseins, der geistigen des Traumes und der unaussprechlichen des absolut Unerkennbaren. Der Begriff «Sinn» kann sich nur auf die ersten zwei beziehen; diese aber befinden sich heute in den Händen der Wissenschaft, welche, wie bereits erwähnt, für Zeichen und nicht für Symbole zuständig ist. Das Unaussprechliche, das absolut Unerkennbare kann nur empfunden werden, und dies heutzutage im religiösen Heiligtum nicht besser als irgendwo sonst. Dafür ist die Kunst zuständig – die nicht nur und nicht einmal vorrangig «Ausdruck» ist (wie Carnap und andere logische Positivisten gemutmaßt haben), sondern ein Ringen um und Entwerfen von Bildern, die Erfahrungen auslösen und Energien wecken, wobei sie das leistet, was Herbert Read treffend «ein sinnliches Erfassen des Seins» genannt hat.

Ich möchte nicht weiter auf diesem Punkt herumreiten. Es muß, so meine ich, inzwischen klargeworden sein, daß hier ein bestimmter Zusammenhang aufgezeigt wird zwischen dem Mut des paläolithischen Jägers in seinem Individualismus und seiner Bereitschaft, sich den uns Menschen offenstehenden geistigen Erfahrungen ungeschützt auszusetzen. Wenn ich auch nicht unbedingt darauf bestehen möchte, bin ich persönlich doch der Ansicht, daß ein deutlicher Zusammenhang besteht zwischen dem Format oder der Größe der Seele und dem Quantum an unmittelbarer Erfahrung, das einer auszuhalten und zu verdauen vermag, und daß die Bildung und Formung, die der durch das Mandala bedingten Seele des unvollständigen Menschen in den Ackerbaugesellschaften zuteil wurde, diesen Menschen für das Verkraften der ganzen Wucht eines jeden Mysteriums untauglich gemacht hat. Aldous Huxley hat erklärt, daß das, was er sah, als er einmal wirklich etwas *sah*, «unaussprechlich wundervoll, fast in erschreckendem Grad wundervoll» war, so daß er plötzlich eine Ahnung davon hatte, «was für ein Gefühl es sein muß, wahnsinnig zu sein». Die Wahnsinnigen sind die Menschen, die dann, wenn ihnen die Verbindung zur Sinnhaftigkeit, zur integrierenden Instanz des denkenden Bewußtseins abgerissen ist, diese nicht wiederherstellen können – während der große Künstler gleich dem Schamanen und dem Paramahamsa, der «höchsten Wildgans» des titanischen Yogafluges, mitgerissen werden und zurückkehren kann.

Ich komme damit zu meiner zweiten Anregung, und sie besagt, daß heute, da das Mandala selbst, das Sinngefüge, an das uns die Gesellschaft und ihre Wächter binden möchten, sich auflöst, von uns allen geistig wie auch leibhaftig weitaus eher die furchtlose Unabhängigkeit unseres schamanischen Erbteiles verlangt wird als die ängstliche Frömmigkeit der von Priestern gelenkten Neolithiker. Diejenigen unter uns, die niemals Titanen zu sein wagten, sondern nur gehorsame Kinder blieben, die sich so treu wie möglich an die Gebote von Zeus, Jahwe oder des Staates hielten, stellen jetzt fest, daß sich die Gebote selbst in einem irgendwie fließenden Zustand befinden und sich mit der Zeit verändern. Denn der Kreis, das Mandala der Wahrheit, ist gebrochen worden. Der Kreis steht offen, und wir segeln auf einem Meer, das weiter ist als das des Kolumbus. Die Lehrsätze der Wissenschaft, die das Mandala gebrochen haben und aus denen wir unsere Ethik, unser Wissen und unsere Weisheit beziehen sollen, geben nicht vor, in einem endgültigen Sinne wahr zu sein, geben nicht vor, unfehlbar oder auch nur langfristig gültig zu sein, sondern sind lediglich Arbeitshypothesen – heute aufgestellt und morgen verworfen. Es gibt keinen uns führenden Vogel, kein Land in Sicht, kein Hispaniola, das nicht bald schon in weiteren Offenbarungen des äußeren und des inneren Raumes hinschwinden würde.

An jenem Punkt seiner Reise, da er auf dem Gipfel des kosmischen Berges im südlichen Meer vom Erdenparadies Abschied

nimmt und im Begriff ist, zur Mondsphäre aufzubrechen, spricht
Dante seine Leser direkt an:

Die ihr bisher in eurem kleinen Nachen,
um zuzuhören, hinter meinem Schiff,
das singend weiterzieht, einhergefahren,
kehrt um zu euren heimatlichen Ufern,
begebt euch nicht aufs hohe Meer! Ihr könntet
euch weit verirren, falls ihr nicht verlört!
Ich nehme einen nie befahrnen Kurs,
Minerva treibt, Apollo lenkt die Fahrt,
neun Musen weisen mir des Nordpols Sterne.[100]

Dante aber erreichte über eine Reihe von theologischen Stationen
sicher das Ziel seiner Reise: das Empyreum, den Strom des Lichtes
und die Himmelsrose jenseits der Fixsternsphäre. Dort, so erklärt
er, sah er, daß die höchste Erscheinung einem Kreis glich, und in
dieser hohen Schau wurde sein Wunsch und Wille wie ein gleichmä-
ßig getriebenes Rad von der Liebe ergriffen, welche die Sonne und
alle Sterne im Kreis führt.[101]

Unser heutiger Kreis jedoch gleicht eher dem, der zwei Jahrhunderte später von dem genialen Nikolaus von Kues verkündet
wurde: dessen Umfang nirgendwo und dessen Mittelpunkt überall
ist; dem Kreis mit unendlichem Umfang, der auch eine Gerade ist
(vergleiche oben S. 95 und 133). Oder um das Prinzip mit anderen
Worten auszudrücken: Unser Sinn ist jetzt der Sinn, der gar keiner
ist, denn es läßt sich kein fester Bezugspunkt mehr angeben. Und
um solch eine zeitweilige Situation ertragen zu können, muß ein
jeder in sich den Titanen entdecken – ohne Furcht vor der offenen
Welt.

Wie uns die Forschungen und Schriften von C. G. Jung gezeigt
haben, liegt das tiefe Ziel und die Aufgabe der reifenden Psyche
heutzutage darin, die Ganzheit wiederzuerlangen. Aber solch eine
Wiedererlangung wird dazu führen, daß wir zwangsläufig weitaus
tiefer in unserer und der Welt Mitte Wurzeln schlagen, als es
irgendeine Vorstellung oder irgendein Bild, das wir uns vom Men-

schen oder von der Humanitas machen, überhaupt ahnen lassen kann. Wie der kalifornische Dichter Robinson Jeffers erklärt hat:

... «Mensch» ist der ursprüngliche Schlag, ja:
«Mensch» ist die Hohlform, von der's wegzubrechen, die Kruste, die's
zu durchbrechen, die Kohle, für die's in Feuer auszubrechen,
Das Atom, das es zu spalten gilt.[102]

Die erste Stufe des Individuationsprozesses hat Jung als eine beschrieben, auf der von seiten des Individuums die Identifikation seiner Persönlichkeit mit den Ansprüchen der kollektiven Archetypen abgebaut und nicht verstärkt wird. Diese Archetypen sind, wie ich zu zeigen versucht habe, Funktionen nicht nur der Psyche, sondern auch der Geschichte der Gesellschaft und befinden sich heute in voller Auflösung. Die wissenschaftliche Methode hat uns intellektuell von den Absolutheiten der mythischen Zeiten befreit, die göttliche Autorität des religiös gegründeten Staates ist, wenigstens im Abendland, völlig beseitigt worden, und die Kraftmaschine nimmt der menschlichen Energie in wachsendem Maße jene beschwerlichen körperlichen Tätigkeiten ab, die früher als wertvolle Schule der Moral ausgegeben wurden. Derart freigesetzt, stellen diese Energien, um mit Jung zu sprechen, ein Quantum an disponibler Libido dar, das nunmehr von der körperlichen zur geistigen Aufgabe hinströmt. Und bei dieser geistigen Aufgabe kann es sich nur um die handeln, welche ich hier als die Aufgabe der Kunst bezeichnet habe.

Die Epoche der Renaissance, der wir den wissenschaftlichen Weltentwurf in hohem Maße zu verdanken haben, erreichte ihren Gipfelpunkt im Jahre 1492 – dem Jahr des Todes von Lorenzo de' Medici wie auch des Falls von Granada und der Entdeckung der Neuen Welt. Leonardo da Vinci wurde in dem Jahr vierzig, Macchiavelli dreiundzwanzig, Kopernikus neunzehn. Ein weiteres zufälliges Zusammentreffen wollte es, daß James Watt genau im Jahr des ersten Gefechts der amerikanischen Revolution auf den Gedanken des Dampfkondensators kam, dem wir die erste einwandfrei arbeitende Kraftmaschine zu verdanken haben. Somit stimmt es, wenigstens weitgehend in gewissem Sinne, wirklich, daß die Welt, in der wir heute leben, im Jahre 1492 erschaffen und im Jahre 1776 erlöst wurde.

Es ist höchst unwahrscheinlich, daß man zu unseren Lebzeiten irgendeinen festen Fels finden wird, an den Prometheus wieder auf Dauer angekettet werden könnte und an den sich diejenigen, die keine Titanen sind, vertrauensvoll lehnen könnten. Unsere heutigen Wissenschaftler in ihrem schöpferischen Forschen und großartigen Wagemut haben mehr vom Löwenherz des Schamanismus als von der Frömmigkeit des Priesters und des Bauern. Sie haben alle Furcht vor dem begrenzenden Schlangenkönig abgeschüttelt. Und wenn wir mit ihrem Mut mithalten und somit freudig an ihrer Welt ohne Sinn teilhaben wollen, müssen auch wir unserem Geist erlauben, daß er wie der ihre zur Wildgans werde und im zeitlosen, raumlosen Flug nicht wie der Leib der Jungfrau Maria zu irgendeinem fest vorgegebenen Himmel jenseits des Firmaments aufsteige (denn es gibt dort oben keinen Himmel), sondern zu jenem zugleich äußerlichen wie innerlichen Ort der Erfahrung, wo Prometheus und Zeus, ich und der Vater, die Sinnlosigkeit des Daseinsgefühls und die Sinnlosigkeit jedes Sinns der Welt – eins sind.

# VI
# Die Säkularisierung des Heiligen*

## 1
### Der Baum im Garten

So wie ich den Ausdruck «Säkularisierung des Heiligen» verstehe, deutet dieser auf eine Ausdehnung des Gefühls religiöser Ehrfurcht auf eine Sphäre weltlicher Erfahrung hin bzw., was es erhabener macht, auf das Wunder dieser ganzen Welt und von einem selbst darinnen.

«Eines Tages», erzählte der indische Heilige und Weise Ramakrishna beispielsweise, «wurde mir plötzlich offenbart, daß alles reiner Geist ist. Die Kultgegenstände, der Altar, der Türrahmen – alles reiner Geist. Menschen, Tiere und andere Lebewesen – alles reiner Geist. Da fing ich an, wie ein Irrer Blumen in alle Richtungen auszustreuen. Alles, was ich sah, betete ich an.

Eines Tages, als ich bei der Anbetung Shivas den Kopf der Figur mit einem Bel-Blatt schmücken wollte, wurde mir offenbart, daß diese Virāt, dieses Weltall, selbst Shiva ist. ... Ein andermal war ich beim Blumenpflücken, als mir offenbart wurde, daß jede Pflanze ein Strauß ist, der die Allgestalt Gottes ziert. Von da an hatte es mit meinem Blumenpflücken ein Ende. Den Menschen

*  Zuerst erschienen unter dem Titel «The Secularization of the Sacred» in Donald R. Cutler (Hrsg.): *The Religious Situation: 1968,* Beacon Press, Boston 1968.

betrachte ich genauso. Sehe ich einen Menschen, so sehe ich, daß in ihm Gott selbst auf Erden wandelt; wie ein Kissen, das auf den Wellen treibt, schaukelt er hin und her.»[1]

Als er ein andermal an eine Figur der Göttin Kālī herantrat, um sie anzubeten, sagte jemand zu ihm: «Ich habe gehört, daß sie von dem Bildhauer Nabin geschaffen wurde.» – «Ja, ich weiß», entgegnete er. «Doch für mich ist sie die Verkörperung des Geistes.»[2]

In der Tat ist ein Erleben dieser Art nicht nur für die indische Religiosität, sondern für das gesamte Spektrum der orientalischen Hochreligionen östlich vom Iran grundlegend. Wir finden es in dem buddhistischen Mantra OM MANI PADME HUM, «Das Juwel in der Lotosblume»: Das Juwel der absoluten Wirklichkeit (Nirvāna) ist in der Lotosblume der Welt (im Leben). Desgleichen in dem chinesischen Gedanken des Tao:

> Der Quellgründe Geist ist unsterblich:
> Er ... ist des Himmels und der Erde Wurzel:
> So zart und fein, und wenn bewahrt,
> wirkt er sonder Mühe.[3]

Das höchste Ziel der orientalischen Anbetung ist demnach die Erkenntnis der eigenen Identität mit dieser Wirklichkeit sowie das Erfassen ihrer Gegenwart in allen Dingen. Es handelt sich hierbei nicht, wie in unseren abendländischen Religionen, um die Anbetung eines von seiner Schöpfung getrennten Gottes, der – abgesondert – einer anderen Ordnung des Seins «dort oben» angehört. Eine eindrucksvolle Bekundung dieser Auffassung steht in der alten *Brihadāranyaka-Upanishad* (ca. 700 v. Chr.?):

> Darum, wenn die Leute von jedem einzelnen Gotte sagen: «Opfere diesem, opfere jenem!» so (soll man wissen, daß) diese erschaffene Welt von ihm allein herrührt; er also allein ist alle Götter. ...
>
> Wer nun eines oder das andre von diesen verehrt, der ist nicht weise; denn teilweise nur wohnt jener in dem einen oder andern von ihnen. Darum soll man ihn allein als den Ātman verehren; denn in diesem werden jene alle zu einem. ...

Und auch heutzutage, wer also eben dieses erkennt: «Ich bin Brahman!» der wird zu diesem Weltall; und auch die Götter haben nicht Macht, zu bewirken, daß er es nicht wird. Denn er ist die Seele *(ātman)* derselben.

Wer nun eine andre Gottheit (als den Ātman, das Selbst) verehrt und spricht: «Eine andre ist sie, und ein andrer bin ich», der ist nicht weise; sondern er ist gleich als wie ein Haustier der Götter. So wie viele Haustiere dem Menschen von Nutzen sind, also auch ist jeder einzelne Mann den Göttern von Nutzen. Wenn auch nur ein Haustier entwendet wird, das ist unangenehm, wie viel mehr, wenn viele! – Darum ist es denselben nicht angenehm, daß die Menschen dieses wissen.[4]

Man vergleiche dies mit dem Buch Genesis:

Und Gott der Herr sprach: Siehe, der Mensch ist geworden wie unser-einer und weiß, was gut und böse ist. Nun aber, daß er nur nicht ausstrecke seine Hand und breche auch von dem Baum des Lebens und esse und lebe ewiglich! Da wies ihn Gott der Herr aus dem Garten Eden, daß er die Erde bebaute, von der er genommen war. Und er trieb den Menschen hinaus und ließ lagern vor dem Garten Eden die Cherubim mit dem flammenden, blitzenden Schwert, zu bewachen den Weg zu dem Baum des Lebens. (Genesis 3,22–24.)

Aber dieser Weg zum Baum des Lebens ist genau der Mārga, der «Pfad» der indischen Schule, das Tao der Chinesen, das «torlose Tor» (Mumon) des Zen. Und die Cherubim am Eingang zum Garten des Wissens um die Unsterblichkeit, die diesen mit einem flammenden Schwert bewachen, entsprechen genau den Tempel-wächtern am Eingang jedes orientalischen Heiligtums.

Niemals werde ich das Bild vergessen, das ich während unseres letzten Krieges mit Japan in einer New Yorker Zeitung sah. Es zeigte einen der zwei riesigen Tempelwächter am Eingang zum Todaiji-Tempel in Nara: grimmige Gestalten mit gezückten Schwertern. Kein Bild des Tempels selbst wurde gezeigt oder des Buddha darinnen neben dem Baum der Erleuchtung, die Hand zur Geste «Fürchte dich nicht!» erhoben, sondern nur jener eine drohende Cherub in seiner furchterregenden Haltung, und unter dem Bild stand: «Die Japaner beten Götter wie diesen an.»

Der einzige Gedanke, der mir damals durch den Kopf ging und den ich noch immer habe, war naheliegend: «Nicht sie, sondern wir!» Denn *wir* sind es, deren Gott den Menschen den Zutritt zum Garten verwehrt. Die orientalische Auffassung sieht im Gegenteil so aus, daß wir an den Wächtercherubim vorbeigehen und die Frucht vom Baum des ewigen Lebens pflücken sollen: uns selbst – eben jetzt – hier auf der Erde.


## 2
## Religionen der Identität

Ein solches Ziel und eine solche Erkenntnis werde ich «mythische Identifikation» nennen. Die ihr zugrunde liegende Idee ist, kurz gesagt, daß die höchste Wahrheit, Substanz, Stütze, Energie oder Wirklichkeit des Weltalls alle Definitionen, alle Vorstellungskraft, alle Kategorien und alles Denken übersteigt. Sie steht jenseits des Zugriffs der Gedanken, das heißt, sie ist transzendent. Wenn wir folglich nach Art unserer Theologen fragen: «Ist Gott gerecht? gnädig? zornig? Bevorzugt er dieses Volk oder jenes: die Juden, die Christen oder die Mohammedaner?», so ist das von diesem Standpunkt aus absurd. So zu denken heißt, menschliche Empfindungen und Sorgen über ihren irdischen Geltungsbereich hinaus zu verlängern und damit das Problem vollkommen zu verfehlen. Es stellt eine Art Anthropomorphismus dar, der einer entwickelten Religion kaum angemessener sein dürfte, als daß man dem Ursprungsgeheimnis allen Seins ein Geschlecht zuschreibt – eine weitere Absurdität unserer befremdlichen Religion. Dagegen gilt es folgendes herauszustreichen: Das, was somit letztlich alle Definitionen, Kategorien, Namen und Formen übersteigt, ist tatsächlich die Substanz, die Energie, das Sein und die Stütze aller Dinge, uns selbst eingeschlossen: die Wirklichkeit von uns allen und eines jeden. Jede Definition, jede Umgrenzung transzendierend, ist sie doch einem jeden immanent:

## OM MANI PADME HUM.

Man nehme zum Beispiel einen Bleistift, einen Aschenbecher, irgend etwas, halte es mit beiden Händen vor sich und betrachte es eine Weile. Hat man, während man es immer noch betrachtet, Zweck und Namen des Dings vergessen, so frage man sich ernsthaft: «Was ist das?» Wie James Joyce im *Ulysses* erklärt (und dies ist das A und O seiner Kunst): «Jeder Gegenstand, der intensiv betrachtet wird, kann ein Zugangstor werden in die unvergängliche Ewigkeit der Götter.»[5] Seines Zwecks entfremdet, seiner Benennungen ledig, eröffnet sich seine Dimension des Wunderbaren. Denn das Geheimnis des *Seins* dieses und jenes Dings ist identisch mit dem Geheimnis des Seins der Welt – und von einem selbst. Irgendwo in seinem großen Werk *Die Welt als Wille und Vorstellung* hat Schopenhauer das Leitmotiv seiner Philosophie in einem einzigen denkwürdigen Satz zusammengefaßt, der besagt, daß auf seine Weise jedes Ding die gesamte Welt als Wille ist. Und in der indischen *Chāndogya-Upanishad* steht der berühmte Satz des gütigen Weisen Āruni an seinen Sohn Shvetaketu: «Tat tvam asi. – Das bist du!» – «Was diese feinste Essenz ist (das Sein), das hat diese ganze Wirklichkeit als ihr innerstes Prinzip. Das ist die Wahrheit. Das ist der Ātman. *Das bist du,* Śvetaketu!»[6]

Unter den orientalischen Weisen und in ihren Schriften herrscht allerdings Einmütigkeit darüber, daß das in derartigen Lehren angesprochene «Du» nicht genau jenes «Du» ist, das du zu sein meinst, vereinzelt in Raum und Zeit, ein zeitweiliger Angehöriger dieser Welt vergänglicher Formen, benannt, geliebt und von deinem Nächsten getrennt. Neti neti, «nicht dies, nicht das», lautet die Meditationsformel, die auf alles derart Bekannte, Benannte und Bezifferte Anwendung findet: auf all jene Facetten des Juwels der Wirklichkeit, die sich dem Verstand darbieten. «Ich bin nicht mein Leib, meine Gefühle, meine Gedanken, sondern das Bewußtsein, deren Manifestationen diese sind.» Denn wir alle, in jedem Atom unseres Wesens, sind ein Niederschlag des Bewußtseins, wie es auch die Tiere und Pflanzen, von einem Magneten angezogene Metalle und nach dem Mond flutende Gewässer sind. Der bedeutende Physiker Erwin Schrödinger erklärt in seinem Buch *Meine Weltansicht:* «Teilung, Vervielfachung des Bewußtseins ist etwas Sinnloses. Es gibt innerhalb des Erscheinenden nirgends einen Rahmen, innerhalb dessen Bewußtsein im Plural vorgefunden wird, wir konstruieren das nur auf Grund der räumlich-zeitlichen Pluralität der Individuen, aber die Konstruktion ist falsch.»[7] Und er fragt: «Was läßt dich so einen eigenartigen Unterschied entdecken – den Unterschied zwischen dir und einem anderen –, wo *objektiv dasselbe* vorliegt? ... Darum ist dieses dein Leben, das du lebst, auch nicht ein Stück nur des Weltgeschehens, sondern in einem ganz bestimmten Sinn das *ganze*. Nur ist dieses Ganze nicht so beschaffen, daß es sich mit *einem* Blick überschauen läßt. – Das ist es bekanntlich, was die Brahmanen ausdrücken mit der heiligen, mystischen und doch eigentlich so einfachen und klaren Formel: Tat twam asi (das bist du). – Oder auch mit Worten wie: Ich bin im Osten und im Westen, bin unten und bin oben, *ich bin diese ganze Welt*.»[8]

Wenn man sich selbst mit a bezeichnet und die höchste Wirklichkeit mit x, dann läßt sich diese Art von Selbstidentifikation folgendermaßen darstellen:

$$a \neq = x.$$

Phänomenologisch betrachtet, ist a ungleich x, aber in Wahrheit ist a durchaus gleich x.

Das Oxymoron, der innere Widerspruch, das Paradoxon, das transzendente Symbol, das über sich hinausweist – dies ist das torlose Tor, die Sonnenpforte, das Hinausgehen über die Kategorien. Götter und Buddhas sind demnach im Orient keine letzten Instanzen – wie Jahwe, die Trinität oder Allah im Westen –, sondern deuten über sich hinaus auf jenes unaussprechliche Sein, Bewußtsein und Entzücken, das in uns allen das All ist. Das höchste Ziel der Verehrung, die sie genießen, ist es, im Gläubigen eine psychische Umformung zu bewirken, indem seine Schau von der Stufe des Vergänglichen zu der des Dauernden umschwenkt, wodurch er schließlich aufgrund eigener Erfahrung (nicht einfach als

222

ein Glaubensbekenntnis) zu der Erkenntnis kommen kann, daß er mit dem, wovor er sich verneigt, identisch ist. Dies also sind *Religionen der Identität*. Ihre Mythologien und damit verbundenen Riten, Philosophien, Wissenschaften und Künste dienen letzten Endes nicht der Ehre irgendeines Gottes «dort oben», sondern der Erkenntnis der Gottheit im Innern.

Hören wir noch einmal «Das große Waldbuch», die *Brihadāranyaka-Upanishad:*

> In sie [die Welt] ist jener (Ātman) eingegangen bis in die Nagelspitzen hinein, wie ein Messer verborgen ist in einer Messerscheide oder das allerhaltende (Feuer) in dem feuerbewahrenden (Holze). Darum siehet man ihn nicht: denn er ist zerteilt; als atmend heißt er Atem, als redend Rede, als sehend Auge, als hörend Ohr, als verstehend Verstand; alle diese sind nur Namen für seine Wirkungen. Wer nun eines oder das andre von diesen verehrt, der ist nicht weise; denn teilweise nur wohnt jener in dem einen oder andern von ihnen. Darum soll man ihn allein als den Ātman verehren; denn in diesem werden jene alle zu einem.
>
> Darum ist dieses die (zu verfolgende) Wegespur des Weltalls, was hier (in uns) der Ātman ist; denn in ihm kennt man das ganze Weltall; ja, fürwahr, wie man mittels der Fußspur (ein Stück Vieh) auffindet, also (erkennt man mittels des Ātman diese Welt).[9]

Ähnliche Vorstellungen scheinen in den folgenden Zitaten aus den frühesten uns bekannten religiösen Schriften angedeutet zu sein: den *Pyramidentexten* der fünften und sechsten Dynastie des alten Reiches in Ägypten (ca. 2350–2175 v. Chr.), in denen der Geist des Verstorbenen die vielfältigen Kräfte der verschiedenen Götter, die er zu seinen Lebzeiten für außerhalb seiner selbst gehalten hatte, wieder in sich einholt.

»Er [der Verstorbene] ist es, der ihre Magie verzehrt und ihre Geister verschlingt. Ihre Großen sind für sein Morgenmahl, ihre Mittelgroßen sind für sein Abendmahl, ihre Kleinen sind für sein Nachtmahl, ihre alten Männer und alten Frauen sind für sein Feuer.«[10]

«Seht, ihre Seele ist in seinem Bauch. ... Ihre Schatten sind jenen, denen sie gehören, aus der Hand genommen. Er ist das, was aufgeht, was Bestand hat.»[11]

Das gleiche hören wir ungefähr ein Jahrtausend später noch deutlicher aus dem *Totenbuch,* worin der Anschein erweckt wird, als spräche der Verstorbene selbst:

Das Haar meines Hauptes, es ist Nu's Haar.
Mein Antlitz ist die Scheibe der Sonne.
In meinem Augenstrahl lebt Hathor's Mut.
In meinen Ohren erklingt Up-Uaut's Seele. ...
Ptah's Füße sind meine Füße.
Des doppelten göttlichen Falken Krallen sind meine Finger.
Wahrlich! In jedem Glied meines Körpers
Lebt eine Gottheit.[12]

Ich bin das Heute.
Ich bin das Gestern.
Ich bin das Morgen.
Meine wiederholten Geburten durchschreitend
Bleibe ich kraftvoll und jung;
Ich bin dem Geheimnis verwobene göttliche Seele,
Die einstmals, in frühester Zeit,
Die Göttergeschlechter erschuf...
Ihr alle, erfahret:
Ra bin ich, wahrlich!
Er dagegen, der Gott, bin ich!
Ich war es, der aus Kristall den Ptah-Himmel formte.[13]

Im wesentlichen dieselbe oder zumindest eine ähnliche Idee wird auf gewissen frühen mesopotamischen Siegeln nahegelegt, von denen manche mit den Pyramidentexten ungefähr gleichaltrig sind. Abbildung 14 zum Beispiel zeigt einen Anbetenden, der an den Altar des Herrn des Lebensbaumes tritt, wobei er die rechte Hand ehrerbietend erhoben hat und auf dem linken Arm eine Ziege, seine Opfergabe, trägt. Der gnädige Gott streckt ihm als Gegenlei-

*Abb. 14.* «Der Herr des Lebensbaumes»; Sumer, ca. 2500 v. Chr.

*Abb. 15.* «Der Garten der Unsterblichkeit»; Babylonien, ca. 1750–1550 v. Chr.

*Abb. 16.* «Der Herr und die Herrin des Baumes»; Sumer, ca. 2500 v. Chr.

stung den Kelch des ambrosischen Trankes entgegen, der aus der Frucht oder dem Saft des Baumes gewonnen wurde, und gewährt ihm damit die Gabe der Unsterblichkeit, die Adam und Eva Jahrhunderte später vorenthalten wurde. Der Gott ist wie der Mond über seinem Kelch gehörnt, denn der Mond ist das himmlische Zeichen der immerwährenden Auferstehung. Als Herr über die Gezeiten des weiblichen Schoßes, unentwegt zu- und abnehmend, birgt er – wie das Leben – seinen eigenen Tod, aber auch seinen Sieg über den Tod. Auf Abbildung 15 sehen wir wieder seine Sichel. Diesmal jedoch wendet sich dem Baum die Doppelerscheinung einer Göttin namens Gula-Bau zu, deren spätere griechische Entsprechungen Demeter und Persephone die unvergleichlichen Göttinnen der orphischen wie auch der eleusinischen Mysterien waren. Auf diesem altertümlichen babylonischen Siegel aus der Zeit von ca. 1750–1550 v. Chr. (annähernd ein Jahrtausend früher als der Gartentext der Bibel) reicht die zwiefache Göttin von Leben und Tod die Frucht der Todlosigkeit einer sterblichen Frau zur Linken. Abbildung 16 von einem frühen sumerischen Siegel aus der Zeit um 2500 v. Chr. zeigt den Gott und die Göttin gemeinsam als Herren und Herrin des Baumes, allerdings in Gesellschaft der Schlange und nicht des Mondes. Denn wie der Mond den Tod in der Form seines Schattens abstreift, so die Schlange ihre Haut, um aus sich wiedergeboren zu werden. Sie sind gleichbedeutende Symbole – das eine himmlisch, das andere irdisch – des allzeit sterbenden, allzeit lebenden Seins der Wesen, welches im Garten dieser Welt das Leben ist.[14]

In Indien ist Shiva das bis auf den heutigen Tag verehrte Gegenstück zu dem Gott am Fuße des Baumes, der das Mondelixier des Lebens spendet; und im sechsten Jahrhundert v. Chr., als der Prinz Siddhārtha in seinen Meditationen am Fuße dieses selben Weltenbaumes ankam, erlangte er dort die Gabe der Erleuchtung, welche er daraufhin an die Welt austeilte – er selbst an der Stelle und in der Rolle des Gottes. In gleicher Weise war es das in den antiken Mysterienkulten vom Initianden erstrebte Ziel, in sich selbst die Gottheit zu erkennen. «Glücklicher und Beseligter», lesen wir auf einem orphischen Goldplättchen von ca. 300 v. Chr., «ein Gott wirst du sein statt eines Sterblichen.»[15] Und Apuleius wurde im zweiten Jahrhundert n. Chr. am Ende seiner in *Der goldene Esel* geschilderten Heimsuchung durch die Milde der Göttin Isis zu Gottähnlichkeit verwandelt. «In der rechten Hand trug ich eine voll entflammte Fackel, und mein Haupt umgab stattlich ein schimmernder Palmenkranz, bei dem die Blätter in der Weise von Strahlen hervorragten. Nachdem ich so der Sonne gleich geschmückt und wie ein Standbild aufgestellt war, wurde der Vorhang plötzlich zurückgezogen, und das Volk wogte heran, mich zu schauen.»[16]

Auch unter den nordeuropäischen Kelten und Germanen war

der wunderbare Trank «Todlos» (sanskrit Amrita, griechisch Ambrosia) in vielen Tarnformen bekannt. Odin (Wotan) gab ein Auge hin für einen Schluck aus dem Brunnen der Weisheit am Fuße der Weltenesche Yggdrasil, wo er von Mimir dem Zwerg bewacht wurde; und droben in Walhall, Odins Heldensaal, tranken die toten Krieger von einem Met, den ihnen die Walküren reichten, und erhielten durch ihn Leben und Frohsinn wieder. Ganz ähnlich schenkte der keltische Meeresgott Manannan in seiner Wohnstatt unter den Wellen ein Bier aus, das seinen Gästen Unsterblichkeit verlieh; und wenn es uns nach einer Kostprobe der Art von Wissen verlangt, wie sie einst Eingeweihte keltischen Stammes aus solch ambrosischem Trunk bezogen, so mag uns dazu der berühmte Spruch des Zauberers Amergin aus dem irischen *Lebor Gabala* («Buch der Invasionen») dienen:

Ich bin der Wind, der auf die See atmet
ich bin die Woge des Meeres
ich bin das Rauschen der Wellen
ich bin der Ochse der sieben Schlachten
ich bin der Geier auf dem Felsen
ich bin ein Strahl der Sonne
ich bin die Schönste der Pflanzen
ich bin ein wilder Eber an Kühnheit
ich bin ein Lachs im Wasser
ich bin ein See in der Ebene
ich bin ein Wort der Weisheit
ich bin die Lanzenspitze in der Schlacht
ich bin der Gott, der im Haupte das Feuer schafft.[17]


## 3
## Religionen des Bezugs

In unversöhnlichem Gegensatz jedoch zu dieser uralten, praktisch weltweit anzutreffenden Weise, die göttliche Dimension der Welt und von einem selbst zu erfahren – von mir als «mythische Identifikation» bezeichnet – steht die aus der biblischen Überlieferung stammende Art von Glaubenslehren, in denen Jahwe (der erst sehr spät auf der Bühne erscheint) bekanntermaßen die Schlange des Gartens (siehe Abb. 16) verflucht und mit ihr die ganze Erde, von der er wohl meint, er habe sie erschaffen. Hier erschafft Gott die Welt, und die beiden sind *nicht* dasselbe: Schöpfer und Schöpfung, ontologisch voneinander geschieden, dürfen *keinesfalls* irgendwie miteinander identifiziert werden. Eine Erfahrung der Identität gilt in diesen Systemen sogar als Erzhäresie und wird mit dem Tode bestraft. Ihre Formel lautet daher nicht wie bei der älteren und allgemeineren Ordnung a $\neq$ = x, sondern a bezieht sich auf x:

$$a \; B \; x.$$

Und welches ist das Medium der Beziehung? Die jeweilige soziale Gemeinschaft.

Beispielsweise im hebräischen Kontext: Gott hat einen Bund mit einem bestimmten semitischen Volk geschlossen. Als Angehöriger dieses heiligen Geschlechts geboren zu werden und seine Rituale des Bundes zu befolgen, sind die Mittel, in einen Bezug zu Gott zu gelangen. Keine anderen Mittel sind bekannt oder werden zugegeben.

Dem vergleichbar ist die christliche Auffassung: Christus, der einzige Sohn Gottes, ist zugleich wahrer Gott und wahrer Mensch. Dies wird in der gesamten christlichen Welt als ein Wunder begriffen, während gemäß der früheren Formel a $\neq$ = x wir *alle* wahrer Gott und wahrer Mensch sind: «Alle Dinge sind Buddhadinge»; «Brahman schläft im Stein» – und es ist bloß erforderlich, daß man zur Wahrheit erwacht und von da an «erleuchtet» lebt (buddha, von der Wurzel budh, «wissen, erkennen, erwachen, wiederaufleben, zu sich kommen»). Nach der christlichen Auffassung darf niemand außer Christus behaupten: «Ich und der Vater sind eins» (Johannes 10,30); daher auch: «niemand kommt zum Vater denn durch mich» (Johannes 14,6). Durch Christi Menschsein sind wir mit ihm verbunden, durch sein Gottsein verbindet er uns mit der Gottheit. Also ist er, und er allein, die Angel. Getrennt von ihm, sind wir von

Gott getrennt, der, wiewohl gerecht und gnädig, auch zornig ist und durch Adams Sünde, die Schuld, die wir alle irgendwie geerbt haben, schwer beleidigt wurde. Gott wurde in Christo Mensch. Indem er den Tod am Kreuz auf sich nahm, versöhnte er die Menschheit mit dem Vater. Kein Mensch kann jedoch anders an dieser Versöhnung teilhaben als durch die Mitgliedschaft in seiner Kirche, die er um das Jahr 30 auf den Felsen Petrus gründete.

In mythologisierter Form wurde das Kreuz Christi im frühen Mittelalter mit dem Baum des ewigen Lebens, dem verbotenen Baum des Gartens, gleichgesetzt, der gekreuzigte Christus mit der Frucht und sein Blut mit dem ambrosischen Trank. Überdies wurde das Meßopfer als «eine Erneuerung des Opfers von Golgatha» ausgegeben, wodurch der Erlöser den Gläubigen seiner Kirche die Gnade zuteil werden läßt, die er für sie am Kreuz errungen hat. Im Bilde von der geschlossenen Gartenpforte mit den Cherubim und dem flammendem Schwert gesprochen, war Christus als eine Art Prometheus an den furchterregenden Wächtern vorbeigestürmt und hatte für die Menschen den Zugang zum ewigen Leben gewonnen, wie es die Hymne «O salutaris hostia», die bei der Weihe des heiligen Sakraments gesungen wird, verkündet:

O salutaris hostia,
quae caeli pandis ostium...

O heilbringendes Opfer,
das du die Himmelspforte öffnest...

Im Gegensatz jedoch zu den orientalischen – buddhistischen und vedantischen – Auslegungen der Symbolik des bewachten Tores und des Zugangs zum Baum, welche nämlich von einer inneren psychischen Sperre und einer Krise bei ihrer Überwindung sprechen, ging die offizielle christliche Lesart von einem tatsächlichen, konkreten, historischen Akt der Versöhnung mit einem zürnenden Gott aus, der den Menschen jahrhundertelang sein Geschenk des Paradieses vorenthalten hatte, bis er durch dieses sonderbare Selbstopfer seines einzigen Sohnes, einen Verbrechertod am Kreuz zu sterben, besänftigt war. Die Tatsache der Kreuzigung wurde als das zentrale Ereignis der ganzen Geschichte begriffen, und damit einhergehend wurden bestimmte andere «Tatsachen» anerkannt, wie man sie in anderen mythologischen Traditionen psychologisch (oder, wie die Theologen sagen, «geistig») als Symbole deuten würde. Dazu gehören 1. die jungfräuliche Geburt, 2. die Auferstehung, 3. die Himmelfahrt, 4. die Existenz eines Himmels, zu dem sich der physische Leib emporschwingen kann, und natürlich 5. jener Sündenfall im Garten Eden ca. 4004 v. Chr., von dessen Schuld uns die Kreuzigung erlöst hat.

Gott ist in diesem System eine Art irgendwo vorhandener Tatbestand, eine wirkliche Person, an die man Gebete mit der Hoffnung auf ein Ergebnis richten kann. Er ist von der Welt getrennt und verschieden: in keiner Weise mit ihr *identisch*, sondern mit ihr *verbunden* wie die Ursache mit der Wirkung. Ein religiöses Denken dieser Art nenne ich «mythische Dissozation». Das Gefühl einer Erfahrung des Heiligen wird vom Leben, von der Natur, von der Welt abgetrennt und auf etwas anderes übertragen oder projiziert, auf ein vorgestelltes Wesen irgendwo anders, während der Mensch, der bloße Mensch, verflucht wird. «Im Schweiße deines Angesichts sollst du dein Brot essen, bis du wieder zu Erde werdest, davon du genommen bist. Denn du bist Erde und sollst zu Erde werden.» (Genesis 3,19.)

Das Heilige ist hierbei nicht weltlich, nicht von dieser Welt bloßen toten Erdenstaubes, sondern kanonisch, übernatürlich offenbart, und es wird autoritativ gehütet; das will sagen: Gott hat, von «dort oben» aus, gnädig geruht, folgende besondere Offenbarungen zu gewähren: 1. den Hebräern, historisch, auf dem Sinai durch Moses; 2. der Menschheit, historisch, in Bethlehem durch Jesus; aber dann anscheinend 3. abermals der Menschheit, historisch, in einer Höhle bei Mekka durch Mohammed. Alle, wie man bemerken wird, Semiten! Keine anderen Offenbarungen dieses Wüstengottes werden zugegeben, und extra ecclesiam nulla salus.

Dem Ausdruck «mythische Dissoziation» muß folglich nunmehr der Begriff «soziale Identifikation» hinzugefügt werden: Identifikation mit Israel, mit der Kirche als dem lebendigen Leib Christi oder mit der Sunna des Islam. Jede dieser Gemeinschaften wird von ihren Mitgliedern als das einzig Heilige auf dieser Welt überinterpretiert. Und Brennpunkt wie auch Quelle dieser ganzen Heiligkeit stellt in jedem Fall ein ganz und gar einzigartiger und besonderer Fetisch dar – kein Symbol, sondern ein Fetisch: 1. die Bundeslade im Tempel, 2. die Tora in der Synagoge, 3. die verwandelte Hostie der römisch-katholischen Kirche, 4. die Bibel der Reformation, 5. Koran sowie 6. Ka'aba des Islam.

In Indien und im Fernen Osten würde man davon ausgehen, daß solche verehrten Hilfsmittel des religiösen Lebens letztlich über sich und ihre anthropomorphen Götter hinausweisen: über Namen, Formen und alle Personifikationen der Schrift hinaus auf das immanent-transzendente Geheimnis des Seins, das in Gedanken, Gefühlen und Bilddarstellungen niemals aufgeht. Denn während die Haltung der auf ein Anderes gerichteten Frömmigkeit dort als geeignet für solche gebilligt wird, die noch nicht in der Erkenntnis ihrer Identität mit dem «Das» (tat tvam asi) zu leben vermögen, werden solche heiliggesprochenen Krücken für jeden, der für eine wirkliche eigene religiöse Erfahrung reif ist, als Hindernisse betrachtet. «Wo soll das Wesen erschauen, wer am Geschauten hängt?» lesen wir in einer Vedāntaschrift. «Die Weisen schauen nicht dies und das und schauen das unvergängliche Wesen.»[18] – «Du hast deine eigene Schatzkammer», sprach Ma-tsu, ein Chinese aus dem achten Jahrhundert. «Warum suchst du außerhalb?»[19]

Ein anderer Weiser, Wei-kuan, allerdings erklärte einmal einem nach Erleuchtung strebenden Mönch: «Solange es ein ‹Ich und Du› gibt, erschwert dies die Lage und kein Schauen des Tao ist möglich.»

«Wird es geschaut, wenn es weder ‹Ich› noch ‹Du› gibt?» fragte darauf der Mönch.

«Wenn es weder ‹Ich› noch ‹Du› gibt», kam die paradoxe Antwort, «wer sollte es dann hier sehen können?»[20] – das heißt, a + = x.

Oder um noch einmal Ramakrishna zu zitieren: «Die Essenz des Vedānta lautet: Brahman allein ist wirklich und die Welt ist eine Täuschung; ich existiere nicht gesondert; ich bin allein dieses Brahman. . . . Für solche aber, die ein weltliches Leben führen, und für solche, die sich mit dem Leib identifizieren, ist diese Einstellung ‹Ich bin Er› nicht gut. Es tut Familienvätern nicht gut, den Vedānta zu lesen. Es ist sehr schädlich für sie, diese Bücher zu lesen. Familienväter sollten Gott als Herrn und sich als Seine Diener betrachten. Sie sollten denken: ‹O Gott, Du bist der Herr und Meister, und ich bin Dein Diener.› Wer sich mit dem Leib identifiziert, sollte nicht die Einstellung haben: ‹Ich bin Er.›»[21]

Es sieht ganz einfach so aus, daß die Meditation «Nicht dies, nicht das» (neti neti) vor der des «Ich bin Brahman» (Brahmāsmi) und des «Es ist hier, es ist hier» (iti iti) vollbracht sein muß. Wenn jedoch die letztere angegangen wird, so wird der Fetisch, das Götzenbild zurückgelassen, wie Ramakrishna es tat, als er mit seinen Blumen um sich warf. Es besteht hier eine Parallele zu Platons Lehre von der Schönheit im *Symposion,* wo Sokrates unter Berufung auf die weise Frau Diotima verkündet, daß der Liebhaber wohl zunächst die Schönheit eines einzelnen Leibes schätzen lernen müsse . . .: «Dann aber soll er gewahr werden, daß die Schönheit an irgendeinem einzelnen Leibe mit der an jedem anderen verschwistert ist, und daß es höchste Einsichtslosigkeit wäre – wenn anders man dem Schönen an der äußeren Gestalt nachgehen muß –, die Schönheit an allen Leibern nicht für eine und dieselbe zu halten. Wer das aber eingesehen hat, muß zum Liebhaber aller schönen Leiber werden, in dieser heftigen Liebe zu jenem einen aber nachlassen, sie gering schätzen und für unwichtig ansehen.»[22]

Kein solcher Dienst an fremden Götzen aber für den Liebhaber jenes eifernden Gottes in der Bibel! Ebenso wenig ist es dort gestattet, seinem eigenen Licht zu folgen: der Führung und Anleitung der eigenen weiter, tiefer und reicher werdenden Erfahrung vom Wesen der Welt und des eigenen Selbst. Alles Leben, alles Denken, alle Meditation muß von der Obrigkeit der Hirten der Gemeinschaft gelenkt werden, und es kann von dem her, was wir von der Geschichte dieser Tradition wissen, kein Zweifel daran bestehen, daß diese Obrigkeit durch Gewalt erzwungen und aufrechterhalten wurde.

Aber jedes auf eine solche Weise ausgelegte Symbol, daß es sich nicht auf ein über dem Denken stehendes Geheimnis, sondern auf eine das Denken umklammernde Gesellschaftsordnung bezieht, stattet das niedrigere Prinzip fälschlich mit den Werten des höheren aus und setzt damit (um eine theologische Wendung zu gebrauchen) Satan auf den Thron Gottes.

# 4
## Das Pfropfreis am europäischen Stamm

Ist es nicht eine der größten Sonderbarkeiten der Geschichte, daß eine Religion von derart anmaßendem Wesen – ausschließlich, herrisch, kollektiv und fanatisch – unversehrt aus ihrem levantinischen Heimatboden genommen und dem lebendigen Stamm Europas aufgepfropft werden sollte? Angesichts dessen, was wir heute in der sogenannten christlichen Welt erblicken können, kommt es einem so vor, als hätte das Reis keinen Halt gefunden. Auch in früheren Jahrhunderten war das, was die Geschichte der Kirche in Europa vor allem auszeichnete, ihr ständiges verzweifeltes Ringen gegen Häresien aller Art, auf jeder Seite, zu allen Zeiten – und jetzt hat die Häresie gesiegt. Bereits im fünften Jahrhundert stellte die irische Häresie des Pelagius eine Herausforderung dar, von der man meinte, der Afrikaner Augustinus hätte sie bezwungen. Aber heute ist der Pelagianismus die einzige Richtung im Christentum, die möglicherweise im Abendland eine Zukunft besitzt. Denn wer außerhalb eines Klosters glaubt heute in seinem Herzen wirklich, daß jedes vom Weibe geborene Kind auf der ganzen Welt zur ewigen Verdammnis verurteilt sei, wenn ihm nicht ein Mensch christlichen Glaubens etwas Wasser auf den Kopf spritzt und dazu ein Gebet im Namen des Vaters und des Sohnes und des Heiligen Geistes spricht? Da es überdies um 4004 v. Chr., ja selbst um 1 800 000 v. Chr. zur Zeit des Zinjanthropus, keinen Garten Eden gab und weder Adam noch Eva darinnen, keine hebräisch sprechende Schlange und folglich keinen Sündenfall und keine Schuld – was soll dann also dieses ganze Gerede von einer allgemeinen Buße? Es sei denn, Sündenfall und Erlösung, Ungehorsam und Buße wären poetische Namen für dieselben psychischen Zustände der Unwissenheit und der Erleuchtung, von denen die Hindus und die Buddhisten sprechen! Was aber wird in diesem Falle aus der Lehre von der einzigartigen historischen Bedeutung der Fleischwerdung und Kreuzigung Christi?

Meister Eckehart begriff dies sicherlich, als er seiner Gemeinde predigte: «Es ist Gott wertvoller, daß er geistig geboren werde von einer jeglichen Jungfrau oder (= will sagen) von einer jeglichen guten Seele, als daß er von Maria leiblich geboren ward.»[23] Und an anderer Stelle: «Gott ist in allen Dingen wesenhaft, wirkend, gewaltig.»[24] Solche Sätze wurden von Papst Johannes XXII. verurteilt, und Eckehart starb zum Glück rechtzeitig – oder die Kirche hätte auch ihn auf dem Gewissen.

Die große Erhebung des ureuropäischen Geistes gegen die aufgezwungene Autorität von Beschlüssen, die von einer Gruppe levantinischer Bischöfe auf den Konzilien von Nicäa, Konstantinopel, Ephesus und Chalcedon (viertes bis achtes Jahrhundert) gefällt wurden, fand im zwölften und dreizehnten Jahrhundert statt, genau in der Zeit, als die großen Kathedralen entstanden. Diese Zeit wurde von Henry Adams als die der größten christlichen Einigkeit herausgestellt, während sie in Wirklichkeit eine Zeit der überall ausbrechenden Häresie war: der Waldenser, der Albigenser und vieler anderer, der Einsetzung der Inquisition und des Albigenserkreuzzuges.

In meinen Augen war diese Erhebung die Folge davon, daß eine zunehmende Anzahl Menschen von echter Größe den Mut faßte, ihrer eigenen Erfahrung zu vertrauen und ihr gemäß gegen die Vorschriften der Obrigkeit zu leben. Die Zeugnisse dieses Mutes finde ich nacheinander in den Sphären des Fühlens, des Denkens und der Beobachtung: in der Liebe, der Philosophie und der Wissenschaft. Hier will ich nur auf die erste eingehen, denn sie zeigt die Morgenröte, den anbrechenden Tag der Welt an, die wir heute kennen. Beredt und kühn wurde sie bereits am Anfang des zwölften Jahrhunderts von Heloise in ihrem Leben und in ihren Briefen an Abaelard verkündet; in der Dichtung der Troubadours und Minnesänger psychologisch gezeichnet; im Tristanroman des großen deutschen Dichters Gottfried von Straßburg mit vollendeter Kunst gepriesen; und in dem unübertroffenen Gralsroman des größten Dichters des Mittelalters, Wolfram von Eschenbach, zu ihrer höchsten, krönenden Aussage gebracht.

Die schöne, wiewohl abstoßende Geschichte von Heloise und Abaelard kennt jeder: wie er, der Mitte dreißig und der glänzendste Kopf der Pariser Schulen war, sie, ein Mädchen von siebzehn Jahren, vorsätzlich verführte, sie dann, als sie ein Kind von ihm erwartete, in die Obhut seiner Schwester in der Bretagne schickte und sie schließlich, als ihn das Gewissen plagte, zu einer heimlichen Heirat drängte. Sie widersprach dem heftig, indem sie erklärte, daß erstens ein Familienleben unter seiner Würde als Philosoph läge und daß sie zweitens lieber seine Geliebte wäre, als ihn mit dem Band der Ehe zu fesseln. Er aber bestand darauf, und wie man weiß, schickte ihr Onkel, der grausame Kanonikus Fulbert, ihm im Anschluß an die Hochzeit eine Bande von Strolchen auf den Hals, die ihn kastrierten, woraufhin er seinerseits Heloise in ein Kloster schickte. Nach Jahren des Schweigens, in denen sie kein Wort von ihm gehört hatte, schrieb sie ihm dann:

«Es war doch nicht fromme Ergebung in Gottes Willen, die mich junges Ding ins finstere Kloster führte; nein, Dein Wille allein stieß mich ins Kloster. Ernte ich von Dir keinen Dank für mein Opfer, dann mußt Du es selbst als vergeblich bezeichnen; von Gott habe ich doch keinen Lohn zu erwarten; daß ich nicht aus Liebe zu Gott getan, was ich getan, das kann niemand bestreiten. ... Ich wäre doch, weiß Gott, ohne Zaudern auf Dein Geheiß in die Hölle Dir sogar vorausgeeilt oder doch nachgestürzt. Ich war doch nicht mehr Herr meines Selbst, in Dir, nur noch in Dir war es und ist es.»[25]

Im wesentlichen dasselbe Gefühl drückt ein Jahrhundert später Gottfried in seiner Dichtung mit den Worten seines Helden Tristan aus, wo dieser äußert, für Isolds Liebe wolle er gern ein «ewigliches Sterben» in der Hölle auf sich nehmen.[26] Und noch einmal sieben Jahrhunderte später – im heutigen zwanzigsten Jahrhundert – erklärt Stephen Dedalus, James Joyces Held in *A Portrait of the Artist as a Young Man*, einem katholischen Schulfreund: «Ich will nicht dem dienen, an das ich nicht länger glaube, ob es sich mein Zuhause nennt, mein Vaterland oder meine Kirche. ... Und ich habe keine

Angst, einen Fehler zu machen, sogar einen großen Fehler, einen lebenslangen Fehler, und vielleicht einen, der so lang dauert wie die Ewigkeit.»[27]

# 5
## Eros, Agape, Amor

In theologischen Predigten sind wir gewöhnt, von einer großen Kluft zwischen fleischlicher und geistiger Liebe, Eros und Agape, zu hören. Der Gegensatz und Konflikt der beiden wurde bereits von den frühen Kirchenvätern gesehen und behauptet und ist seither immer behauptet worden. Ein wichtiger Punkt jedoch, den es zu erkennen gilt, ist der, daß das Ideal der Liebe, Amor, welches die Liebenden und Dichter des Mittelalters hegten, mit keiner der beiden übereinstimmte. Mit den Worten etwa des Troubadours Guiraut de Borneil: «Denn durch die Augen gewinnt die Liebe das Herz» (Tam cum los oills el cor ama parvenza)[28] – das heißt, die Augen empfehlen dem Herzen ein bestimmtes Bildnis, und das Herz, «das edle Herz», spricht darauf an, so daß die Liebe die Ausgeburt der Augen und des Herzens ist. Diese Liebe ist wählerisch und auserlesen: Sie sieht auf das Besondere und Persönliche. Eros dagegen ist wahllos, biologisch: der Drang der Organe, könnte man sagen. Und Agape ist ebenfalls wahllos: Liebe deinen Nächsten (wer er auch sein mag) wie dich selbst. Hier dagegen, im Empfinden und Erleben von Amor, haben wir es mit etwas völlig Neuem, Europäischem, Individuellem zu tun. Und aus früheren Zeiten ist mir nichts bekannt, das dem gleichkäme – nirgendwo auf der Welt.

Im Sufismus und auf dem indischen «Linke-Hand-Weg», mit denen dieser Begriff und diese Erfahrung von Amor oft verglichen worden ist, wird die Frau als ein Gefäß oder Symbol von göttlicher Bedeutung behandelt und nicht als eine Person von individuellem Wesen und Liebreiz. Sie entstammt für gewöhnlich den niederen Kasten, und die Vereinigung wird als eine vorgeschriebene geistige Übung vollzogen. Im Gegensatz dazu war hier die Frau fast immer von gleichem oder gar höherem Rang und wurde um ihrer selbst willen und als sie selbst verehrt. In einem Aufsatz in *The Dance of Shiva* über den Schulungsweg eines hinduistisch-buddhistischen «Linke-Hand»-Kultes namens «Sahaja» (mit der Wurzelbedeutung «angestammt, angeboren» daher «spontan, von selbst») hat Ananda K. Coomaraswamy dessen Ziel als eine mystische Verwirklichung der «Selbstvergessenheit irdischer Liebender» beschrieben, «die einander so umschlungen halten, daß man sagen kann: ‹Jeder ist beide.›» Weiter führt er aus: «Als Individuum hat jeder nun für den anderen nicht mehr Bedeutung als die Pforten des Himmels für einen, der sich darinnen befindet. . . . Die Geliebte mag in jedem ethischen Sinne des Wortes unwürdig sein. . . . Das Auge der Liebe erkennt ihre göttliche Vollkommenheit und Unendlichkeit und läßt sich nicht täuschen. . . . Dieselbe Vollkommenheit und Unendlichkeit ist jedem Sandkorn eigen und dem Regentropfen so gut wie dem Meer.»[29] Im orientalischen Schrifttum wird der große Grundsatz dieser erotischen Schule als die Verwandlung von Kāma in Prema durch «Selbstaustilgung» bezeichnet. Kāma, «Verlangen, Begierde», ist genau Eros. Prema, «göttliche Liebe», die als «die Erfüllung göttlichen Verlangens in unserem ganzen Wesen und durch dieses» beschrieben wird,[30] mag Agape, wie diese heute in der christlichen Gemeinde verstanden wird, nicht entsprechen. Jedoch in dem orgiastischen «Liebesfest» (Agape) solcher frühgnostischen Sekten wie der alexandrinisch-syrischen Phibioniten der ersten fünf christlichen Jahrhunderte – das mit Abscheu, aber in allen Einzelheiten von dem abtrünnigen Augenzeugen Epiphanius (ca. 315–402) beschrieben wird[31] – läßt sich im wesentlichen dasselbe Ideal eines bewußt unmoralischen, entpersonalisierten «Love-in» erkennen. Und es kann nicht bezweifelt werden, daß im Europa des zwölften und dreizehnten Jahrhunderts, der Zeit der Troubadours, in bestimmten Kreisen der grassierenden albigensischen Häresie ein mächtiger Wiederaufschwung derartigen religiösen Denkens und Handelns zu verzeichnen war. Denis de Rougemont hat in seinem gelehrten Werk über *Die Liebe und das Abendland*[32] sogar behauptet, der Kult und die Dichtung von Amor sei ein Nebenprodukt dieser «Kirche der Liebe» gewesen.

Es scheint mir jedoch wesentlich zu sein, anzumerken, daß das Ziel bei diesem europäischen «Kult» (wenn wir ihn überhaupt so nennen dürfen) von Amor keinesfalls eine Ichauslöschung durch eine Erkenntnis der Nichtdualität war, sondern das Gegenteil: eine Ichveredelung und -bereicherung durch eine ganz und gar persönliche Erfahrung des bitteren Liebesschmerzes – Gottfried nennt ihn «die süße Herbe, das liebe Leid»[33] – in williger Bejahung jenes unheilbaren Sehnens, das alle Beziehungen in dieser vergänglichen Welt kurzlebiger Individuation erfüllt. Es stimmt, daß bei der Liebe, wie die Troubadours sie lehrten, die Ehe nicht nur nicht gefragt war, sondern tatsächlich dem ganzen Gefühl zuwiderlief, und daß gleichermaßen in Indien vom Standpunkt des Sāhajīyā-Kultes aus die höchste Form der Liebe nicht die zwischen Gatte und Gattin war, sondern (um einen Kenner zu zitieren) «die Liebe, die am intimsten bei Paaren besteht, die in ihrer Liebe vollkommen frei sind von jedem Gedanken an Verlust oder Gewinn, die sich über die Gesellschaft hinwegsetzen und das Gesetz übertreten und die Liebe zum Ein und Alles des Lebens machen».[34] Es ist wohl bestimmt kein bloßer Zufall, daß der größte indische dichterische Lobpreis dieses Ideals der ungesetzlichen (parakīya) Liebe – nämlich das *Gītagovinda* («Lied des Kuhhirten») des jungen Dichters Jayadeva – genau der gleichen Zeit angehört wie die Blüte des Tristanromans in Europa (ca. 1175).[35] Jedoch ein auch nur flüchtiger Vergleich der zwei Liebesgeschichten läßt einen sofort eine Unterscheidung zwischen den zwei Welten geistigen Lebens treffen. Der indische Liebende, Krishna, ist ein Gott, der europäische, Tristan, ein Mensch. Das indische Werk versinnbildlicht die (in Rādhā symbolisch dargestellte) Sehnsucht des Fleisches nach dem Geist und die des (in Krishna symbolisch dargestellten) Geistes nach dem Fleisch, bzw. es symbolisiert, um mit Coomaraswamy zu sprechen, «die ‹mystische Vereinigung› des Endlichen mit seinem unendlichen Umfeld».[36] Dagegen haben die europäischen Dichter Thomas von Britannien (um 1185), Eilhart von Oberge (um 1190), Béroul (um 1200) und Gottfried von Straßburg (um 1210), die vier herausragenden Meister des Tristanzyklus, die Liebenden als menschlich, ja allzumenschlich dargestellt – überwältigt von einer dämonischen Kraft, die größer war als sie. In den Dichtungen der ersten drei wird die Kraft des Minnetrankes, des Entfeßlers der Leidenschaft, einfach als eine magische gezeichnet. In Gottfrieds Werk dagegen eröffnet sich eine – häretische und gefährliche – religiöse Dimension, wenn er ein ums andere Mal erklärt, daß die Kraft die der Göttin Minne sei. Und wenn dann die Liebenden in den Wald fliehen, führt er sie überdies, wie um seinen Standpunkt klarzustellen, zu einer geheimen Grotte der Göttin, die ausdrücklich als ein altes heidnisches Heiligtum der reinen Liebe bezeichnet wird, mit einem Bett, einem wunderbaren kristallenen Bett, anstelle des christlichen Altars darinnen.

Nun hatte bereits Augustinus Christi Tod am Kreuz mit einer Hochzeit verglichen: «Christus trat hervor wie ein Bräutigam aus seiner Kammer», schrieb er, «in der Vorahnung der Hochzeit trat er ins Feld der Welt hinaus, er durcheilte wie ein Riese triumphierend seinen Weg bis zum Lager des Kreuzes, und dort erstieg er es und vollzog die Hochzeit. . . . er gab sich hin als Gatte und verband sich die Gattin in ewigem Rechtsbündnis.»[37]

Bernhard von Clairvaux (1091–1153) hatte in seinen leidenschaftlichen «Ansprachen über das Hohelied» zusätzliche Inspiration für Gottfrieds radikale Säkularisierung des Heiligen geliefert, welche dieser in einem Lebensbereich vornahm, der von der geistlichen Obrigkeit in Rom – allein schon der Name ROMA war das Gegenteil, die umgekehrte Schreibung von AMOR – vollständig verworfen und verdammt wurde. Die Ehe war im Mittelalter (vom Standpunkt der Troubadours aus) kaum etwas Besseres als eine abgesegnete Vergewaltigung: eine ausschließlich familiäre, politische und gesellschaftliche Angelegenheit, bei der die Frau (oder vielmehr das minderjährige Mädchen) für die Zwecke anderer benutzt wurde und eine zufällige Liebe nur Unheil verhieß, da sie sowohl für die Gesellschaftsordnung als auch für das Leben, das ewige wie das irdische, der von ihr Befallenen gefährlich war. Die Frau mit ihrer Macht, Liebe zu erleben und zu erregen, war wie ihr Urbild Eva die «Einfallspforte des Teufels» (janua diaboli). Und Bernhard, der der Liebesleidenschaft in seinen Ansprachen über das Hohelied ein jenseitiges, jungfräuliches, nichtseiendes Ziel setzte, hatte sich mit jedem Fünkchen seiner Inbrunst bemüht, diese Energie weg von der Verherrlichung des Lebens auf die von der Kirche angeordneten Zwecke hinzurichten.

«Meines Erachtens», predigte er, «war der Hauptgrund, weshalb der unsichtbare Gott im Fleische sichtbar werden und als Mensch mit den Menschen verkehren wollte, der: Gott wollte alle Gefühle der fleischlichen Menschen, die nur fleischlich lieben konnten, zuerst auf die heilsame Liebe zu seinem Fleisch hinlenken und so stufenweise zur geistigen Liebe emporführen. Standen die Apostel denn nicht noch auf dieser Stufe, als sie sprachen: ‹Siehe, wir haben alles verlassen und sind dir nachgefolgt›? (Matth. 19,27.)»[38]

«Die Sehnsucht treibt mich, nicht Überlegung», rief er vor seiner Gemeinde aus. «... Zwar erhebt die Ehrfurcht Einspruch, allein die Liebe siegt. Auch weiß ich es wohl: ‹Des Königs Ehre liebt Gericht.› (Ps. 99,4.) Doch stürmische Liebe kümmert sich um kein Gericht, läßt sich durch keinen Rat mäßigen, nimmt von keiner Ehrfurcht Zügel an und unterwirft sich keiner Vernunft. Ich bitte, ich flehe, ich fordere: er küsse mich mit dem Kusse seines Mundes!» (Hohel. 1,1.)[39]

«So kann man denn schon im sterblichen Leibe oftmals die Freude erleben, mit dem Bräutigam beisammen zu sein; aber die Freude ist nicht voll. Denn wenn sein Besuch auch beseligt, so betrübt doch der Wechsel des Glückes. Und den muß die Geliebte sich so lange gefallen lassen, bis sie einmal die Bürde ihrer Körperschaft ablegen und auch ihrerseits auf den Schwingen ihrer heißen Sehnsucht fortfliegen darf, frei die Gefilde der Beschauung durcheilend und mit ungehemmtem Geistesschritte dem Geliebten folgend, wohin er geht.»[40]

Im wesentlichen tat Bernhard mit dem Namen und der Gestalt Christi genau das, was ein halbes Jahrhundert später der Inder Jayadeva mit dem Namen und der Gestalt Krishnas tun sollte, der Inkarnation Vishnus, des Liebhabers und Verführers der verheirateten Schönen Rādhā und der anderen verheirateten Gopīs, die er mit seiner Flöte aus den irdischen Betten ihrer Gatten zur Verzükkung göttlicher Liebe im Wald von Vrindāvan lockte. Aber das

240

hebräische Hohelied selbst – eine Zusammenstellung von Stücken erotischer levantinischer Dichtung, wie sie sich beispielsweise in den *Geschichten aus Tausendundeiner Nacht* in Hülle und Fülle finden – war bereits vor seiner Aufnahme unter die kanonischen Bücher als Metapher dieser selben Liebe zwischen Jahwe und Israel umgedeutet worden.

> Wie schön sind deine Schritte in den Sandalen,
>> du Edelgeborene.
> Deiner Hüften Rund ist wie Geschmeide,
>> gefertigt von Künstlerhand.
> Dein Schoß ist ein rundes Becken,
>> Würzwein mangle ihm nicht.
> Dein Leib ist ein Weizenhügel,
>> mit Lilien umstellt. (Hohelied 7,2–3.)[41]

Ob als Krishna, Jahwe oder Christus, und ob die Braut Rādhā, das heilige Volk der Juden, die heilige Mutter Kirche oder die individuelle Seele war: Der Liebhaber ist in allen diesen frommen Traditionen ein Werkzeug geistiger Wandlung, das Eros in Agape, Kāma in Prema umschafft. Dagegen sind die zwei Liebenden in der Tristansage in gleicher Weise von dieser Welt. Als höchste Vereinigung gilt in Indien die Erkenntnis der *Identität,* eine Erfahrung der Nichtdualität, in der «jeder beide ist». In Israel und der katholischen Kirche ist die Vereinigung eine *Verbindung,* in der die beiden Seiten, Gott und Geschöpf, obgleich vereinigt, doch getrennt bleiben. In beiden Zusammenhängen jedoch führt der Gedankengang weg von den Ehen *dieser* Welt hin zu denen *jener.* Das Pauluswort: «Denn das Fleisch streitet wider den Geist und der Geist wider das Fleisch» (Galater 5,17), und Coomaraswamys Äußerung, daß Liebende, wenn sie einander umschlungen halten, sich selbst vergessen und daß dann «als Individuum . . . jeder nun für den anderen nicht mehr Bedeutung (hat) als die Pforten des Himmels für einen, der sich darinnen befindet» – sie laufen beide letztlich auf dasselbe hinaus: auf ein Ausspeien dieser Welt. Das aber ist nicht die Stimmung des Tristanromans oder irgendeines Werkes von der Zeit

Homers bis zu *Finnegans Wake,* das wirklich groß und für Europa typisch gewesen ist.

Nimmt man a ∓ = x als die Formel der orientalischen, buddhistisch-vedantischen Art von Erfahrung an und a B x als die der levantinischen, hebräisch-christlich-islamischen, dann steht a B b für die europäische, wobei b kein vorgestelltes Wesen und keine allem Zeitlichen überhobene Person ist, sondern ein anderes leibhaftiges Geschöpf wie a: wie es Tristan und Isold beide waren. Die Griechen und Römer, die keltischen und germanischen Völkerschaften bewahrten sich im allgemeinen eine geziemende Achtung für das Recht und die Werturteile der empirischen Daseinssphäre. Aber ihr Blick blieb nicht in dieser Oberflächensicht befangen. Es steckt mehr hinter a B b, als zunächst ins Auge fällt.

Gottfrieds Darstellung des Liebesmysteriums – symbolisch von ihm als Minnegrotte gestaltet – läßt den indischen Sahaja-Gedanken anklingen, wenn er von den jungen Liebenden, die soeben den Minnetrank genossen haben, schreibt:

Als unter sich das Liebespaar
sah, daß es eines Sinnes war,
eines Herzens, von einem Willen, . . .
Fremdheit bei ihnen war dahin.[42]

Dies will sagen, daß sich durch den Einfluß des Minnetrankes eine Dimension jenseits der Ebene von Raum und Zeit aufgetan hatte, in welcher die beiden sich als eins erlebten, wenngleich sie im Bereich von Raum und Zeit zwei blieben – und nicht allein zwei, sondern jeder als Individuum unersetzlich und keineswegs (wie Coomaraswamy formuliert) von nicht mehr Bedeutung füreinander «als die Pforten des Himmels für einen, der sich darinnen befindet». Denn im Gegensatz zu Agape wie auch zu Eros bleibt nach dem Prinzip von Amor die besondere Person, die Form und Art der Individuation des Vollkommenen, von großer Wichtigkeit, ja sogar von zentralem Interesse und «in jedem ethischen Sinne» geachtet. Eine angemessene Formel für *diese* Erfahrungsweise der Liebesdimension wäre also:

$$a \mp = x = \mp b,$$

wobei Tristan a und Isold b wäre; während im Bereich von Raum und Zeit, worin diese Dimension nun einmal erfahren wird, gälte:

$$a \; B \; b,$$

so daß die Erfahrung der x-Dimension eine Funktion von B wäre.

In Gottfrieds Dichtung folgt auf das Unvermögen der Hauptpersonen, die Minne einerseits mit der Ehre andererseits zu versöhnen, das Verhängnis. Gottfried selbst und sein Jahrhundert waren zwischen den beiden Seiten hin und her gerissen.[43] Die Minnegrotte im gefährlichen Wald stellt die Dimension der Tiefenerfahrung (x) dar und König Markes Hof die Welt, in der diese Erfahrung auszutragen ist. Heiligkeit, das Ideal, und Andeutungen der Ewigkeit konzentrieren sich im Bild der Höhle, die, obwohl als in Cornwall gelegen beschrieben, kein wirklicher Ort ist, sondern eine gemeinsame psychische Verfassung:

Mir ist die Fossüre [Grotte] bekannt,
und schon seit meinem elften Jahr –
wenn ich auch nie in Cornwall war.[44]

Obwohl er wahrscheinlich selbst ein Geistlicher war und ganz bestimmt eine theologische Bildung genossen hatte, äußert Gottfried sich über bestehende christliche Lehren offen abschätzig. Dies wird vor allem in dem Kommentar des Dichters zu der überraschenden Bestätigung von Isoldes Tugendhaftigkeit durch das Gottesurteil über ihren Ehebruch deutlich:

Da mußte sich im wahren
vor der Welt offenbaren,
daß der so tugendhafte Christ [d. i. Christus]
so luftig wie ein Ärmel ist.
Er fügt sich bei und schmiegt sich an,
wie man es mit ihm fügen kann,

243

so schmiegsam fügt er sich und wohl,
wie er mit allen Rechte soll.[45]

Um Inspiration betet er nicht zur Trinität und den Heiligen, son-
dern zu Apollo und den Musen, und er zeigt, daß das Schicksal
seiner Hauptpersonen weder durch deren freien Willen noch von
Gott gelenkt worden ist, sondern von der Minne, der Göttin der
Grotte, wobei er genau die Sprache, mit der der hl. Bernhard die
Eucharistie preist, benutzt, um seinen Lesern die ehebrecherischen
Liebenden auf ihrem heiligen kristallenen Bett ans Herz zu legen.

Wir künden ihr Leben und ihren Tod,
und wird uns das zum süßen Brot.
Ihr Leben, ihr Tod sind unser Brot.
So lebt ihr Leben, so lebt ihr Tod.
So leben sie und sind doch tot,
und ist ihr Tod der Lebenden Brot.[46]

Die entscheidende Inspiration war Gottfried daraus erwachsen,
daß er in der aus piktischen, irischen, walisischen, kornischen und
bretonischen Elementen zusammengesetzten keltischen Sage eine
Art dichterischer Bilderwelt entdeckte, die seiner eigenen Erfahrungsweise verwandt war. Wie der ganze Artusroman wurzelt die
Sage in der ältesten mythischen Tradition Ureuropas – der Tradition der alten megalithischen, bronzezeitlichen Göttin mit den
vielen Namen, der Göttermutter und der aller Natur innewohnenden Kraft: der Erde. Der Erde aber nicht als bloßer Stoff wie in
Genesis 3,19, sondern als der Ursprung, als der lebendige Leib, aus
dem alles hervorkommt und in den alles wieder in Frieden eingeht.
Daß Gottfried zudem wußte, von wem er sprach, als er von der
Göttin Minne schrieb, wird (unter anderem) in seiner Aussage
deutlich, daß ihr Heiligtum, die Grotte, «la fossüre al la gent
amant»,[47] in vorchristlicher Zeit von Riesen für Liebende ersonnen
und in den Stein gehauen worden war. Auch die Gralssage war
diesem heidnischen Grund entsprossen. Während jedoch in der
Tristansage das tragische Thema einer Trennung zwischen den

Reichen der Natur und der Gesellschaft, zwischen Aufrichtigkeit und Religion, dem zeitlosen Wald und dem zeitgebundenen Hof, der Liebe und dem Leben behandelt wird, ist das Leitmotiv der Gralssage die Heilung dieses Risses: eine Erneuerung des wüsten Landes der christlichen Gesellschaftsordnung durch ein Wunder an unverdorbener Natur, die Reinheit eines edlen, entschlossenen Herzens.

Die früheste noch erhaltene Version dieser tiefgründigsten europäischen Sage ist *Perceval, Li Contes del Graal* (ca. 1181–1191) von Chrétien de Troyes, dem Hofdichter der Gräfin Marie de Champagne. Chrétien war anscheinend ein Geistlicher, ein Kanonikus der Abtei von Saint-Loup.[48] Die Geschichte war ihm, wie er erklärt, durch den Grafen Philipp von Flandern anvertraut worden, der ihm ein «Buch» schenkte, das die Erzählung enthielt.[49] Er hinterließ aber seine Dichtung unvollendet. Wie alle seine Werke liest sie sich leicht und bezaubernd. Allerdings beweist er hierbei wenig Sinn für die Tragweite der Symbole und mag wohl gespürt haben, daß sie sich ihm sperrten.

Die [im anglo-amerikanischen Raum] bekannteste Fassung der Gralssage ist die, welche auch Tennyson inspirierte: eine späte Übersetzung aus dem Werk eines Zisterziensermönches, *La Queste del Saint Graal* (ca. 1215–1230), durch Thomas Malory, worin der Gral mit dem Kelch des letzten Abendmahls gleichgesetzt wird. Vollbracht wird die «Queste» dort von dem gleichsam heiligen Jüngling Galahad, der nicht wie Perceval verheiratet, sondern ein ritterlicher Mönch ist, vollkommen keusch, dessen Tat nicht darin besteht, daß er an dieser Welt einen Dienst leistet, sondern daß er sie zusammen mit dem Gral um des Himmels willen verläßt.[50]

Die ursprüngliche Quelle des Gralssymbols hingegen war der Becher mit dem ambrosischen Trank des keltischen Meeresgottes Manannan (siehe oben S. 227 und den Becher auf Abb. 14).[51] Eine zweite Verbindung bestand zu den Weiheschalen der spätantiken orphischen Sekten, die während der gallisch-römischen Periode nach Nordeuropa gebracht wurden[52] und die zwar in gewisser Weise dem christlichen Kelch mit dem Blute des Erlösers gleichkamen, aber auf ein Mysterium der inneren Erleuchtung anspielten und nicht auf eines der Versöhnung mit einem zürnenden Gott. Und einer der beeindruckendsten Züge an dem großen *Parzival* des Meisterdichters Wolfram von Eschenbach (exakt ein Zeitgenosse Gottfrieds) ist die Art, wie der Verfasser sein zentrales Symbol mit diesen beiden frühen Herkunftsbereichen, dem keltischen und dem antiken, verbindet, während er gleichzeitig die Bedeutung seiner Sage für die Heilung des Gebrechens seiner Zeit zu verstehen gibt. In seinem Werk ist der Gral gar kein Gefäß, sondern ein Stein, «Inbegriff paradiesischer Vollkommenheit» («wunsch von pardîs»),[53] genannt «Lapsit exillis» (lapis exilis, «armseliger, kümmerlicher oder unansehnlicher Stein», was auch, wie wir in einem späten alchemistischen Werk, dem *Rosarium philosophorum*, lesen, ein Name für den Stein der Weisen war).[54] Dieser alchemistische Gral wurde, so Wolfram, von den Engeln, die seinerzeit neutral geblieben waren, als Satan sich gegen Gott auflehnte und der Kampf im Himmel anhob, vom Himmel zur Erde getragen. Sie hatten «newederhalp gestuonden», sozusagen in der Mitte zwischen Schwarz und Weiß.[55] Aber ein solcher, von Engeln herabgebrachter Stein läßt an die Ka'aba des Islam denken. Wolfram unternimmt also eine ausdrückliche Anstrengung, seinem Symbol sowohl islamische als auch christliche Motive einzuverleiben. Der Gral war für ihn ein über den Kulten stehender Talisman, der Verbindungen zwischen den Kulturen herstellte und auf ein Bild des Menschen («Inbegriff paradiesischer Vollkommenheit») hindeutete als von kirchlicher Obrigkeit befreit, durch sein eigenes persönliches Wagnis in seinem Wesen vervollkommnet und der Welt nicht durch Unterwürfigkeit dienend, sondern durch ihre Bemeisterung und durch erfüllte, nicht entstellte und zerstörte Liebe.

Es taucht nämlich im Zusammenhang mit der Gralssuche die naheliegende Frage auf, warum irgend jemand im Mittelalter es für nötig befunden haben sollte, sich auf ein derart einsames und gefährliches Unterfangen einzulassen, wenn die heilige Messe mit Christus selbst auf dem Altar Tag für Tag gleich nebenan gefeiert wurde. Die Antwort lautet schlicht und einfach, daß die Messe ein mit einer Lehre von der stellvertretenden Erlösung verbundenes kirchliches Sakrament war, das überdies in jenen Jahrhunderten von einer Geistlichkeit gespendet wurde, die offenkundig korrupt und durch das antidonatistische Argument des Augustinus geschützt war, nämlich durch das Dogma von der Unversehrbarkeit des Sakraments, an dem die Erlösung hing, unbeschadet der moralischen Verfassung der Geistlichkeit, von der es gespendet wurde. Im Gegensatz dazu wird der Gral nicht in einer Kirche, sondern in einer Burg aufbewahrt und ist sein Wächter kein Priester, sondern ein König. Er wird nicht von einer Gruppe fragwürdiger männlicher Gestalten getragen, sondern von fünfundzwanzig Jungfrauen, deren Tugend makellos sein muß, und der Ritter, dessen Suche Erfolg hat und der dadurch das wüste Land wieder gedeihen läßt, siegt durch die Untadeligkeit seines Charakters im Dienste einer selbst bestimmten einzigen Liebe, Amor.

In Wolframs Werk werden darüber hinaus noch etliche zusätzliche Punkte herausgestellt, darunter die folgenden:

1. Bei seinem ersten Besuch der Gralsburg gelingt es dem Ritter nicht, das Ziel seiner Suche zu erreichen, weil er sich so verhält, wie man es ihn gelehrt hat, und nicht seinem natürlichen Impuls folgt.

2. Es wird ihm in der Folge mitgeteilt, daß keiner, der beim ersten Besuch versagt hat, jemals eine zweite Gelegenheit erhält, doch er beschließt, es dessen ungeachtet zu schaffen, und erfährt, als es ihm gelungen ist, daß er ein Wunder vollbracht hat, da er durch die Untadeligkeit seines Charakters und seine Entschlußfestigkeit die Trinität dazu bewogen habe, ihre Gesetze zu ändern.

3. Auf sein erstes Scheitern und die Schande hin, in die er dadurch gerät, sagt er sich von Gott los und irrt fünf Jahre lang in einem wüsten Land umher. Und als er schließlich in seinem Herzen zu Gott zurückkehrt, so *nicht* zu der kirchlichen Sakramentaltheologie seiner Mutter und ihrer Priester, sondern zu einer Anschauung von Gott als einem kosmischen Prinzip, das den Regungen – ob Liebe oder Haß – des einzelnen Herzens entspricht und darauf anspricht.

4. Parzival strebt danach, sein Versagen wiedergutzumachen, indem er zielgerichtet an seiner Suche festhält. Den Sieg aber erringt er *nicht* direkt durch seine Suche, sondern durch die Glut

und Treue seiner Liebe – nicht zu Gott, sondern zu einer Frau, deren Name Condwiramurs (Conduire amour, «die Liebe leiten» – im Altfranzösischen endet der Nominativ Singular auf -s) allein schon ihre Rolle als Lenkerin und Gefäß der Energie seines Lebens verrät.

5. Wolframs Liebesideal ist weder das der Kirche noch genau das der Troubadours und ihres Amor. Den Gedanken einer Ehe ohne Liebe (die Sicht der Kirche) lehnt er ab, aber er lehnt auch die Liebe ab, welche die Ehe bricht. Für ihn ist die Liebe absolut: Sie gilt einem Menschen und ist fürs Leben. Es ist außerdem gleichgültig, ob sie rituell geweiht ist. Sie erfüllt sich in einer Verbindung, die letztlich die einzige Art von Ehe darstellt, welche ihres Namens würdig ist.

6. Parzivals Halbbruder ist ein Moslem, nicht minder edel als er selbst. «Man kann schon sagen», erklärt der Autor, als die beiden im Streit aneinandergeraten, «daß sich beide einen harten Kampf lieferten, wenn man in diesem Fall überhaupt von zwei Kämpfern sprechen will. Im Grunde waren sie nämlich eins und untrennbar, mein Bruder und ich sind ebenso untrennbar eins wie Mann und Frau.»[56]

7. Des Menschen Leben ist weder völlig schwarz noch völlig weiß und kann es auch niemals sein. Aber durch innere Festigkeit, Treue zum eigenen Wesen, neigt man nach Ansicht des Dichters zum Weißen, während die Unstete das Schwarze fördert.[57] Den Namen seines Helden deutet er, in Anlehnung an das Französische, als per-ce-val, «Mittenhindurch».[58]

8. Als der Held schließlich zum zweitenmal zur Gralsburg kommt, wird er von seinem Moslembruder Feirefiz begleitet, so daß nach Wolframs Auffassung ein edler Heide dieses Ziel, das den meisten Christen zu hoch ist, zu erreichen vermag. Allerdings spielt sich dann eine amüsante und höchst bemerkenswerte Szene ab. Denn als der Gral hereingebracht wird, kann der Moslemkönig ihn nicht sehen. Er sieht allein die schöne Gestalt und die Augen der liebreizenden jungfräulichen Königin Repanse de Schoye (Repense de Joie, «Bedenke die Freude»), die ihn trägt. Die Gralsrunde wird allmählich diesen bedenklichen Umstand gewahr, und

alsbald läßt sich der uralte bzw. alterslose Gralskönig Titurel (das Gegenstück in der Artussage zu dem alten Meeresgott Manannan), der im Nebenzimmer bettlägrig ist, vernehmen und erklärt, der Heide könne deswegen den Gral nicht erblicken, weil er noch nicht getauft sei. Ein alter Priester erscheint, der schon viele Heiden getauft hat, und er unterrichtet Feirefiz in der Lehre von der Trinität. «Ist das ihr Gott?» fragt der Moslem. «Wenn ich mich zu diesem Gott bekenne, kann ich sie dann heiraten?» Da diese Frage bejaht wird, willigt er gern ein, und das Sakrament wird ihm erteilt. Aber was ist das für eine sonderbare Taufe! Denn zunächst wird das leere Taufbecken dem Gral etwas zugeneigt, woraufhin es sich mit Wasser aus dem gabenspendenden Stein füllt, so daß das Ritual zwar der Form nach kirchlich, seinem Inhalt nach aber von anderer Art ist, denn der Stein birgt das sogenannte Aqua permanens, das Lebenswasser der Alchemisten und der alten vorchristlichen Welt (siehe abermals Abb. 14).

Als der solcherart getaufte Heide nunmehr den Gral mit eigenen Augen erblickt, erscheint auf diesem folgende Inschrift – die, wie ich meine, für das Jahr 1210 n. Chr. beispiellos dasteht; Feirefiz liest nämlich: «Beruft die Allmacht Gottes einen Tempelherrn zum Herrscher eines fremden Volkes, dann ist er verpflichtet, im Lande für Recht und Gerechtigkeit zu sorgen; er muß aber jede Frage nach seinem Namen und seinem Geschlecht verbieten.»[59]

Zum Abschluß möchte ich daher meiner Ansicht in folgenden Thesen Ausdruck verleihen:

A) In diesen Werken und Worten des zwölften und dreizehnten Jahrhunderts, ob von Heloise, den Troubadours, Gottfried oder Wolfram, läßt sich eine edle, ernste und zutiefst bedeutsame Säkularisierung der Auffassung vom Heiligen verzeichnen, wobei der Mut der Liebe die eröffnende Kraft ist, die gewissermaßen eine Dimension der Vereinigung, des Wunders und des süßen Geheimnisses in der Welt der voneinander getrennten Wesen auftut, ohne dabei alle in einem jenseitigen Meer auszulöschen, sondern indem ein jedes in seiner eigenen Gestalt und seinem Recht auf Achtung gefördert wird.

B) Indem diese Liebenden und Dichter die Autorität der Kirche ganz und gar ablehnten, kehrten sie wissentlich und willentlich zu einer früheren, vorchristlichen, ureuropäischen Gesinnung zurück, von der die Immanenz der Gottheit in der Natur und ihren Schöpfungen anerkannt wurde.

C) Aber bei dieser Rückkehr war dennoch auch ein neuer Faktor im Spiel, nämlich eine Ablösung des Individuums als eines einzigartigen Wesens vom Leib der Gemeinschaft – als eines Menschen, der dann, wenn er seine eigenen Anlagen verwirklichen will, den Pfaden oder Bahnen keines anderen folgen *darf*, sondern ganz allein zu sich selbst finden muß. Ja, sogar in der streng mönchischen Zisterzienserversion der Legende, der *Queste del Saint Graal,* heißt es, daß, als die Ritter von König Artus' Hof auf Abenteuer auszogen, sie es für ehrlos hielten, dies im Haufen zu tun, sondern daß jeder für sich allein an einer von ihm ausgesuchten Stelle in den Wald eindrang, «dort, wo er ihn am finstersten dünkte und er weder Weg noch Steg fand.»[60]


## 6
## Das abendländische Individuum

Es ist meine Überzeugug, daß Reichtum und Größe des Abendlandes wie auch der modernen Welt, soweit diese im Geiste noch abendländisch ist, von dieser Achtung für das Individuum herrühren. Diese Achtung gilt nicht einem Angehörigen eines geheiligten Consensus, durch welchen jener aufgewertet wird:

$$a \ B \ x,$$

noch einem nach Name und Form belanglosen Wesen von derselben «Vollkommenheit und Unendlichkeit», die «jedem Sandkorn eigen (ist) und dem Regentropfen so gut wie dem Meer»:

$$a \neq = x,$$

sondern einem Selbstzweck und Wert an sich, einzigartig in seiner

250

*Un*vollkommenheit, das heißt in seinem Sehnen und in seinem Werden, aber nicht in dem, was er sein «sollte», sondern in dem, was er wirklich und potentiell ist: ein einzigartiger Mensch, wie er nie zuvor gesehen wurde.

Diese Wertschätzung des Lebens hegten bereits die Griechen: Homer in seinen Epen, Aischylos und Pindar. In der *Geburt der Tragödie* schreibt Nietzsche von der vollkommenen Vereinigung des Apollinischen und des Dionysischen in der antiken Kunst, von der Freude an dem traumhaften Wunder individuierter Formen, verbunden mit einem scharfen, geradezu verzückten Blick für ihre Unbeständigkeit, was das Wunderbare ihres Augenblicks an der Sonne nicht widerlegte, sondern noch steigerte. So schrieb Pindar zur Feier eines jungen Siegers im Ringkampf:

> Doch uns wurde nur eine schmale Frist,
> Da sich der Segen vermehrt;
> > balde sinkt er niederwärts,
> Durch Wahn erschüttert und ein widrig Los.

> Wir Flüchtigen! Was wir sind,
> > schon sind wir's nicht mehr. Ein Traum
> Des Schattens, das ist der Mensch.
> > Aber kommt nur ein Strahl von
> Gott her, gleich ist es hell, und das
> Leben dünket uns freundlich.[61]

In diesem Sinne also entwickelte sich die griechische Wissenschaft, desgleichen die griechische Kunst: durch ein Erkennen der sowie ein Suchen nach allgemeinen Archetypen oder Prinzipien in den einzelnen Fällen, verbunden allerdings mit der Anerkennung des Wertes, die dem Einzelfall an sich zukommt, wie auch der Ausnahme von der Regel, wodurch noch unbekannte Prinzipien und Kräfte offenbar werden. Dies ist genau das Gegenteil der archaischen, orientalischen und strenggläubigen Sichtweise, nach der ein Mann, der am Sabbat Holz aufgelesen hatte, von der ganzen Gemeinde gesteinigt werden sollte (Numeri 15,32–36).

Der Einzug der Kirche in Europa verkehrte zeitweilig die Rangordnung im ursprünglichen europäischen Denken und stellte die Gruppe über den Einzelnen, ihre Fetische über die Suche nach Wahrheit und Schwachsinn über Genialität (siehe 1. Korinther 1,21: «Denn weil die Welt durch ihre Weisheit Gott in seiner Weisheit nicht erkannte, gefiel es Gott wohl, durch törichte Predigt zu retten, die daran glauben»). Die Beichte, die Todesstrafe für Häretiker und die ewige Verdammnis wurden wie die Cherubim und das flammende Schwert am Eingang zum Paradies aufgestellt, um die Menschen aus dem Garten eines individuellen Lebens *auszuschließen*. Aber wie der Dichter Blake feststellte, als er nach seinen Worten «durch die Feuer der Hölle wanderte, entzückt von den Genüssen des Genius, die den Engeln als Pein und Wahnsinn erscheinen»:[62]

«Ein Tor sieht nicht denselben Baum, den ein Weiser sieht.»[63] Und:

«Nie fragt der Apfelbaum die Buche, wie er wachsen, noch der Löwe das Pferd, wie er seine Beute reißen soll.»[64]

Wenn die ersten Vorahnungen des im Abendland heraufziehenden neuen Zeitalters im Reich mutiger Herzen wie dem Heloises wach wurden, so erfüllte sich seine Verheißung durch die Reiche des Denkens und des beobachtenden Auges (Philosophie und Wissenschaft). Heloise wurde zu ihren Lebzeiten zugrunde gerichtet, und das Land der Troubadours verwandelte sich in eine geschwätzige Öde; aber das Ideal der heterosexuellen Liebe, das heute in der Welt vorherrschend ist, war ursprünglich ihr und ihnen eigen. Außerdem beginnt die Geschichte der Dicht- und Sangeskunst im Abendland mit den Werken der Troubadours.

Desgleichen in der Philosophie: Obwohl das kühne scholastische Unterfangen, eine Bedeutung der Vernunft für die Religion geltend zu machen, mit der Veröffentlichung der offiziellen Verurteilungen von 1277 summarisch zunichte gemacht wurde (eine Liste von zweihundertundneunzehn philosophischen Thesen wurde als dem Glauben widersprechend verurteilt), hat in der modernen Welt offensichtlich nicht das kanonische, sondern das individuelle Denken gesiegt. So konnte zwar Papst Pius IX. noch 1864 in einem

Syllabus der Irrlehren, worin Rationalismus, Sozialismus, Kommunismus, Naturalismus, die Trennung von Kirche und Staat, die Presse- und die Religionsfreiheit verdammt wurden, erklären: «Der Pontifex Romanus kann und darf sich mit Fortschritt, Liberalismus und moderner Zivilisation weder anfreunden noch ihnen nachgeben»; aber ein Jahrhundert später hielt es Johannes XXIII. für klug, eher einzulenken und genau das zu tun – mit welchem Ergebnis allerdings, das hat die Kirche selbst noch zu lernen. Der protestantische Theologe Rudolf Bultmann, der indessen eine von ihm so genannte «Entmythologisierung» der christlichen Religion anregte, hat es für nötig befunden, an der Auferstehung Jesu aus dem Grabe festzuhalten, wenn es überhaupt noch eine eigens «christliche» Religion geben solle; dies wohlgemerkt nicht als ein mythisches Bild, sondern als eine Tatsache – womit sich natürlich genau das Problem stellt, das schon seit eh und je bestanden hat: die Konkretisierung des Mythos. Man vergleiche den sogenannten zweiten Petrusbrief (der eigentlich gar nicht von Petrus stammt, sondern aus späterer Hand): «Denn wir sind nicht klugen Fabeln gefolgt, als wir euch kundgetan haben die Kraft und das Kommen unsers Herrn Jesus Christus; sondern wir haben seine Herrlichkeit selber gesehen.» (2. Petrus 1,16.)

Man kann diesen starrköpfigen Herrschaften nur empfehlen, umgekehrt zu verfahren und ihre Mythologie zu enthistorisieren, anstatt darauf zu beharren, daß ihre Mythologie Geschichte sei; dadurch könnten sie nämlich wieder Anschluß an die geistigen Möglichkeiten dieses Jahrhunderts finden und von der vielleicht noch vorhandenen Lebenswahrheit ihrer Religion, die ansonsten zwangsläufig auf dem Müll landet, etwas retten.

Es ist einfach eine unbestreitbare Tatsache, daß die gesamte kosmologische Ordnung der Bibel und der Kirche mit dem Aufkommen der modernen Wissenschaft zerstört wurde, und nicht nur die kosmologische, sondern auch die historische. Die allmähliche, unaufhaltsame, stetige Entfaltung dieser neuen Einsicht in das Wunder der Welt und den Ort sowie die Möglichkeiten des Menschen auf ihr, eine Entfaltung gegen jeden nur denkbaren – und bis zur Stunde andauernden – Widerstand der Kirche, war und ist die

Frucht der Anstrengungen einer bemerkenswert kleinen Anzahl von Menschen mit dem Witz und dem Mut, der Autorität mit exakten Beobachtungen entgegenzutreten. Ihre Arbeit begann unscheinbar in der Zeit Adelards von Bath (eines Zeitgenossen von Heloise und Abaelard) und erreichte mit der Veröffentlichung zunächst von *De revolutionibus orbium coelestium* (1543) des Kopernikus und dann von Darwins *Origin of Species* (1859) zwei große Höhepunkte. Die Zahl der schöpferischen Geister war gering, aber das Ausmaß der Krise, die durch ihr gründliches Abklopfen der Brunnen der Wahrheit über die ganze Welt gebracht wurde, kann schwerlich zu hoch angesetzt werden. Denn bei weitester Überschau der Menschheitsgeschichte läßt sich ohne Übertreibung sagen, daß die Gattung Mensch mit dem Aufkommen der modernen wissenschaftlichen Forschungsmethode im sechzehnten und siebzehnten Jahrhundert und mit der Entwicklung der Kraftmaschine im achtzehnten, neunzehnten und zwanzigsten Jahrhundert über eine Kulturschwelle von nicht geringerer Größe und Bedeutung gebracht wurde, als sie die Erfindung der Landwirtschaft im neunten oder achten Jahrtausend v. Chr. und der Aufstieg der frühesten Städte und Stadtstaaten im vierten besaßen. Und genau wie damals die Mythologien und Rituale der primitiven Jäger- und Sammlerstämme, in denen sich rund eine Million Jahre lang das menschliche Leben abspielte, denen der Bronze- und Eisenzeitkulturen weichen mußten, so müssen auch jetzt die unseres überlebten bronze- und eisenzeitlichen Erbes Formen weichen, die sich heute noch keiner vorstellt. Daß dieser Ablösungsvorgang bereits stattfindet, ist eindeutig. Was nämlich den von den Dichtern des Mittelalters erkannten Zustand eines «wüsten Landes» in der Christenheit anbelangt, wo der Sinn für das Heilige noch immer offiziell von dieser Erde und ihrem Leben abgetrennt wird *(mythische Dissoziation)* und wo noch immer die Auffassung herrscht, daß eine *Beziehung* zum Höchsten nur durch Teilnahme am Glauben und an den Riten der Kirche Christi hergestellt werden könne *(soziale Identifikation)* – was also diesen Zustand anbelangt, so hat er sich eher verschlechtert als verbessert, denn nicht nur ist die Erde für viele, denen es so beigebracht wurde, bloßer Staub, sondern die Ansprüche der Kirche auf übernatürliche Herkunft ihres heiligen Buches sind vollkommen und für immer zerstört worden. Das daraus resultierende Gefühl der Wertentfremdung (vom Marxschen, Freudschen oder existenzialistischen Standpunkt unterschiedlich ausgelegt) ist eines der meistdiskutierten Phänomene unserer Zeit. «Der Mensch ist verurteilt, frei zu sein», sagt Sartre.[65] Aber nicht alle Menschen, nicht einmal heute, sind von jenem untätigen Schlag, denen man ihre Lebenswerte verabreichen, von den Kanzeln und über andere Massenmedien unserer Zeit vorbrüllen muß. Denn es ist in der Tat in den stillen Winkeln dieser Welt viel tiefes geistiges Suchen und Finden im Gange, außerhalb der heiliggesprochenen sozialen Zentren, jenseits ihres Gesichtskreises und ihrer Kontrolle: in kleinen Gruppen hier und dort und (wie jeder, der sich einmal umschaut, feststellen kann) häufiger und typischer noch bei Einzelnen und Paaren. Sie dringen an den Stellen, die sie sich selbst ausgesucht haben, in den Wald ein, dort, wo er sie am finstersten dünkt und wo es keinen gebahnten Weg noch Steg gibt.

# Anmerkungen

Die Anmerkungen wurden für die deutsche Ausgabe bearbeitet und stellenweise ergänzt.

## Einleitung

1 Sigmund Freud: *Die Traumdeutung,* in *Gesammelte Werke* II/III, Frankfurt/M. [6]1976, S. 530.

2 C. G. Jung: «Allgemeine Gesichtspunkte zur Psychologie des Traumes», in *Gesammelte Werke* 8: *Die Dynamik des Unbewußten,* Olten [2]1976, S. 305–306.

3 Ebd., S. 280–281.

4 *Chāndogya-Upanishad* 8,3,2; nach Paul Deussen: *Sechzig Upanishad's des Veda,* Leipzig 1897, S. 191.

5 *Kena-Upanishad* 1,3 und 2,11; nach Deussen, op. cit., S. 205, 206.

6 Lao-tzu: *Tao-te ching* 56, Übers. Jan Ulenbrook, Frankfurt/M. u. a. 1980, S. 165.

## I Das Märchen

1 Wilhelm Grimm: *Kleinere Schriften* 1, Berlin 1881, S. 329. Dieser «Märchenfrau» aus Niederzwehren verdanken wir neunzehn der schönsten Märchen in der Grimmschen Sammlung: 6, 9, 22, 29, 34, 58, 59, 61, 63, 71, 76, 89, 94, 98, 100, 102, 106, 108, 111. Etwa vier Jahre, nachdem die Brüder sie kennengelernt hatten, wurde sie unversehens von Armut und Krankheit heimgesucht und starb binnen weniger Monate.

2 Johannes Bolte und Georg Polívka: *Anmerkungen zu den Kinder-und Hausmärchen der Brüder Grimm,* 4. Band, Leipzig 1930, S. 431.

3 Von Frau Wild kamen die Geschichten 18, 30; von Lisette Fassungen von 41, 55, 105; von Gretchen 2, 3, 154; von Dortchen 13, 15, 24, 39, 46, 49, 56, 65, 88, 103, 105, Teile von 52, 55, 60, eine Fassung von 34. Die «alte Marie» selbst trug 11, 26, 31, 44, 50 und eine Fassung von 53 bei. (Die Familie Wild hatte sechs Töchter und einen Sohn, die Grimms hatten fünf Söhne und eine Tochter.)

4 Von Ludwig Hassenpflugs Schwestern Jeanette und Amalie kamen die Geschichten 13, 14, 17, 20, 29, 41, 42, 53, ein Teil von 26 und Fassungen von 61, 67, 76. Ludwig Hassenpflug heiratete später Lotte Grimm.

5 Eine Familie von acht Söhnen und sechs Töchtern. Ihre Mitteilungen begannen erst nach dem Erscheinen der Erstausgabe von Band eins (1812), aber in späteren Ausgaben ersetzten manche ihrer Geschichten die früheren Nummern. Aus ihrer Ortschaft Bökendorf bei Bakel kamen die Geschichten 7, 10, 16, 27, 60, 70, 72, 86, 91, 99, 101, 112, 113, 121, 123, 126, 129, 131, 134, 135, 139 und Teile von 52, 97. Die Familie von Haxthausen steuerte ebenfalls eine größere Zahl aus dem Münsterland und aus anderen Teilen des Landes bei (siehe Bolte und Polívka, op. cit., S. 437ff.).

6 Friedrich von Schiller: *Die Piccolomini* III, 4.

7 Wilhelm Grimm: «Selbstbiographie», in *Kleinere Schriften* 1, S. 11–12.

8 Richard Cleasby: *An Icelandic-English Dictionary,* Oxford 1874, S. lxix.

9 Brief vom 28. 1. 1813; zit. nach Bolte und Polívka, op. cit., S. 448.

10 Brief an Ludowine von Haxthausen vom 29. 5. 1814; zit. nach Bolte und Polívka, op. cit., S. 447.

11 Für die Ausgabe letzter Hand von 1856 wurde der Band einer Revision unterzogen. Er wurde in späterer Zeit völlig neu gestaltet und wuchs unter der Herausgeberschaft von Johannes Bolte und Georg Polívka auf fünf stattliche Bände an.

12 In der deutschen Literaturwissenschaft werden gemeinhin die Begriffe «Sage» und «Legende» unterschieden. «Sage» bezeichnet jede kleine, ortsgebundene Geschichte, die mit diesem oder jenem Berg oder Hain, Teich oder Fluß zusammenhängt. Bei einem Menschenschlag, der eine von Geistern und Erinnerungen heimgesuchte Landschaft bewohnt, gilt die Sage als ein Tatsachenbericht. Die Sage kann sich zur «Kunstsage» weiterentwickeln. «Legende» dagegen heißt die religiöse Erzählung, die mit einem bestimmten Heiligtum oder einer Reliquie verbunden ist. Sie ist eine spätere und kunstvollere Form als die Sage. In den «Kinderlegenden» der Grimmschen Sammlung ranken sich Märchenmotive um Elemente des christlichen Glaubens. Aber der Begriff «Sage» (englisch «legend»), wie er oben gebraucht wird, ist allgemeiner. Er umfaßt sowohl Sage als auch Legende im deutschen Sinne und ebenso die Stoffe der Chronik und des Epos.

13 Diese und viele andere Beispiele bei Bolte und Polívka, op. cit., S. 14–31.

14 Ebd., S. 34.

15 Brüder Grimm: *Kinder- und Hausmärchen,* Nr. 53, 40, 126, 15.

16 *Die Erzählungen aus den Tausendundein Nächten,* Übers. Enno Littmann, Frankfurt/M. 1966, Band IV, S. 21 (510. Nacht), und Band II, S. 288, 39 (152. und 115. Nacht).

17 Das Kunstmärchen läßt sich entweder in Versform oder in Prosa erzählen. Im Deutschland des achtzehnten Jahrhunderts schrieb Johann Musäus (1735–1787) in Prosa, Christoph Martin Wieland (1733–1813) in Versen. Die riesige Hindusammlung *Kathāsaritsāgara*, «Ozean der Märchenströme» (ca. 1063–1081) ist vollständig in Versen abgefaßt, die arabischen *Geschichten aus tausendundeiner Nacht* (11.–15. Jahrhundert) sind in Prosa.

18 Antti Aarne: *Verzeichnis der Märchentypen*, Helsinki 1910. Johannes Bolte merkt an, daß die folgenden Geschichten in Aarnes Übersicht fehlen: von den *Tiermärchen* 30, 80, 173, 190; von den *eigentlichen Märchen* 39, 43, 78, 109, 117, 137, 150, 154, 175, 177, 180, 182, 184, 196, 201–205, 208–210; von den *Schwänken* 77, 95, 119, 131, 162, 170, 200. (Bolte und Polívka, op. cit., S. 467.)

19 Ein Überblick darüber von Ruth Benedict findet sich in *Encyclopedia of the Social Sciens*, Band VI, New York [11]1954, S. 288–293, Artikel «Folklore»; ein anderer von William R. Halliday unter dem gleichen Stichwort in der *Encyclopaedia Britannica*, 14. Aufl., Band 9, London – New York 1929, S. 446–447. Eine ausführliche Darlegung mit vollständiger Bibliographie geben Bolte und Polívka im 5. Band ihrer *Anmerkungen*, Leipzig 1932, S. 239–264.

20 Theodor Benfey (Hrsg.): *Pantschatantra. Fünf Bücher indischer Fabeln, Märchen und Erzählungen*, 2 Teile, Leipzig 1859.

21 Wieviel hellenistischer und römischer Einfluß die germanischen Stammesmythologien in den früheren Jahrhunderten vor und nach dem Untergang Roms entstellt hatte, bleibt fraglich. Mit Sicherheit steht fest, daß viele der Vorstellungen von Balder und Wotan nicht «urarisch» sind. (Siehe Franz Rolf Schröder: *Germanentum und Hellenismus*, Heidelberg 1924; ders.: *Altgermanische Kulturprobleme*, Berlin–Leipzig 1929.)

22 Benfey, op. cit., S. XXVI.

23 Siehe Friedrich von der Leyen: *Das Märchen. Ein Versuch*, Leipzig [3]1925, S. 147–148.

24 Archer Taylor: *The Black Ox*, Helsinki 1927, S. 4.

25 Nach Antti Aarne: *Leitfaden der vergleichenden Märchenforschung*, Helsinki 1913, S. 23–29. Die Liste stammt ursprünglich von Kaarle Krohn: *Mann und Fuchs*, Helsingfors 1891, S. 8–9.

26 Kaarle Krohn: *Die folkloristische Arbeitsmethode*, Oslo u. a. 1926, S. 11–12.

27 Ebd., S. 13.

28 Siehe Kaarle Krohn: *Bär (Wolf) und Fuchs*, Helsingfors 1888; sowie *Mann und Fuchs*.

29 Aarne: *Verzeichnis der Märchentypen*. Dieses Werk wurde im Jahre 1928 von dem amerikanischen Volkskundler Stith Thompson übersetzt, bedeutend vermehrt und auf den neuesten Stand gebracht (Aarne und Thompson: *The Types of the Folk-Tale*, Helsinki [2]1964) und im Jahre 1929 von N. P. Andrejew auf entsprechende Weise ins Russische übertragen. Thompson hat im Anschluß daran ein riesiges Motivverzeichnis in sechs Bänden zusammengestellt (*Motif-Index of Folk-Literature*, Bloomington, Ind., [2]1955–1958), das noch weitaus brauchbarer und umfassender ist.

30 Walter Anderson: «Geographisch-historische Methode», in Lutz Mackensen (Hrsg.): *Handwörterbuch des deutschen Märchens*, Band II, Berlin 1934/1940, S. 508. Ein gutes Beispiel für eine solche Monographie ist das oben genannte Buch von Archer Taylor, *The Black Ox*.

31 Von der Leyen, op. cit., S. 36.

32 Siehe Max Müller: *Essays (Chips from a German Workshop)* II: *Beiträge zur vergleichenden Mythologie und Ethologie*, Leipzig [2]1881, S. 408–410. Müller hob stets auf Beschreibungen von Sonnenauf- und Sonnenuntergängen ab. Andere Wissenschaftler, die seinem Beispiel folgten, machten sich über die Mondphasen und das Wechselspiel von Sonne und Mond Gedanken (Ernst Siecke: *Die Liebesgeschichte des Himmels*, Straßburg 1892; ders.: *Die Urreligion der Indogermanen*, Berlin 1897) oder über die Schrecken von Sturm und Wind (Adalbert Kuhn: *Die Herabkunft des Feuers und des Göttertranks*, Gütersloh 1886; W. Schwarz: *Die poetischen Naturerscheinungen der Griechen, Römer und Deutschen*, 1864–1879) oder über das Wunder der Sterne (Eduard Stucken: *Astralmythen der Hebräer, Babylonier und Ägypter*, Leipzig 1896–1907). Müllers vielgepriesene Auslegung des «Froschkönigs» der Brüder Grimm als einer Personifikation der Sonne findet sich in *Essays* II, S. 233–235.

33 Siehe Müller, op. cit., S. 78–80.

34 Siehe Edward B. Tylor: *Primitive Culture*, London 1871, Kapitel VIII–X (deutsch: *Die Anfänge der Kultur*, Leipzig 1878).

35 James G. Frazer: *Der goldene Zweig (The Golden Bough)*, Abgekürzte Ausgabe, Übers. Helen von Bauer, Leipzig 1928, S. 385–386.

36 Siehe Jane Ellen Harrison: *Prolegomena to the Study of Greek Religion*, Cambridge [3]1922.

37 Emile Durkheim: *Les formes élémentaires de la vie religieuse*, Paris 1912; deutsch von Ludwig Schmidts: *Die elementaren Formen des religiösen Lebens*, Frankfurt/M. 1981. Siehe etwa Buch I, Kap. 1, und Buch II, Kap. 5–7.

38 Hugo Winckler: *Himmels- und Weltenbild der Babylonier als Grundlage der Weltanschauung und Mythologie aller Völker*, Leipzig 1901, S. 49. Die babylonische astrologische Mythologie, wie sie von Hugo Winckler beschrieben wurde, ist eine besondere Ausprägung, Erweiterung und Umsetzung von Themen, die überall das Wesen der Mythologie ausmachen.

39 Ananda K. Coomaraswamy: «De la ‹mentalité primitive›», *Études traditionelles*, 44. Jg., Nr. 236, 237, 238, Paris 1939, S. 278.

40 Siehe hierzu Jacques Maritain: *Art and Scholasticism (Art et scolastique)*, New York 1930; Ananda K. Coomaraswamy: *The Transformation of Nature in Art*, Cambridge, Mass., 1934; Heinrich Zimmer: *Kunstform und Yoga im indischen Kultbild*, Neuaufl. Frankfurt/M. 1976.

41 Albert Wesselski *(Versuch einer Theorie des Märchens*, Reichenberg 1931, S. 12, 32 usw.) ist der Ansicht, daß der Begriff «Märchen» dieser Kategorie II A vorbehalten bleiben sollte.

## II Bios und Mythos

1 Fray Pedro Simón: *Noticias historiales de las conquistas de Tierra Firma en las Indias Occidentales* (Cuenca 1627); abgedruckt in Lord Kingsboroughs *Antiquities of Mexico*, London 1830–1848, Band VIII, S. 263–264.

2 Adolf Bastian: *Ethnische Elementargedanken in der Lehre vom Menschen*, Berlin 1895, S. ix.

3 Adolf Bastian: *Das Beständige in den Menschenrassen und die Spielweite ihrer Veränderlichkeit*, Berlin 1868, S. 88.

4 Franz Boas: *The Mind of Primitive Man*, New York 1911, S. 104.

5 Ebd., S. 228.

6 Franz Boas: *The Mind of Primitive Man*, New York 1938; deutsch von Eva Heilmann und Gerdt Kutscher: *Das Geschöpf des sechsten Tages*, Berlin 1955.

7 Durkheim: *Die elementaren Formen des religiösen Lebens*, S. 33–39. Siehe dagegen Immanuel Kant: *Kritik der reinen Vernunft*, «Einleitung» und «Transcendentale Elementarlehre».

8 Siehe Durkheim, op. cit., S. 30.

9 Siehe Géza Róheims Analyse von Malinowskis irriger Auffassung: «The Oedipus Complex, Magic and Culture», in *Psychoanalysis and the Social Sciences*, Band II, New York 1950, S. 173–228.

10 Hugo Winckler: *Himmels- und Weltenbild der Babylonier;* sowie vom selben Verfasser *Die babylonische Geisteskultur in ihrer Beziehung zur Kulturentwicklung der Menschheit*, Leipzig 1907.

11 James H. Breasted: *The Conquest of Civilization*, New York 1926; G. Elliot Smith: *Human History*, New York 1929; W. J. Perry: *The Children of the Sun. A Study in the Early History of Civilization*, New York o. J.

12 Harold Peake und Herbert John Fleure: *Peasants and Potters*, New Haven, Conn., 1927.

13 V. Gordon Childe: *New Light on the Most Ancient East*, New York 1934; ders: *What Happened in History*, New York 1934; deutsch von Fr. W. Gutbrod: *Stufen der Kultur. Von der Urzeit zur Antike*, Stuttgart 1952.

14 Sylvanus G. Morley: *The Ancient Maya*, Stanford, Cal., 1946.

15 Leo Frobenius: *Geographische Kulturkunde*, Leipzig 1904, S. 443–664.

16 Adolf E. Jensen: *Das religiöse Weltbild einer frühen Kultur*, Stuttgart ²1949.

17 G. F. Scott Elliot: *Prehistoric Man and His Story*, London 1920, S. 255–271.

18 Robert Heine-Geldern in einem gemeinsam mit Gordon F. Ekholm verfaßten Aufsatz: «Significant Parallels in the Symbolic Arts of Southern Asia and Middle Amerika», 29. Internationaler Amerikanistenkongreß im Museum of Natural History, New York City, 7. September 1949. Dieser Aufsatz wurde unterstützt durch das Material einer Sonderausstellung, die das Museum zeigte, sowie durch einen auf derselben Tagung verlesenen Aufsatz von Carl Schuster: «Circum-Pacific and Oceanic Distribution of Some Body-Markings and Petroglyphic Designs».

19 Betty J. Meggers, Clifford Evans und Emilio Estrada: *Early Formative Period*

*of Coastal Ecuador: The Valdivia and Machalilla Phases,* Washington, D. C., 1965.

20 Peter H. Buck: *Vikings of the Sunrise,* New York 1938, S. 314.

21 Carl O. Sauer: *Agricultural Origins and Dispersals,* New York 1952. Siehe auch seinen Artikel «The Cultivated Plants of South and Central America», in Julian H. Steward (Hrsg.): *Handbook of South American Indians,* Band 6, Washington, D. C., 1950, S. 487–543.

22 C. C. Uhlenbeck: «The Indo-Germanic Mother Language and Mother Tribes Complex», *American Anthropologist,* Band 39, 1937, S. 385–393.

23 Siehe J. Vendryes: *Le langage,* Paris 1921, S. 356–357.

24 Siehe z. B. Leo Frobenius: *Kulturgeschichte Afrikas,* Zürich 1933; sowie Jensen, op. cit.

25 Eine Übersicht der universellen Archetypen des «Heldenabenteuers» und des «kosmogonischen Zyklus» findet sich bei Joseph Campbell: *The Hero with a Thousand Faces,* New York 1949; deutsch von Karl Koehne: *Der Heros in tausend Gestalten,* Frankfurt/M. 1978.

26 Géza Róheim: «Traumanalyse und ethnologische Feldforschung», in Werner Muensterberger (Hrsg.): *Der Mensch und seine Kultur (Man and His Culture),* Übers. Dieter Dörr, München 1974, S. 99.

27 Siehe A. R. Radcliffe-Brown: *The Andaman Islanders,* Cambridge 1933, S. 177–179.

28 Géza Róheim: *The Origin and Function of Culture,* New York 1943, S. 51.

29 Ananda K. Coomaraswamy: «Recollection, Indian and Platonic», *Supplement to the Journal of the American Oriental Society,* Nr. 3, April–Juni 1944, S. 18.

30 Ananda K. Coomaraswamy: *Hinduism and Buddhism,* New York o. J., S. 6.

31 Róheim: *The Origin and Function of Culture,* S. 17.

32 Adolf Portmann: «Das Ursprungsproblem», in *Eranos-Jahrbuch 1947,* Band XV, Zürich 1948, S. 27.

33 Róheim: *The Origin and Function of Culture,* S. 100.

34 William King Gregory: «Marsupalia», in *Encyclopaedia Britannica,* Band 14, S. 976.

35 George Bernhard Shaw: *Zurück zu Methusalem. Ein metabiologischer Pentateuch. Dramatische Werke 6,* Übers. S. Trebitsch, Berlin 1922, S. 374 ff.

36 Róheim: *The Origin and Function of Culture,* S. 17.

37 Ebd., S. 81.

38 Ebd.

39 Ebd., S. 82.

40 James Joyce: *Ein Porträt des Künstlers als junger Mann (A Portrait of the Artist as a Young Man),* Übers. Klaus Reichert, in *Werke 2,* Frankfurt/M. 1972, S. 478.

41 *Mundaka-Upanishad* 1,1,4–5; nach Deussen: *Sechzig Upanishad's des Veda,* S. 547.

42 *Mundaka-Upanishad* 1,2,8.10.11; nach ebd., S. 549.

43 Soweit nicht anders vermerkt, wird die Bibel zitiert nach dem revidierten Text der Luther-Übersetzung, AT 1964, NT 1956.

44 Géza Róheim: *The Eternal Ones of the Dream*, New York 1945, S. 116.
45 Richard Thurnwald: «Primitive Initiations- und Wiedergeburtsriten», in *Eranos-Jahrbuch 1939*, Zürich 1940, S. 364–366. Jeder, der die Universalität der Wiedergeburtsidee in Zweifel zieht, sollte sich in diesem Band davon überzeugen.
46 Ebd., S. 369.
47 Alice C. Fletcher: *The Hako. A Pawnee Ceremony*, Washington, D. C., 1904, S. 27.
48 Siehe etwa Jeff King, Maude Oakes und Joseph Campbell: *Where the Two Came to Their Father. A Navaho War Ceremonial*, New York 1943.
49 Ananda K. Coomaraswamy: «Primitive Mentality», in *Figures of Speech or Figures of Thought*, London 1946, S. 220 (Hervorhebung von Coomaraswamy).
50 Róheim: *The Origin and Function of Culture*, S. 93.

### III Metaphysisches Denken bei den Urvölkern

1 Lewis Carroll: *Alice hinter den Spiegeln (Through the Looking Glass)*, Übers. Christian Enzensberger, Frankfurt/M. 1975, S. 118.
2 Franz Boas: *The Mind of Primitive Man*, New York 1911, S. 156.
3 A. L. Kroeber (Hrsg.): *Anthropology Today*, Chicago 1953.
4 William James: *Pragmatism*, New York 1907; deutsch von Wilhelm Jerusalem: *Der Pragmatismus. Ein neuer Name für alte Denkmethoden*, Hamburg 1977. Dort werden die beiden allerdings im ersten Kapitel, «Das gegenwärtige Dilemma in der Philosophie», mit «die Zartfühlenden» und «die Grobkörnigen» wiedergegeben.
5 Franz Boas: «The Ethnological Significance of Esoteric Doctrines» (1902), in *Race, Language and Culture*, New York 1940, S. 314.
6 Paul Radin: *Primitive Man as Philosopher*, New York – London 1927, S. 247–252.
7 Boas: *Race, Language and Culture*, S. 156.
8 Ebd., S. 157.
9 Natalie Curtis: *The Indians' Book*, New York 1907, S. 315–316.
10 *Brihadāranyaka-Upanishad* 1,4,1–5; nach Deussen: *Sechzig Upanishad's des Veda*, S. 392–394.
11 Siehe auch Heinrich Zimmer: *Abenteuer und Fahrten der Seele (The King and the Corpse)*, Neuausg. Köln 1987, S. 251 ff.
12 Siehe Snorri Sturluson: «Gylfaginning» (Gylfis Betörung) 5–8, in *Die jüngere Edda*, Übers. Gustav Neckel und Felix Niedner, Jena 1925, S. 53–56.
13 Ovid: *Metamorphosen* I,21–25.
14 Vgl. Henri Frankfort: *Kingship and the Gods*, Chicago 1948, S. 25 und passim; siehe Register unter «Ptah».
15 Johann Wolfgang von Goethe: *Faust* II,1,1.
16 Sadānanda:: *Vedānta-Sāra* 31, Übers. Ludwig Poley, Wien 1870, S. 64–65.

17 Immanuel Kant: *Kritik der reinen Vernunft* I,8,1. *Gesammelte Schriften*, Akademieausgabe, Band III, Berlin 1911, S. 65.

18 Immanuel Kant: *Prolegomena zu einer jeden künftigen Metaphysik, die als Wissenschaft wird auftreten können* 58, in *Gesammelte Schriften*, Band IV, Berlin 1911, S. 357.

19 Ebd., S. 358.

20 Ebd., S. 360.

21 Ebd.

22 *Bhagavadgītā* X,2.3.20.24.30.31.36.38, Hrsg. S. Radhakrishnan, Übers. Siegfried Lienhard, Baden-Baden 1958, S. 294–307.

23 Morris Edward Opler: *Myths and Tales of the Jicarilla Apache Indians*, New York 1938, S. 133–134.

24 Aischylos: Fragm. 70, in *Die Tragödien und Fragmente*, Übers. Johann Gustav Droysen, bearb. von Franz Stößl, Zürich 1952, S. 423.

25 Schwarzer Hirsch: *Die heilige Pfeife. (The Sacred Pipe)*, Aufgeschrieben von Joseph Epes Brown, Übers. Gottfried Hotz, Olten 1956, S. 10.

26 Nach Sri Ramakrishna Centenary Committee: *The Cultural Heritage of India*, Band II, Mayavati 1936, S. 518–519.

27 Boas: *Race, Language and Culture*, S. 314–315.

28 R. R. Marett: «Mana», in *Encyclopaedia Britannica*, Band 14, S. 770.

29 Siehe Radin: *Primitive Man as Philosopher*, S. 211–212.

30 Ebd., S. 386.

31 Curtis: *The Indians' Book*, S. 314.


## IV Mythogenese

1 Siehe Schwarzer Hirsch: *Die heilige Pfeife*, S. 13–14.

2 Ebd., S. 112–114.

3 Ebd., S. 206, Anm. 3.

4 Siehe Ovid: *Metamorphosen* III,143–252.

5 Schwarzer Hirsch, op. cit., S. 14.

6 Ebd., S. 206–207, Anm. 6. Vgl. Schwarzer Hirsch: *Ich rufe mein Volk (Black Elk Speaks)*, Aufgeschrieben von John Neihardt, Übers. Siegfried Lang, Olten 1955, S. 188.

7 Siehe Schwarzer Hirsch: *Die heilige Pfeife*, S. 7.

8 Siehe George E. Hyde: *Red Cloud's Folk. A History of the Oglala Sioux*, Norman, Okla., 1937, S. 3.

9 Schwarzer Hirsch: *Die heilige Pfeife*, S. 127–128.

10 »Deus est sphaera intelligibilis (oder: infinita), cuius centrum est ubique, circumferentia nusquam.» Clemens Bäumker: «Das pseudo-hermetische ‹Buch der vierundzwanzig Meister› (Liber XXIV philosophorum)», Satz II, in *Abhandlungen aus dem Gebiete der Philosophie und ihrer Geschichte*. Eine Festgabe zum 70. Geburtstag Georg Freiherrn von Hertling, Freiburg 1913, S. 31.

11 Frazer: *Der goldene Zweig*, S. 563.

12 Hier irrt Campbell. Die Zahl der Pfosten wird vom Schwarzen Hirsch ausdrück-lich als achtundzwanzig *plus* der eine in der Mitte angegeben (Anm. d. Übers.).

13 Während die Vulgata schreibt: «sein Angesicht hatte Hörner», steht in allen neueren Bibelübersetzungen, daß die Haut seines Gesichtes Licht ausstrahlte; das Zeitwort qaren, «strahlen», wird von qeren, «Horn», abgeleitet (Anm. d. Übers. nach der entsprechenden Fußnote der Jerusalemer Bibel).

14 Schwarzer Hirsch: *Die heilige Pfeife*, S. 14–15.

15 Ebd., S. 38.

16 Ebd., S. 40.

17 Francis La Flesche: *War Ceremony and Peace Ceremony of the Osage Indians*, Washington, D. C., 1939, S. 62–63; zit. nach Schwarzer Hirsch: *Die heilige Pfeife*, S. 213, Anm. 32.

18 *Maitrāyana-Upanishad* 7,7; nach Deussen; *Sechzig Upanishad's des Veda*, S. 365.

19 *Chāndogya-Upanishad* 3,13,7; nach ebd., S. 108.

20 *Chāndogya-Upanishad* 3,18,1–2; nach ebd., S. 115.

21 Schwarzer Hirsch: *Die heilige Pfeife*, S. 208, Anm. 11.

22 C. G. Jung: *Psychologie und Alchemie. Gesammelte Werke* 12, Olten 1972, S. 234, 237.

23 Schwarzer Hirsch: *Die heilige Pfeife*, S. 15.

24 Siehe ebd., S. 207, Anm. 8 und 9.

25 Rudolf Otto: *Das Heilige. Über das Irrationale in der Idee des Göttlichen und sein Verhältnis zum Rationalen*, Neuausg. München 1963, S. 1–4.

26 Schwarzer Hirsch: *Die heilige Pfeife*, S. 207, Anm. 8.

27 Ebd., S. 15.

28 Ebd., S. 208, Anm. 12.

29 Ebd., S. 15–16.

30 Ebd., S. 19.

31 Ebd., S. 19–20.

32 Siehe Hyde, op. cit., S. 3.

33 Siehe Gordon R. Willey und Philip Phillips: *Method and Theory in American Archaeology*, Chicago 1958, S. 158–166.

34 Siehe Sauer: «Cultivated Plants in South and Central America», in Steward (Hrsg.): *Handbook of South American Indians*, Band 6.

35 Tabak wurde in Europa zuerst als ein Heilkraut (Herba panacea, Sana sancta Indorum) eingeführt, und zwar von dem Spanier Francisco Fernandes, den der König Philipp II. nach Mexiko entsandt hatte, eine Aufstellung über die Er-zeugnisse des Reiches anzufertigen. Es war aber ein Franzose, Jean Nicot, der den Ruhm einstrich (sein Name ist in der «Bezeichnung» Nikotin verewigt), indem er als französischer Gesandter in Portugal Samen der Pflanze an Katha-rina von Medici, seine Königin, schickte. Unterdessen hatte der Engländer Ralph Lane, der erste Gouverneur von Virginia, seinem verehrten Gastfreund Sir Walter Raleigh eine einheimische Indianerpfeife geschenkt, und von Eng-

land aus sollte nun die Sitte, «göttlichen Tabak» (wie Edmund Spenser das Kraut nannte) zu rauchen, zunächst auf den Kontinent und darauf im siebzehnten Jahrhundert in die ganze Welt «diffundieren» (um den ethnologischen Fachausdruck zu gebrauchen). Die ältesten Pfeifen, von denen Überreste erhalten sind, hat man in den frühen indianischen Erdwerken von Ohio, Indiana, Illinois und Iowa gefunden. (Siehe den Artikel «Tobacco» von D. A. Gracey in der *Encyclopaedia Britannica,* Band 22, S. 260–263.)

36 Meine Gewährsleute für diese Übersicht sind Richard S. MacNeish: «The Food-Gathering and Incipient Agricultural Stage of Prehistoric Middle America», in Robert Wauchope (Hrsg.): *Handbook of Middle American Indians,* Austin 1964–1967, Band I, S. 413–426: Paul C. Mangelsdorf, Richard S. MacNeish und Gordon R. Willey: «Origins of Agriculture in Middle America», in ebd., Band I, S. 427–445; Philip Phillips: «The Role of Transpacific Contacts in the Development of New World Pre-Columbian Civilizations», in ebd., Band IV, S. 296–315; und Daniel Del Solar: «Interrelations of Mesoamerica and the Peru-Ecuador Area», *Kroeber Anthropological Society Papers,* Nr. 34, Frühjahr 1966.

37 Joseph Campbell: *The Masks of God,* Band I: *Primitive Mythology,* New York 1959, S. 205–215.

38 Pilot Chart of the North Pacific Ocean, Nr. 1401, Hydrographic Office, Navy Department, Washington, D. C.; nach Meggers, Evans, Estrada: *Early Formative Period of Coastal Ecuador,* Abb. 103, gegenüber S. 168.

39 Ebd., S. 160.

40 Siehe ebd., Tafel 160–191, besonders Tafel 184, Abb. C und D.

41 Frobenius: *Geographische Kulturkunde,* S. 450.

42 Adolf E. Jensen: *Das religiöse Weltbild einer frühen Kultur; ders.: Mythos und Kult bei Naturvölkern,* Wiesbaden 1960.

43 Beispiele siehe in Campbell, op. cit., S. 151–225.

44 «Mon-daw-min, or the Origin of Indian Corn. An Odjibwa Tale», in Henry Schoolcraft: *Algic Researches,* New York 1839; Neudruck in Mentor I. Williams: *Schoolcraft's Indian Legends,* East Lansing, Mich., 1956, S. 58–61.

45 Siehe Willey und Phillips, op. cit., S. 163–170.

46 Siehe Gordon F. Ekholm; «A Possible Focus of Asiatic Influence in the Late Classic Cultures of Mesoamerica», *Memoirs of the Society of American Archaeology,* Band XVIII, Nr. 3, Teil 2, Januar 1953, S. 72–89; sowie ders.: «The New Orientation toward Problems of Asiatic-American Relationships», in *New Interpretations of Aboriginal American Culture History.* 75th Anniversary Volume of the Anthropological Society of Washington, Washington, D. C., 1955, S. 59–109. Ebenso Robert Heine-Geldern: «The Origin of Ancient Civilizations and Toynbee's Theories», *Diogenes,* Nr. 13, Frühjahr 1956, S. 93–96; ders.: «Theoretical Considerations Concerning the Problem of Pre-Columbian Contacts between the Old World and the New», in *Selected Papers of the V[th] International Congress of Anthropological and Ethnological Sciences,* September 1956, Philadelphia 1960, S. 277–281; und ders.: «The Problem of Transpaci-

fic Influences in Mesoamerica», in Wauchope (Hrsg.), op. cit., Band IV, S. 277–295. Eine unbeholfene Erwiderung von Philip Phillips auf dies alles schließt sich dem letztgenannten Aufsatz von Heine-Geldern in Wauchope (Hrsg.), op. cit., Band IV, S. 296–315, unmittelbar an.

47 George Bird Grinnell: *Blackfoot Lodge Tales,* New York 1916, S. 104–112; nacherzählt in Campbell, op. cit., S. 283–286.

48 *Time* vom 6. August 1956 berichtet auf S. 42 von einem Test, der an Holzkohle von einer Fundstätte in Texas bei Louisville, in der Nähe von Dallas, vorgenommen wurde.

49 *The New York Times* vom 1. Juni 1968.

50 Siehe Henri Breuil: *Four Hundred Centuries of Cave Art (Quatre cents siècles d'art pariétal),* Montignac, Dordogne, 1952, S. 234.

51 Siehe Ananda K. Coomaraswamy: *The Ṛg-Veda as Land-náma-bok,* London 1935.

52 Siehe Mircea Eliade: «Dimensions religieuses du renouvellement cosmique», in *Eranos-Jahrbuch 1959,* Band XXVIII, Zürich 1960, S. 241–275, wo in der Fußnote 5 auf S. 245 eine umfassende Bibliographie gegeben wird.

53 Siehe Schwarzer Hirsch: *Die heilige Pfeife,* S. 208, Anm. 10, und S. 209, Anm. 16; ebenso George A. Dorsey: *The Pawnee: Mythology,* Teil I, Washington, D. C., 1906, S. 134.

54 Heinrich Zimmer: *Indische Mythen und Symbole (Myths and Symbols in Indian Art and Civilization),* Übers. Ernst Wilhelm Eschmann, Neuausg. Köln [3]1986, S. 13–14.

55 Ausführlicher besprochen werden die hier nur gestreiften Fragen in Campbell, op. cit., S. 30–131.

56 Nora Barlow (Hrsg.): *The Autobiography of Charles Darwin,* London 1958, S. 92; zit. nach Ernst Benz: «Der dreifache Aspekt des Übermenschen», in *Eranos-Jahrbuch 1959,* S. 147–148.

57 «...undemonstrative relative who settles our hash bill for us.» James Joyce: *Finnegans Wake,* New York 1939, S. 115.

58 Radcliffe-Brown: *The Andaman Islanders,* S. 233–234.

59 Schwarzer Hirsch: *Ich rufe mein Volk,* S. 179.

60 Ebd.

61 Thomas Mann: *Betrachtungen eines Unpolitischen* (1918), in *Gesammelte Werke XII, Reden und Aufsätze 4,* Frankfurt/M. [2]1974, S. 248.

62 Schwarzer Hirsch: *Ich rufe mein Volk,* S. 232.

63 Siehe Radcliffe-Brown, op. cit., S. 186.

64 Siehe ebd., S. 176–177.

65 Schwarzer Hirsch: *Ich rufe mein Volk,* S. 29.

66 Siehe ebd., S. 32–46.

67 Ebd., S. 13–14.

68 Ebd., S. 46–47.

69 Ebd., S. 256, Anm. 23.

70 Ebd., S. 50–51.

71 Siehe ebd., S. 51–54.
72 Ebd., S. 192.
73 Ebd., S. 55.

### V Das Symbol ohne Sinn

1 Thomas von Aquin: *Summa Theologica, 7.* Band: *Erschaffung und Urzustand des Menschen,* 102. Frage, 1. Artikel, München – Heidelberg 1941, S. 176–177.
2 Beda: *Glossa super Genesis* 2,8; nach Thomas, op. cit., S. 173.
3 Siehe Augustinus: *Über den Wortlaut der Genesis (De Genesi ad litteram)* VIII,1, Übers. Carl Johann Perl, II. Band, Paderborn 1964, S. 41–44; sowie ders.: *Vom Gottesstaat (De civitate Dei)* XIII,21, Übers. Wilhelm Thimme, Band II, Zürich – München ²1978, S. 137–139.
4 Thomas, op. cit., S. 175.
5 Cristoph Columbus: «Bericht über seine dritte Reise», in *Bordbuch; Briefe, Berichte, Dokumente,* Hrsg. Ernst Gerhard Jacob, Bremen 1956, S. 265.
6 Siehe ebd., S. 263–267.
7 J. J. Fahie: *Galileo. His Life and Work,* London 1903, S. 313 ff.; zit. nach Bertrand Russell: *Das naturwissenschaftliche Zeitalter (The Scientific Outlook),* Übers. Erwin Heinzel, Wien 1953, S. 21–25.
8 Nicolaus Coppernicus: *Über die Kreisbewegungen der Weltkörper (De revolutionibus orbium coelestium)* I,10, Übers. C. L. Menzzer, Leipzig 1939 (Nachdruck der Ausgabe von 1879), S. 27–28.
9 Zit. nach Heinz Zahrnt: *Martin Luther in seiner Zeit – für unsere Zeit,* München 1983, S. 20.
10 Rudolf Carnap: *Philosophy and Logical Syntax,* London 1935, S. 30–31.
11 Siehe C. G. Jung: *Psychologische Typen. Gesammelte Werke 6,* Olten ¹³1978, S. 515–523.
12 Siehe Ananda K. Coomaraswamy: *The Transformation of Nature in Art,* Kapitel V, «Parokṣa», S. 129. Von ihm habe ich diese Auslegung der indischen Begriffe wie auch ihre Gleichsetzung mit den Jungschen Begriffen «Zeichen» und «Symbol» übernommen.
13 Siehe D. A. E. Garrod und D. M. A. Bate: *The Stone Age of Mount Carmel,* London 1937.
14 Siehe James Mellaart: *Çatal Hüyük. Stadt aus der Steinzeit (Çatal Hüyük. A Neolithic Town in Anatolia),* Übers. Joachim Rehork, Bergisch Gladbach 1967, S. 24–28; und dagegen die frühere Schätzung von Robert J. Braidwood: *Prehistoric Man,* Chicago ³1957, S. 113.
15 Kathleen Kenyon: *Archäologie im Heiligen Land (Archaeology in the Holy Land),* Übers. Christine von Mertens, Neukirchen 1967, S. 49.
16 Ebd., S. 50.
17 James Mellaart: «Hacilar: A Neolithic Village Site», *Scientific American,* Band 205, Nr. 2, August 1961, S. 90.

18 Ebd., S. 89.
19 Siehe Kenyon, op. cit., S. 53–56.
20 Mellaart: *Çatal Hüyük*, S. 30.
21 Ebd., S. 234, Abb. 52.
22 Ebd., S. 149, Abb. 37.
23 Siehe Joseph Campbell: *The Masks of God*, Band II: *Oriental Mythology*, New York 1962, S. 53.
24 Mellaart: *Çatal Hüyük*, S. 180, Bildunterschrift zu Tafel 83.
25 Ebd., S. 102, 103, Abb. 14, 15.
26 Ebd., S. 112.
27 Siehe ebd., S. 64, Tafel 27.
28 Siehe ebd., S. 64, Tafel 28.
29 Ebd., S. 64, Bildunterschrift zu den Tafeln 27 und 28.
30 Siehe ebd., S. 251.
31 Mellaart: «Hacilar», loc. cit., S. 94–95.
32 Ebd., S. 92.
33 Kenyon, op. cit., S. 68–69.
34 Ebd., S. 49.
35 Siehe André Leroi-Gourhan: *Die Religionen der Vorgeschichte (Les religions de la préhistoire, Paléolithique,* 1964), Übers. Michael Bischoff, Frankfurt/M. 1981, S. 97–102.
36 Ebd., S. 117.
37 Breuil: *Four Hundred Centuries of Cave Art,* S. 66, 154–157, 160–165, 168–175, 300–301, 320, 324–325, 389.
38 Siehe Henry Fairfield Osborn: *Men of the Old Stone Age,* New York [3]1925, S. 464.
39 Für Beispiele der Halafware siehe die schöne Serie aus der «Töpferwerkstatt», abgedruckt in M. E. L. Mallowan und J. Cruikshank Rose: «Excavations at Tall Arpachiyah», *Iraq,* Band II, Teil I, 1935; eine allgemeine Übersicht der Samarramotive bieten Robert J. und Linda S. Braidwood, Edna Tulane und Ann L. Perkins: «New Chalcolithic Material of Samarran Type and Its Implications», *Journal of Near Eastern Studies,* Band III, Nr. 1, Januar 1944, Anhang.
40 Géza Róheim: *Magic and Schizophrenia,* New York 1955, S. 50–51.
41 Siehe Lidio Cipriani: «Excavations in Andamanese Kitchen Middens», *Acts of IV[th] International Congress of Anthropological and Ethnological Sciences,* Wien 1952, Band II, S. 250–253.
42 Franz Hančar: «Zum Problem der Venusstatuetten im eurasiatischen Jungpaläolithikum», *Prähistorische Zeitschrift,* XXX.–XXXI. Band, Heft 1/2, Berlin 1939–1940, S. 128–130.
43 Siehe Braidwood und Braidwood, Tulane und Perkins, op. cit.
44 Siehe Mallowan und Rose, op. cit.
45 Siehe Childe: *New Light on the Most Ancient East,* S. 160, Abb. 59.
46 Siehe Mallowan und Rose, op. cit., S. 177–178.
47 Die ersten drei dieser Perioden werden von Robert J. Braidwood als das Zeit-

alter der Anfänge von Bodenbau und Tierhaltung, das Zeitalter der urwüchsigen dörflichen Landwirtschaft und das Zeitalter der allgemeinen agrarischen Produktionsweise mit Marktflecken und Tempeln beschrieben (siehe Robert J. und Linda Braidwood: «The Earliest Village Communities of Southwestern Asia», *Cahiers d'histoire mondiale*, Band I, Nr. 2, Paris, Oktober 1953, S. 282–287, 287–309 und 288, Anm. 19). Der einschneidende Übergang von Uruk A zu Uruk B (vom Zeitalter der allgemeinen agrarischen Produktionsweise mit Marktflecken und Tempeln zum Zeitalter der kosmologischen Ordnung des Stadtstaates bzw. vom «Hochneolithikum» zum «hieratischen Stadtstaat», ca. 3200 v. Chr.) findet sich erörtert bei E. A. Speiser: «The Beginnings of Civilization in Mesopotamia», *Supplement to the Journal of the American Oriental Society*, Nr. 4, Dezember 1939, S. 24–31; Childe, op. cit., Kap. VI; und Heine-Geldern: «The Origin of Ancient Civilizations», loc. cit., S. 86–87.

48 Stephen Herbert Langdon: *Semitic Mythology. The Mythology of All Races*, Band V, Boston 1931, S. 326.

49 Siehe Henri Frankfort: *The Birth of Civilization in the Near East*, Bloomington 1951, S. 71, Anm. 1.

50 C. Leonard Woolley: *The Chronology of the Early Graves at Ur*, London 1934, S. 164.

51 Henri Frankfort: «Gods and Myths on Sargonid Seals», *Iraq*, Band I, Nr. 1, S. 12, Anm. 3.

52 Eine Beschreibung und Erörterung des mesopotamischen Begriffs vom Kosmos als einem Staat und von der Stadt als dem von seinem «Verwalter» beaufsichtigten Gutshof des Gottes findet sich bei Thorkild Jacobsen, John A. Wilson, Henri und Henriette Antonia Frankfort: *Frühlicht des Geistes (Before Philosophy)*, Stuttgart 1954, S. 137–216. Siehe auch Hugo Winckler: *Himmels- und Weltenbild der Babylonier als Grundlage der Weltanschauung und Mythologie aller Völker*; sowie ders.: *Die babylonische Kultur in ihren Beziehungen zur unsrigen*, Leipzig 1902. Eine riesenhafte Menge von Zeugnissen für die Vorstellung vom König als Gott, die im archaischen Hintergrund aller Hochkulturen nistet, findet sich schließlich bei Frazer: *Der goldene Zweig*, passim.

53 In der Datierung dieser Diffusion folge ich im wesentlichen Heine-Geldern: «Theoretical Considerations Concerning the Problem of Pre-Columbian Contacts between the Old World and the New», loc. cit.; die Hauptthesen dieses Vortrags sind in dem bereits angeführten Aufsatz «The Origin of Ancient Civilizations» zusammengefaßt. Eine frühere Diffusion von Elementen des gartenbaulichen Kulturkomplexes über den Pazifik ist ebenfalls wahrscheinlich; siehe z. B. Jensen: *Das religiöse Weltbild einer frühen Kultur*, S. 93–125. Allgemein behandelt wird die kulturelle Kontinuität zwischen Asien und Amerika von Ekholm: «The New Orientation toward Problems of Asiatic-American Relationships», loc. cit.

54 Platon: *Timaios* 90c-d, in *Sämtliche Werke*, Band VI, Übers. Rudolf Rufener, Zürich – München 1974, S. 303.

55 Portmann: «Das Ursprungsproblem», loc. cit., S. 27.

56 Daisetz Teitaro Suzuki: *Der Weg zur Erleuchtung (The Koan Exercise – Essays in Zen Buddhism* II), Übers. Fritz Kraus, Baden-Baden 1957, S. 108.

57 Siehe Sri Krishna Menon: *Atmanirvriti,* Trivandrum 1952, S. 18.

58 C. G. Jung: *Psychologie und Religion,* in *Gesammelte Werke* 11: *Zur Psychologie westlicher und östlicher Religionen,* Olten [5]1988, S. 113–114.

59 Ebd., S. 99.

60 Paracelsus: *Von den hinfallenden Siechtagen,* in *Sämtliche Werke* I,8, Hrsg. Karl Sudhoff, München 1924, S. 265.

61 Robert H. Lowie: *Primitive Religion,* New York 1924, S. 7.

62 Ruth Benedict: *Urformen der Kultur (Patterns of Culture,* 1934), Übers. Richard Salzner, Hamburg 1955, S. 50.

63 Siehe Alex D. Krieger: «New World Culture History: Anglo-America», in Kroeber (Hrsg.): *Anthropology Today,* S. 251.

64 Opler: *Myths and Tales of the Jicarilla Apache Indians,* S. 1.

65 Ebd., S. 1–18, stark gerafft.

66 Ebd., S. 17.

67 *Rāmāyana* 1,45; 7,1.

68 Opler, op. cit., S. 26.

69 Siehe «Völuspa» 31 ff., in *Die Edda,* Übers. Felix Genzmer, Köln [6]1987, S. 30 ff.

70 Aischylos: *Der gefesselte Prometheus* 974–975, 1002–1006, in *Die Tragödien und Fragmente,* S. 140–141.

71 Siehe Herbert J. Spinden: «First Peopling of America as a Chronological Problem», in George Grant MacCurdy (Hrsg.): *Early Man,* Philadelphia – New York 1937, S. 106–110. Der Widerspruch, den Spinden gegen die frühe Datierung einlegte, beruhte auf dem damals verfügbaren Faktenmaterial; die gegenteilige Ansicht vertritt F. H. H. Roberts: «Earliest Men in America. Their Arrival and Spread in Late Pleistocene and Post Pleistocene Times», *Cahiers d'histoire mondiale,* Band I, Nr. 2, Oktober 1953, S. 255 ff.

72 Von N. N. Cheboksarov und T. A. Trofimova; nach H. Field und E. Prostov: «Results of Soviet Investigations in Siberia», *American Anthropologist,* Band 44, 1942, S. 403, Anm.

73 Siehe Hančar, op. cit., S. 106–121; sowie Alfred Salmony: «Die Kunst des Aurignacien in Malta (Sibirien)», *IPEK. Jahrbuch für prähistorische & ethnographische Kunst,* Jg. 1931, S. 1–6

74 Mircea Eliade: *Schamanismus und archaische Ekstasetechnik,* Übers. Inge Köck, Zürich 1957.

75 Uno Holmberg: *Finno-Ugric, Siberian Mythology. The Mythology of All Races,* Band IV, Boston 1927, S. 499.

76 B. Munkacsi: *Vogul Népköltesi Gyüjtemény,* Band III, Budapest 1893, S. 7; zit. nach Géza Róheim: *Hungarian and Vogul Mythology,* New York 1954, S. 22.

77 Munkacsi, op. cit., Band II,1, 1910–1921, S. 066; zit. nach Róheim, op. cit., S. 30.

78 *Legenden und Erzählungen von Schamanen bei Jakuten, Burjaten und Tungusen,* Gesammelt von G. V. Ksenofontov, in Adolf Friedrich und Georg Bud-

druss (Hrsg.): *Schamanengeschichten aus Sibirien*, München-Planegg 1955, S. 213.

79 Jung: *Psychologische Typen*, S. 515.

80 *Mundaka-Upanishad* 2,2,4; nach Bettina Bäumer: *Upanishaden. Befreiung zum Sein*, Zürich u. a. 1986, S. 133.

81 Lao-tzu: *Tao-te ching* 1, Übers. Jan Ulenbrook, S. 45.

82 Thomas von Aquin: *Summa contra Gentiles oder Die Verteidigung der höchsten Wahrheiten* I,5,5, Übers. Helmut Fahsel, Band I, Zürich 1942, S. 36.

83 *Kena-Upanishad* 1,4; nach Bäumer, op. cit., S. 69.

84 Die Symptome sind beschrieben in Schwarzer Hirsch: *Ich rufe mein Volk*, S. 31.

85 Ksenofontov, op. cit., S. 212.

86 Siehe W. Schott: «Über den Doppelsinn des Wortes Schamane und über den tungusischen Schamanencultus am Hofe des Mendju-Kaisers», *Abhandlungen der Berliner Akademie der Wissenschaften*, 1842, S. 461–468. Abgelehnt wird die Herleitung wegen mangelnder Beweiskraft von J. A. MacCulloch in seinem Artikel «Shamanism», in James Hastings (Hrsg.): *Encyclopaedia of Religion and Ethics*, Band XI, S. 441, akzeptiert jedoch von den Herausgebern des *Oxford English Dictionary*, Band IX, S. 616, sowie von den Herausgebern von *Webster's Third New International Dictionary of the English Language*, Band III, S. 2086, Artikel «shaman». Die hypothetische Ableitung erfolgt von dem Pāliwort «shamana» (sanskrit «shramana») über chinesisch «sha mēn».

87 Siehe W. Y. Evans-Wentz: *Milarepa. Tibets großer Yogi (Tibet's Great Yogi Milarepa, 1928)*, Neuausg. Bern 1978.

88 *Dichtungen des Michelangelo*, Übers. Rainer Maria Rilke, Frankfurt/M. 1957, S. 46: «Giunto è già ... An Giorgio Vasari.»

89 Sadānanda: *Vedānta-Sāra* 7, Übers. Ludwig Poley, S. 56.

90 Kommentar zum *Yoga-Sūtra* 3,51, engl. Übers. James Houghton Woods: *The Yoga-System of Patañjali*, Cambridge, Mass., 1927, S. 285–286.

91 *Vajracchedikā* 32, in Max Walleser (Hrsg.): *Prajñā-Paramitā. Die Vollkommenheit der Erkenntnis*, Göttingen 1914, S. 158.

92 Arthur Schopenhauer: *Die Welt als Wille und Vorstellung*, 1. Band, IV. Buch, *Sämtliche Werke*, 2. Band, Hrsg. Arthur Hübscher, Wiesbaden 1949, S. 487.

93 *Māndūkya-Upanishad* 9–11.

94 *Ashtavakragītā* 18,80, Übers. Heinrich Zimmer in *Bhagavadgita/Aschtavakragita. Indiens heilige Gesänge*, Köln ⁴1985, S. 187.

95 *Katha-Upanishad* 3,12; 5,9 und 12; nach Bäumer, op. cit., S. 217, 221–222.

96 Shankara: *Das Kleinod der Unterscheidung (Vivekacūdāmani)* 484, Neuaufl. Bern 1981, S. 124.

97 *Evangelium nach Thomas*, Log. 77. Koptischer Text herausgegeben und übersetzt von A. Guillaumont, H.-Ch. Puech, G. Quispel, W. Till und Yassah 'Abd al Masīh, Leiden 1959, S. 43.

98 Siehe Max Knoll: «Wandlungen der Wissenschaft in unserer Zeit», in *Eranos-Jahrbuch 1951*, Band XX, Zürich 1952, S. 387 ff.

99 Aldous Huxley: *Die Pforten der Wahrnehmung/Himmel und Hölle (The Doors*

*of Perception/Heaven and Hell)*, Übers. Herberth E. Herlitschka, München
[10]1981, S. 42.

100 Dante Alighieri: *Die göttliche Komödie*, Übers. Karl Vossler, München 1977,
S. 341 *(Paradiso 2)*.

101 Ebd., S. 499 *(Paradiso 33, Schluß)*.

102 Robinson Jeffers: «Roan Stallion», in *Roan Stallion, Tamar, and Other Poems*,
New York 1925, S. 19–20.

## VI Die Säkularisierung des Heiligen

1 Swami Nikhilananda (Übers.): *The Gospel of Sri Ramakrishna*, New York
1942, S. 396 (vgl. die auszugsweise deutsche Übersetzung von Kurt Friedrichs:
Ramakrishna: *Das Vermächtnis*, Bern 1981, S. 199).

2 Ebd., S. 487.

3 Lao-tzu: *Tao-te ching* 6, Übers. Jan Ulenbrook, S. 55.

4 *Brihadāranyaka-Upanishad* 1,4,6.7.10; nach Deussen: *Sechzig Upanishad's des
Veda*, S. 394–396.

5 James Joyce: *Ulysses*, Übers. Georg Goyert, Frankfurt/M. 1976, S. 470.

6 *Chāndogya-Upanishad* 6,9,4; nach Bäumer: *Upanishaden*, S. 184.

7 Erwin Schrödinger: *Meine Weltansicht*, Hamburg – Wien 1961, S. 59.

8 Ebd., S. 43–44.

9 *Brihadāranyaka-Upanishad* 1,4,7; nach Deussen, op. cit., S. 394–395.

10 Samuel A. B. Mercer: *The Pyramid Texts*, Band I, New York 1952, S. 93–94
(Text 404).

11 Ebd., S. 95 (Text 413).

12 Gregoire Kolpaktschy (Hrsg.): *Ägyptisches Totenbuch*, Kap. XLII: «Um den
Metzeleien vorzubeugen», Bern [4]1975, S. 102.

13 Ebd., S. 115–116, Kap. LXIV: «Vom Heraustreten der Seele in das Tageslicht».

14 Diese drei Siegeldrucke sind entnommen W. H. Ward: *The Seal Cylinders of
Western Asia*, Washington, D. C., 1910,, Abb. 302, 389, 388.

15 «Goldplättchen von Thurioi», Übers. nach Hermann Diels und Walter Kranz:
*Die Fragmente der Vorsokratiker*, 1. Band, Berlin [9]1960, S. 16 (Orpheus,
Fragm. B 18 [32c]).

16 Apuleius: *Metamorphosen oder Der goldene Esel* 11,24, Übers. Rudolf Helm,
Berlin (Ost) 1956, S. 347.

17 «Das Geheimnis Amergins», in Hans Trausil (Hrsg.): *Irische Harfe. Gedichte
vom achten Jahrhundert bis zur Gegenwart*, Ebenhausen 1957, S. 15.

18 *Ashtavakragītā* 18,40, Übers. Heinrich Zimmer in *Bhagavadgita/Aschtavakra-
gita*, S. 161–162.

19 «101 Zen-Geschichten», Nr. 28, in Paul Reps (Hrsg.): *Ohne Worte – ohne
Schweigen (Zen Flesh, Zen Bones)*, Übers. Ulli Olvedi, Bern [5]1985, S. 49.

20 Daisetz Teitaro Suzuki: *Die Zen-Lehre des Wei-Lang (The Zen-Doctrine of No-
Mind)*, Übers. Emma von Pelet, in *Leben aus Zen*, Frankfurt/M. 1982, S. 234.

21 Swami Nikhilananda, op. cit., S. 593 (vgl. Ramakrishna: *Das Vermächtnis,* S. 158–159).

22 Platon: *Symposion* 210b, in *Sämtliche Werke,* Band III, Übers. Rudolf Rufener, Zürich – München 1974, S. 161.

23 Meister Eckehart: *Deutsche Predigten und Traktate,* herausgegeben und übersetzt von Josef Quint, Zürich 1979, S. 256.

24 Ebd., S. 425.

25 Abaelard: *Die Leidensgeschichte und der Briefwechsel mit Heloise,* Übers. Eberhard Brost, Heidelberg 1979, S. 84–85.

26 Gottfried von Straßburg: *Tristan und Isold* 12502, nach der Übertragung von Hermann Kurtz bearbeitet von Wolfgang Mohr, Göppingen 1979, S. 313.

27 Joyce: *Ein Porträt des Künstlers als junger Mann,* S. 526.

28 Nach John Rutherford: *The Troubadours,* London 1873, S. 34,

29 Ananda Ḳ. Coomaraswamy: *The Dance of Shiva,* New York 1918, S. 103.

30 Shashibhusan Dasgupta: *Obscure Religious Cults as a Background of Bengali Literature,* Calcutta 1946, S. 145.

31 Epiphanius: *Panarion* 26,4,1; zit. in Campbell: *The Masks of God,* Band IV: *Creative Mythology,* New York 1968, S. 159–161, nach Max Pulver: «Vom Spielraum gnostischer Mysterienpraxis», in *Eranos-Jahrbuch 1944,* Band XXII, Zürich 1945, S. 289–292.

32 Denis de Rougemont: *Die Liebe und das Abendland (L'amour et l'occident),* Übers. Friedrich Scholz, Köln – Berlin 1966.

33 Gottfried von Straßburg, op. cit. 60, S. 2.

34 Dasgupta, op. cit., S. 144.

35 Eine Kurzfassung von Jayadevas Dichtung findet sich in Campbell: *The Masks of God,* Band II, S. 352–358.

36 Coomaraswamy: *The Dance of Shiva,* S. 103.

37 Augustinus: *Appendix Serm.* 120 (8), Pariser Ausgabe, tom. V, col. 2662; zit. nach Marie-Louise von Franz: *Aurora consurgens,* Ergänzungsband zu C. G. Jung: *Mysterium coniunctionis. Gesammelte Werke* 14/3, Olten ²1978, S. 431.

38 Bernhard von Clairvaux: *Das Hohelied. 86 Ansprachen über die beiden ersten Kapitel des Hohenliedes Salomons* 20,6, Erstes Buch, *Schriften* 5, Übers. Agnes Wolters, Wittlich 1937, S. 151.

39 Ebd. 9,2, S. 58.

40 Ebd. 32,2, S. 278–279.

41 Zit. nach der *Einheitsübersetzung der Heiligen Schrift.*

42 Gottfried von Straßburg, op. cit. 12029–12031, S. 301.

43 Siehe die gediegene Untersuchung dieses Problems in Gottfried Webers zweibändigem Werk *Gottfrieds von Straßburg Tristan und die Krise des hochmittelalterlichen Weltbildes um 1200,* Stuttgart 1953.

44 Gottfried von Straßburg, op. cit. 17136–17138, S. 429.

45 Ebd. 15733–15740, S. 394.

46 Ebd. 235–240, S. 6.

47 Ebd. 16700, S. 418.

48 Siehe William A. Nitze: «Perceval and the Holy Grail», *University of California Publications in Modern Philology*, Band 28, Nr. 5, 1949, S. 282.

49 Chrétien de Troyes: *Perceval (Li Contes del Graal)*, Vers 63 ff., Hrsg. A. Hilke, Halle 1932; deutsch von Konrad Sandkühler: *Perceval oder die Geschichte vom Gral*, Stuttgart 1977, S. 8 (Prolog).

50 Der altfranzösische Text in Albert Pauphilet (Hrsg.): *La Queste del Saint Graal*, Paris 1949. Eine englische Übertragung gibt Thomas Malory in den Büchern XIII–XVIII seines *Le Morte Darthur;* deutsche Übersetzung von Helmut Findeisen aufgrund der Lachmannschen Fassung unter dem Titel: *Die Geschichte von König Artus und den Rittern seiner Tafelrunde*, 3 Bände, Frankfurt/M. 1977. – Eine ausgezeichnete Analyse und Erläuterung findet sich bei Frederick W. Locke: *The Quest for the Holy Grail*, Stanford, Cal., 1960.

51 Siehe Roger Shermann Loomis: *The Grail, from Celtic Myth to Christian Symbol*, New York 1963.

52 Siehe Hans Leisegang: «Das Mysterium der Schlange», in *Eranos-Jahrbuch 1939*, Zürich 1940, S. 151–250.

53 Wolfram von Eschenbach: *Parzival* 235,21, Ausgabe Karl Lachmann, Übers. Wolfgang Spiewok, Stuttgart 1981, Band 1, S. 400/401.

54 Siehe Jung: *Psychologie und Alchemie*, S. 212, Anm. 127.

55 Wolfram von Eschenbach, op. cit. 471,15–28, Band 2, S. 70/71.

56 Ebd. 740,26–30, Band 2, S. 524–525.

57 Ebd. 1,10–14, Band 1, S. 6/7.

58 Ebd. 140,17, Band 1, S. 240/241.

59 Ebd. 818,26–30, Band 2, S. 656/657.

60 *La Queste del Saint Graal* 7–19, Pauphilet, op. cit., S. 26.

61 Pindar: «Die achte Pythische Ode, für Aristomenes von Aigina nach seinem Siege im Ringkampf», 92–97, in *Die Dichtungen und Fragmente*, Übers. Ludwig Wolde, Wiesbaden 1958, S. 106.

62 William Blake: *Die Vermählung von Himmel und Hölle/The Marriage of Heaven and Hell*, Übers. Lillian Schacherl, München 1975, Blatt 6.

63 Ebd., Blatt 7.

64 Ebd., Blatt 9.

65 Jean-Paul Sartre: *Ist der Existenzialismus ein Humanismus? (L'Existencialisme est un humanisme)*, in *Drei Essays*, Frankfurt/M. u. a. 1977, S. 16.

# Nachweis der Abbildungen

1 Auf Muschelschalenanhängern eingeritzte Zeichnungen; Spiro Mound, Oklahoma, ca. 1000 n. Chr. Aus Emma Lila Fundaburk und Mary Douglass Fundaburk Foreman: *Sun Circles and Human Hands*, Luverne, Alabama, 1957, Tafel 26 und 23.

2 Gemalte Muster auf Tonschalen aus dem Irak; Samarraware, ca. 4000 v. Chr. Aus Robert J. und Linda S. Braidwood, Edna Tulane und Ann L. Perkins: «New Chalcolithic Material of Samarran Type and Its Implications», *Journal of Near Eastern Studies*, Band III, Nr. 1, 1944.

3 Karte: Weltweite Verbreitung des Hakenkreuzes. Nach Leo Frobenius: *Erlebte Erdteile*, Band 7: *Monumenta terrarum. Der Geist über den Erdteilen*, Frankfurt/M. 1929, S. 309.

4 Karte: Weltweite Verbreitung der Vierfarbensymbolik. Nach Frobenius, op. cit., S. 323.

5 Der Zauberer von Les Trois Frères, Ariège, Frankreich; paläolithische Höhlenmalerei, ca. 15 000–11 000 v. Chr. Nach Henri Breuil: *Four Hundred Centuries of Cave Art*, Montignac, Dordogne, 1952, Abb. 130.

6 Der Schamane von Lascaux in der Dordogne, Frankreich; paläolithische Höhlenmalerei, ca. 20 000–15 000 v. Chr. Nach Breuil, op. cit., Abb. 114 und 115. In den Datierungen folge ich André Leroi-Gourhan: *Die Religionen der Vorgeschichte*, Frankfurt/M. 1981, S. 99–100.

7 Tonstatuette einer von Leoparden flankierten neolithischen Göttin, die gerade ein Kind gebiert; Çatal Hüyük, Türkei, ca. 5800 v. Chr. Aus James Mellaart: *Çatal Hüyük. Stadt aus der Steinzeit*, Bergisch Gladbach 1967, S. 234, Abb. 52.

8 Neolithische Göttin, die gerade einen Stier gebiert; Figuren aus Ton und Gips, Westwand der Kultstätte VI B 8 in Çatal Hüyük, ca. 5950 v. Chr. Aus Mellaart, op. cit., S. 149, Abb. 37.

9 Rekonstruktion der Kultstätte VII 21, des «zweiten Geierheiligtums»; Çatal Hüyük, ca. 6200 v. Chr. Aus Mellaart, op. cit., S. 102, 103, Abb. 14, 15.

10 Polychrome Keramikmuster; Halafware aus dem Irak, ca. 4000 v. Chr. Nach M. E. L. Mallowan und J. Cruikshank Rose: «Excavations at Tall Arpachiyah», *Iraq,* Band II, Teil I, 1935.

11 Das älteste bekannte Hakenkreuz, eingeschnitzt in ein jungpaläolithisches Vogelfigürchen aus Mammutelfenbein, ungefähr 7,5 cm lang; aus Mezin in der Ukraine, ca. 10 000 v. Chr. Nach Franz Hančar: «Zum Problem der Venusstatuetten im eurasiatischen Jungpaläolithikum», *Prähistorische Zeitschrift,* XXX.–XXXI. Band, 1939–1940, 1./2. Heft, S. 127, 129, Abb. VII, VIII.

12 Amida, der «Buddha des unermeßlichen Glanzes», im Meditationssitz mit einem Hakenkreuz auf der Brust; Holz mit Goldlackierung, etwa 9 cm hoch, Japan, 13. Jahrhundert. Sammlung von Henry H. Getty. Nach Alice Getty: *The Gods of Northern Buddhism,* London 1914, Tafel XVIIIa.

13 «Der Herr der Tiere»; Industalkultur, Steatitsiegel, 5 auf 5 cm, ca. 2000 v. Chr. National-Museum, Neu Delhi. Nach John Marshall (Hrsg.): *Mohenjo-daro and the Indus Civilization,* London 1931.

14 «Der Herr des Lebensbaumes»; sumerisches Rollsiegel aus schwarzem Serpentin, ca. 2500 v. Chr. Staatliche Museen Berlin. Aus William Hayes Ward: *The Seal Cylinders of Western Asia,* Washington, D. C., 1910, Abb. 302.

15 «Der Garten der Unsterblichkeit»; babylonisches Marmorrollsiegel, ca. 1750–1550 v. Chr. Museum von Den Haag. Aus Ward, op. cit., Abb. 389.

16 «Der Herr und die Herrin des Baumes»; sumerisches Rollsiegel, ca. 2500 v. Chr. British Museum, London. Aus Ward, op. cit., Abb. 388.

Die Zeichnungen für die Abbildungen 1, 5, 6 und 13 stammen von John L. Mackey.
Die Zeichnungen für die Abbildungen 10 und 12 stammen von Al Burkhardt.

# Register

279